解手册》导读图

多人股权架构十大模型

- 直接持股模型 E1
- 有限合伙企业模型 E2-E4
- 基于节税的投资公司模型 E5
- 人才导向型合伙创业模型 E6
- 人才导向型合伙创业模型 E7
- 业绩/市场导向型合伙创业模型 E8
- 业绩/市场导向型合伙创业模型 E9
- 分子公司扩张模型 E10
- 众筹公司模型 E11
- 连锁加盟公司模型 E12

股权架构设计案例

两人股权结构案例

- 海底捞平均股权演变到上市
- 罗辑思维的分道扬镳
- 小股东只是来凑数的
- 两人股权分配 B1-B4 模型

三人股权结构案例及模型

- 三人制衡性股权架构
- 三人平均股权
- 小股东绑架大股东和二股东
- 三人股权分配 C1-C4 模型

多人股权分配案例

- 舞蹈培训机构的波折
- 某高校总裁班众筹餐厅申请破产
- 两层公司架构运作案例
- 绿地千人股权架构调整

组织架构六种类型

- 直线制
- 直线部门制
- 直线职能制
- 事业部制
- 直线事业群制
- 矩阵制

《公司股权架构图

架构基本结构（1）

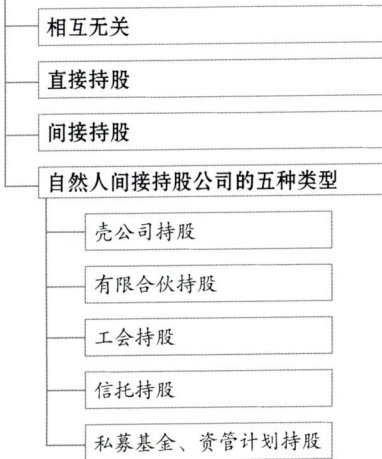

- 相互无关
- 直接持股
- 间接持股
- 自然人间接持股公司的五种类型
  - 壳公司持股
  - 有限合伙持股
  - 工会持股
  - 信托持股
  - 私募基金、资管计划持股

架构基本结构（2）

- 间接持股的三种形式
  - 直接＋间接持股
  - 多层单链条持股
  - 多层多链条持股
- 交叉持股
  - 单纯的交叉持股
  - 环状型交叉持股
  - 网状型交叉持股
  - Y字型交叉持股
- 协议控制

公司架构六种模型

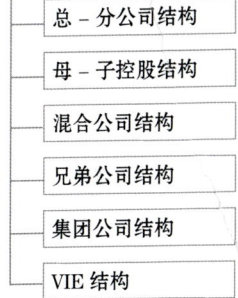

- 总－分公司结构
- 母－子控股结构
- 混合公司结构
- 兄弟公司结构
- 集团公司结构
- VIE结构

公司股权
架构图解手册

常　坷◎著

中国铁道出版社有限公司
CHINA RAILWAY PUBLISHING HOUSE CO., LTD.

图书在版编目（CIP）数据

公司股权架构图解手册 / 常坷著 . —北京：中国
铁道出版社有限公司，2020.10（2023.10 重印）
ISBN 978-7-113-26976-0

Ⅰ．①公… Ⅱ．①常… Ⅲ．①公司－股权－图解
Ⅳ．① F276.6-64

中国版本图书馆 CIP 数据核字 (2020) 第 109134 号

书　　名：公司股权架构图解手册
　　　　　GONGSI GUQUAN JIAGOU TUJIE SHOUCE
作　　者：常　坷

责任编辑：吕　芟　　　编辑部电话：(010) 51873035　　邮箱：181729035@qq.com
封面设计：宿　萌
责任校对：王　杰
责任印制：赵星辰

出版发行：中国铁道出版社有限公司（100054，北京市西城区右安门西街 8 号）
印　　刷：中煤（北京）印务有限公司
版　　次：2020 年 10 月第 1 版　2023 年 10 月第 8 次印刷
开　　本：710 mm×1 000 mm 1/16　印张：20.25　插页：1　字数：312 千
书　　号：ISBN 978-7-113-26976-0
定　　价：68.00 元

前 言

"顶层设计"一词首次出现在《中共中央关于制定国民经济和社会发展第十二个五年规划的建议》第十节内容中。文中提到，改革是加快转变经济发展方式的强大动力，必须以更大决心和勇气全面推进各领域改革。更加重视改革顶层设计和总体规划，明确改革优先顺序和重点任务……全文强调要以全局视角对系统建设的各方面、各层次、各种要素进行统筹考虑，确定目标并为其制定正确的战略、路径，从而提高效益，降低风险和成本。

自然界没有顶层设计，只有野蛮生长。但作为人类的我们却有主观能动性，能对一些基础的、重大的、根本的事项做出设计和控制。那么，对于企业而言，什么是顶层设计？顶层设计的源头是什么？什么是公司股权架构？集团公司的股权架构是什么样的？这正是本书的主要内容。

本书特色

（1）全书的 75% 由架构图组成。这是市场上第一本以图解公司股权架构为主的书籍，全书重点从公司架构、股权架构、组织架构、投融资四个维度对热门公司进行全面解析，总有一款架构能对你有所启发。

（2）公司股权架构理论模型健全。本书对架构基本结构、公司架构的六大模型、股权架构十大模型、组织架构六大模型做了高度概括。其中，公司架构、直线事业群制、公司顶层设计内涵等内容都为该书首创。

（3）全书包含中国热门的 46 家企业的公司股权架构，覆盖面足够广。既包含华为、阿里巴巴、蚂蚁金服、腾讯、今日头条、美团等独角兽企业，也包含最有潜力的非上市公司、民营金融集团、中国前十强集团等公司。因此，本书是 CEO 必备的顶层股权架构模型参考工具书籍之一。

（4）说明了企业顶层设计包含的内容、层次及设计方向。顶层设计是最近几年流行的一个新词汇，强调从上到下、从本质到外延的设计，本书以公司为研究对象，说明公司顶层设计的内涵。

如何使用本书？

在我们股权咨询服务过程中，经常会遇到共性的经典问题，如"阿里巴巴合伙人机制是什么样的？""华为的股权架构是如何容纳几万人的？""VIE 架构是什么？"……对于有梦想的创业者或企业家而言，研究最成功企业的股权架构是必修内容之一，因为它代表着公司未来业务的发展方向，代表着公司未来业务的无限可能。这也是本书存在的最大意义之一，将最知名最成功公司的股权架构展示出来，以便企业家进行系统的思考和规划。

股权架构是一家企业对外最直观、最可视化顶层设计的体现。本书从理论和案例 2 个角度出发，从最简单的两人股权架构到复杂的多人股权架构做出了高度概括说明。在分析知名公司股权架构时，可通过基本原理对其进行分析和拆解，以便理解知名公司如此搭建股权架构的动机和原理。在对知名公司架构理解的基础上，企业家可结合公司具体情况，并综合考虑税收、控制权、投融资、特殊权益安排等要素，便可初步为自己的公司未来架构做出规划。

顶层设计的起点

公司存在使命就是盈利，公司在发展的过程中，离不开资本的积累，资本的投入和增值是公司可持续发展的基本条件。资本以人的本性为基础和出发点，以物权、所有权及衍生权利为具体表达，这是顶层设计的源头和起点。对于国家而言，这种权利称为政权；对于房产而言，被称为产权；对于车辆而言，被称为物权；对于金融借款而言，被称为债权；对于公司而言，被称为股权。因此股权及衍生的各种权利是资本在公司中的具体体现。

资本拥有逐利性的特征，有其负面的影响。

但同样，资本也有其正面的影响。全球经济的发展就是因为资本的逐利性，它带来了足够的发展动力，从而推动了全球的经济进一步发展。因此人类从蒸汽时代进入了电气时代，从电气时代进入了计算机时代，从计算机时代进入量子、人工智能时代，这都离不开资本的这种逐利性及积累机制。

资本是把双刃剑，以人的本性为基础和出发点，在公司中以所有权、控制权、分红权、提案权、转让权等具体权利为表达，形成了企业顶层设计的起点，因此在公司股权架构设计中，需重点考虑控制权及相关权利的安排。

股权架构设计面临的挑战

（1）后期架构调整陷入僵局或成本极高。公司的股权架构并不是一成不变的，也会随着公司的发展而做出调整，作为顶层设计的重要内容之一，当公司的股权架构不符合公司发展时，就需要进行调整，而股权涉及利益分配，部分调整可能会受到较大阻力，导致无法进行调整。另一种情况是，架构调整的成本非常高，而利益相关人不愿意付出调整成本，这都为股权架构设计的调整带来了巨大挑战。因此重视股权架构的预先设计和系统设计就非常有必要。

（2）控制权争夺。资本逐利性更加直接的表现是公司股权及控制权争夺，侵占优质资产、高估值的公司股权是一种更快的"盈利"方式。这些控制权争夺战比电视剧都精彩，各种手段层出不穷，将人性淋漓尽致地表达出来。而优秀的股权架构设计可以实现多元化的控制权安排，从而避免控制权争夺的问题，如何避免公司出现控制权争夺的情形，是顶层设计面临的一大挑战。

（3）企业传承。日本的百年企业超过2万多家，德国有837家，荷兰有222家，法国有196家，一个企业到底价值如何？我觉得可以从三个方面进行评估，分别是经济价值、社会价值和寿命。世界500强企业的平均寿命是40年，中国500强企业的平均寿命是10年，为什么有些巨头的寿命是如此之短？巨头企业成功或失败的原因都是很复杂的，但百年企业都绕不开股权、机制、体制、模式、战略等因素。企业如何进行股权传承，以立于百年企业之林？这是企业股权架构设计面临的又一大挑战。

股权三部曲

本书是我计划写作的股权三部曲中的第二部。第一本书《股权设计风险管理手册》将重点放在新项目、新公司的股权设计与风险防范上。第二本书《公司股权架构图解手册》，也就是本书，以公司股权架构为核心，对热门企业的公司股权架构做出分析，从其公司及股权架构能窥见企业的发展路径及发展目标，是企业做大做强的必备的参考手册之一。第三本书《股权激励实战手册》有关股权激励方案和制度。股权激励主要在企业成长期或成熟期应用较多，以《上市公司股权激励管理办法》（中国证券监督委员会第126号令）和非上市公司常用激励模式为核心，对不同行业不同的股权激励应用做出分析。三本书会保持一致的写作风格，希望能对大家有所帮助。

读书如读人

读书如读人；反之，读人也可以加深对书籍的理解，这里将自己的专业和职业经历向大家介绍一下，以便大家更好地读懂这本书。我对"知识就是力量"这句话是深信不疑的。我非常擅长知识的学习和应用，所以我"传奇"地拥有了5个专业：我的前3个专业以管理学为主，分别为人力资源管理、商务管理和金融管理；第四个专业是心理学，因为我发现很多管理学的问题无法在管理范畴内解决，但却可以用心理学的知识来解决，这是一门很有意思的学问；最后一个专业，也就是自己的研究生专业，以财务金融为主，这个专业偏管理方向，但却是与金融、财务交叉的管理学科，让我对财务逻辑及核算有更高层次的理解。因此，我会更多地从企业管理、战略发展、综合角度去看企业的股权问题。

我创办了北青博雅（北京）管理咨询有限公司，并任职首席咨询师，专注做股权咨询。2019 年，公司通过互联网渠道共接待了 2 000 多位企业家用户，为数百位企业家提供了股权方面的咨询服务，积累了大量的实践经验和案例，也为本书的撰写打下了基础。

一个以股权为纽带的企业家社群

"股权定江山"是我组织的、基于一个小程序（知识星球）的付费知识社群，大家可以在群里向我提出与股权相关的问题，如股权设计、进入退出机制、股权融资、股权投资、股权众筹、股权激励、合伙人机制等。大家可以在群里做一些互动和交流。欢迎各位读者加入，也欢迎读者朋友们加我的个人微信交流、探讨股权问题。

让天下没有难分的利益！

常珂

二〇二〇年七月

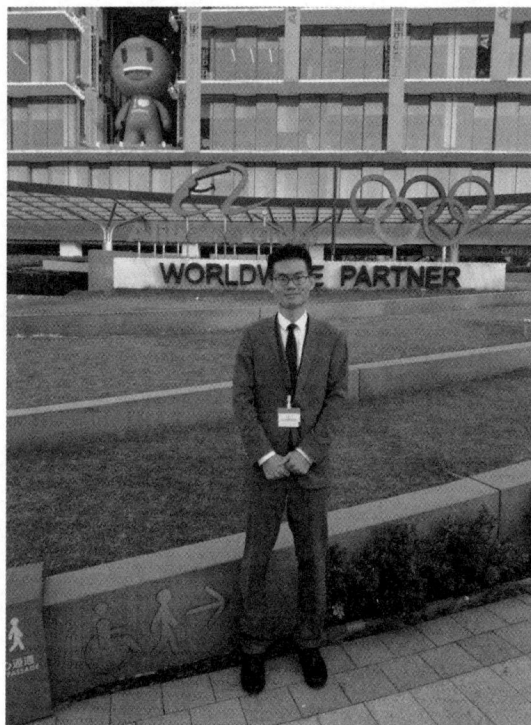

2018 年受邀在阿里巴巴西溪总部向
企业家分享股权设计与股权激励机制留念

让天下没有难分的利益！

——常坷

目录

·第一部分·

公司股权架构理论和模型

第一章　公司股权架构十五问

1. 什么是顶层设计

　　顶层设计原本是工程学的词汇，意思是指从全局的角度考虑项目的各个层次和要素，重点强调的是从上向下观察并进行设计，重在追根索源，统揽全局，从最高层次上观察。顶层设计具有从未来看现在、顶层决定底层、不可逆、系统思考的特征。

　　以在北上广盖房子打地基为例，在不确定未来经济趋势及房产需求的情况下，房子地基可以按照20层的标准进行建设，也可以按照100层的标准进行建设。这两个建设的成本、指标和设计方案有很大的不同。如果能够着眼未来，未来的目标就是建设100层的房子，那么房子的地基最好按照100层的要求进行施工。从经济实惠的角度来看，按照20层的标准来建设肯定是当下最优的选择，但对未来而言，却不是最优的选择。假设按照20层的标准进行建设，在5年后想建100层的时候，就只能将整个地基推倒重来了。

　　由此，可以看出，顶层设计最大特点是不可逆的，推倒重来的成本太高。一些非关键事项，我们可以一边探索，一边调整策略；一些基础的、重大的、根本的事项，需要进行顶层设计，不能随便修改。如国家经济特区的设立、上海外贸区的设立、直辖市的设立，这些都是顶层设计，是不可逆的。一旦设定好，能够满足一个较长期限内的发展。

　　资本以人的本性为基础和出发点，以物权、所有权及衍生权利为具体表达，而这也是顶层设计的源头和起点。对于公司而言，这种权利被称为股权，因此股权是企业顶层设计的起点和源头，也是顶层设计的核心层。

对于企业而言，股权作为企业基础的、重大的、根本的事项之一，从根本上影响了其他事项的发展方向，是企业的顶层设计的核心层。其中所有权及衍生权利、权力机构安排、投资和融资都是必不可少的要素。对于集团公司而言，资本过渡逐利性、控制权争夺、百年继承的顶层设计问题，都需要从顶层设计核心层的股权设计开始，之后再去解决核心层其外延的其他问题，因此本书将重点放在顶层设计核心层的解析上。顶层设计内涵详见图1-1。

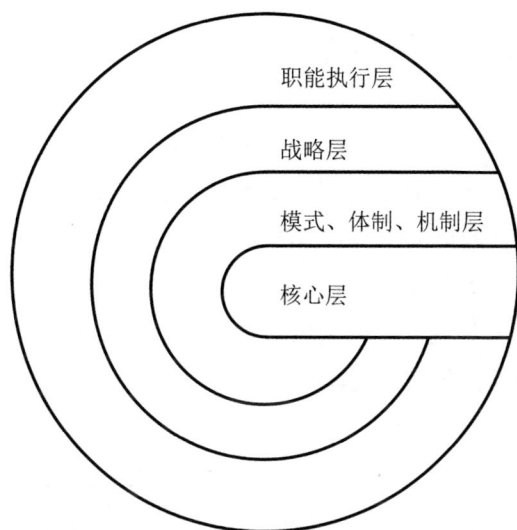

图1-1　顶层设计内涵

顶层设计的第二层以模式、体制、机制为主，包含商业模式、使命、愿景、组织架构、管理体制、集团管控、管理机制、激励机制、沟通机制、文化机制等。是在核心层稳定的基础上，表示公司的整体方向及长远愿景。股权在本层可以衍生出股权激励机制、裂变式创业机制、病毒式分子公司扩张机制等。

顶层设计的第三层以战略为核心，包含具体的战略目标、管控指标、竞争战略等，是公司总体方向的细化，表示要做到什么程度，在什么时间内达到什么样的效果，要扩展到哪些市场，要做到什么行业地位等。

顶层设计的第四层是具体的职能执行层，包含产品战略、生产战略、营销战略、财务战略、人力资源战略等职能战略类，也包含投资策略、公关策略、品牌策略、法律策略等策略类，也包含流程、制度、标准、沟通等执行要素。

对顶层设计核心层的设计就是对企业的基因进行设计，基因支持着生命的基本构造和性能。储存着生命的种族、血型、孕育、生长、凋亡等过程的全部信息。因此，企业拥有一个好的基因，就会有更多的可能性，若基因天生是有缺陷的，那么企业就失去了某种可能性和未来。

2. 什么是顶层股权架构

架构是人们对一个结构内元素与元素之间的关系反应。这些元素之间可以细分类，如股东与股东之间，公司与公司之间、公司与股东之间、上级与下级之间，从而形成不同类型的架构图。

而不同的架构也是顶层设计核心层的集中视觉化表现，因此本书重点从公司架构、股权架构、组织架构、融资与投资 4 个维度对热门的四十六家企业做出解析。具体的含义详见下表。

项目	说明
公司架构	反映出公司与公司之间的股权关系。如某个控股公司持有某公司的 60% 的股权；某个投资公司投资某个企业，占股 10%，这些都是公司架构关系的表达
股权架构	股权架构是反映一个公司内部的股东与股东之间的股权关系。一般持有表决权 67%（ 2 / 3 ）以上的股东称为控股股东；持有表决权 51%（ 1 / 2 ）以上的称为相对控股股东；持有 30% 股权以下的股东一般称为小股东；在所有股东中持有最多比例的股东称为最大股东
公司股权架构	是公司结构和股权架构的综合表达，表达了公司与公司之间、公司与股东之间、股东与股东之间的关系
组织架构	是为了完成组织目标而设立的各个权力机构、分工单位、协作单位的架构图，表明了单位的数量、工作职责、权力范围等要素

3. 顶层设计的必要性

从顶层设计的外层到内层的设计也被称为自下而上的设计。自上而下的顶层设计是以自下而上为基础，没有自下而上的积累，就没有顶层设计的前瞻性和系统性。因此，在企业的不同的阶段，其重点不同。

对于初创型企业而言，自下而上可能会更加实用，只要公司懂营销，就可以赚钱；或者只要懂产品，也能挣到钱。此时，自上而下顶层设计看起来会显得"没用"，但也不应该完全忽视。当公司从初创型进入成熟期的阶段，此时自上而下的顶层设计的作用就会体现出来，因为公司遇到了原来老方法无法解决的新问题。

如果房子地基是按照20层建造的，后来拆除后按照100层的标准建造，这中间拆除的成本我们称为"交学费"。假设如果没有重新建造100层地基的需求，那么就不需要交学费。因此，对于一些小企业而言，其存在的目标就是盖20层楼，那么不必过度对顶层设计进行设计，只要从下而上进行规划满足当前的发展需求即可。

但对于有潜力有未来的公司、全国性公司、全球性集团公司、有雄图大业的企业家而言，就注定了这家企业未来不会平凡，会注定这家企业将会建造100层的大楼，那么这个时候就需要进行顶层设计，否则就要交"学费"了，而是否要交学费需要企业家自己把握。

4. 什么是分公司和总公司

分公司与总公司是相对应的法律概念。分公司可以理解为一家公司管辖的分支机构，这家公司就是总公司，而这个分支机构就是分公司。一般分公司营业执照上的名称为"原有公司名称"+"地名字段"+"分公司或店"的字样。比如我们常见的邮局基本都是分公司的形式，一般分公司的业务和总公司一样，总公司对分公司拥有绝对的财务、人事和管理权限。

分公司虽然有营业执照，但分公司是总公司的一部分，其经营范围不得超过公司的营业范围。因此分公司是没有独立的法人地位，财务税务核算也是归结到总部进行，所有民事责任由总部负责。

5. 什么是子公司和母公司

子公司与母公司是相对应的法律概念。一般母公司持有子公司部分或全部股权，子公司和母公司都具有独立的法人资格，都独立承担自己营业范围的民事责任，财务相互独立核算，都有自己的公司名称和公司章程。从营业范围上来看，子公司可以和母公司营业范围相同，也可以不同。一般母公司能完全控制的参股公司称为"子公司"或"控股公司"，相对的，不能完全控制的公司但持有一定股权的公司称为"参股公司"。

6. 分公司和子公司有什么区别

项目	分公司	子公司
独立性	分公司只是总部的分支机构，不是独立法人，由总部承担责任	子公司是独立法人，由子公司自己承担责任。拥有自己的章程和财产
财务制度	财务会计制度的要求比较简单，一般由总部财务统一核算，报表由总部统一合并	子公司的财务独立核算，为独立报表
管理	由总部 100% 管控	总部按照表决权大小进行管控
费用	分公司承担成本费用可能要比子公司节省	子公司承担的成本费用要比分公司多一些
税收	分公司与总公司之间的资本转移，因不涉及所有权变动，不必负担税收。增值税、个人所得税、企业所得税由总部合并缴纳	子公司按照当地的税收政策缴纳税款，包含增值税、个人所得税、企业所得税
设立情况	如果分子公司是亏损的，那么设立为分公司更为有利，合并到总部后会降低总部的总收入及赋税	如果分子公司盈利，那么设立子公司就更有利，子公司可以享受当地的一些税收政策优惠
股权激励	分公司没有股权	可以独立实施股权激励机制

7. 什么是集团、联盟和协会

集团是一家有限公司（有限责任公司或股份有限公司），但该集团并非只有自己一个公司，而是拥有众多的子公司及关联公司，从而形成一定的"血缘"关系，组成一个产业或多个产业链条，此时多个链条围绕的核心公司被称为集团。按照《企业集团登记暂行管理规定》，企业集团可以由母公司、子公司、参股公司、事业单位法人、社会团体法人组成。企业集团需要具备3个条件：（1）企业集团的母公司注册资本在5 000万元人民币以上，并至少拥有5家子公司；（2）母公司和其子公司的注册资本总和在1亿元人民币以上；（3）集团成员单位均具有法人资格。

多个公司或组织为了特定的目的聚合在一起的平台被称为联盟，可以由一家实体有限公司或股份公司作为平台，或由一个虚拟的交易平台作为联盟。如广告联盟，该联盟连接广告主和会员（营销方），广告主希望获得更多的宣传，而会员则会帮助广告主进行广告投放，并按照一定的规则收取费用。如采购联盟，该联盟连接采购方和销售方，多个采购方通过集中采购，可以降低采购成本。

协会是介于联盟和集团之间的一种组织，其成员的主营业务大多数都一样，成员之间是相互竞争的关系。成员和协会之间一般通过协议进行约定，成员之间需要遵守协会的章程和约定，如基金协会、互联网金融协会等。协会的产生是社会分工和竞争加剧的结果，表达了同一类企业自我沟通、自我服务、自我协调、自我监督、自我保护的意识和要求。按照《社团登记管理规定》，社会团体成立的条件有6个：（1）有50个以上的个人会员或者30个以上的单位会员；个人会员、单位会员混合组成的，会员总数不得少于50个；（2）有规范的名称和相应的组织机构；（3）有固定的住所；（4）有与其业务活动相适应的专职工作人员；（5）有合法的资产和经费来源，全国性的社会团体有10万元以上活动资金，地方性的社会团体和跨行政区域的社会团体有3万元以上活动资金；（6）有独立承担民事责任的能力。

社会团体的名称应当符合法律、法规的规定，不得违背社会道德风尚。

社会团体的名称应当与其业务范围、成员分布、活动地域相一致，准确反映其特征。全国性的社会团体的名称冠以"中国""全国""中华"等字样的，应当按照国家有关规定经过批准，地方性的社会团体的名称不得冠以"中国""全国""中华"等字样。

8. 成立集团公司有什么好处

集团公司的成立是资本扩张和重组发展的需要。成立集团公司有以下4个好处。

（1）成立集团公司是对公司权利重新划分的一次机会，可以重组权利；

（2）可以集中公司的资本，相互担保及借款，让资本利用效率更高；

（3）重组组织架构，整合公司的资源及产业，利于各公司之间相互协作，继续扩大市场；

（4）对外可以用"集团"字样宣传，可以提升企业形象，彰显公司实力。

9. 什么是合并报表

合并报表是指母公司编制所有控股公司的财务报表，一般包含资产负债表、利润表和现金流量表。再以母公司及其控股公司为一个新的会计主体，并编制该主体的报表，一般会抵消内部的往来项。

一般合并报表的好处是，可以清晰地知道母公司的整体财务情况，以便客观公允地反映出母公司的整体财务水平。对于有些即将上市的企业而言，公司的营收和利润是 IPO 审核的一个关键环节，这些财务指标越高越好。拟上市公司拟通过收购资产、股权互换等方式，可以控股更多的不同类型公司，从而通过合并报表增加母公司的收入和利润，以便降低 IPO 审核的难度。

10. 什么是持股平台

持股平台是指为了特定目的而成立的公司或组织，一般该平台的目的是容纳投资人或被激励的员工，一般壳公司（有限公司）、合伙企业、工会、信托计划、私募基金等资管计划都可作为持股平台。不同的持股平台有不同的设立要求，如工会已经成为历史产物，对于拟上市公司而言无法再成为持股平台；信托公司及资管计划的设立条件非常严格，没有实力及资格的企业很难成立；对于壳公司而言，多层持股会涉及企业所得税的问题；有限合伙企业是常用的持股平台，一般在中国境内，哪个地方税收低就设立在哪里，只需缴纳个人所得税，一般不超过 50 个合伙人，并且能很好地进行控制权安排。

11. 什么是交叉持股

交叉持股始于"公司法人持股"。交叉持股又称相互持股，是指作为法人的企业互相进行投资，你持有我的股份，我持有你的股份，最终形成一种你中有我、我中有你的股权结构。现行法律中，对交叉持股没有明确的规定，只要交叉持股不违反法律的禁止性规定即可。

12. 交叉持股有什么好处

（1）形成一种命运共同体。对于上市公司而言，可以稳定公司的股权结构，避免被其他公司恶意收购；对于非上市公司而言，可以相互交换情报和信息，促进共同发展。

（2）提高资金的使用效率。A 公司和 B 公司估值相当，相互交叉持股 10%，若 A 公司投资 500 万元持有 B 公司 10% 的股权，此时 B 公司也投资 500 万元持有 A 公司 10% 的股权，相当于 A 公司账面资产增加 1 倍。但也容易形成经济泡沫。

（3）形成协同效应，相互持股的公司可以就资金、技术、人事、销售间达成合作，形成优势。

13. 掌握公司控制权有什么好处

（1）避免控制权之争

顶层设计的第二个问题就是控制权之争的问题，利益相关者及野心家会窥探优质资产及高估值的企业，因此这些野心家会通过合法的方式寻找公司治理的漏洞，并加以利用。因此，创始人通过多个层面掌控公司的控制权就可以避免控制权之争。另外，掌握公司的控制权只有好处，没有坏处，那为什么不掌控呢？

（2）防止被恶意并购

对于上市公司而言，股票可以在资本市场上自由流通，若流通的股权较多，公司核心人才的掌控权就会较小，那么有些野蛮人就会利用公司股权分散的局面，大量购入股权。当通过多个一致行动人主体购入股票超过30%时，就会形成一个新的控制权格局，原有的公司董事会成员及管理团队可能会全部出局。而掌握较多比例控制权的公司则不会有这样的问题。

（3）保证企业核心灵魂

企业在初创期阶段，多数以老板意志为核心，老板个人文化导致了企业的前期成功。在企业完全过渡到文化、使命驱动的过程中，离不开一个灵魂人物的引导，这个核心灵魂人物不仅是事业意义上的，更应该是法律意义上的。

（4）保证公司稳定性

掌握公司的控制权，相当于为公司建立了防火墙，将野蛮人阻挡在外，稳定了公司的控制权格局。另外，实际控制人掌握公司的控制权，可以按照自己的意志执行利于公司发展的股权激励机制，从而进一步稳定公司的发展。

（5）防止被其他股东"捅刀子"

人性本恶的情况下，实际控股股东可以通过关联交易加不分红的合法方式侵占其他小股东的利益。若公司的控制权被"恶人"掌握，那么小股东及利益相关者的利益就会受损，因此，掌握公司的控制权，可以避免被其他股东背后"捅刀子"。

14．为什么大部分知名公司都上市了，而有些没有

对于巨头公司而言，当公司发展到一定阶段，上市的好处远远大于坏处的时候，为什么不上市呢？上市有以下 4 点好处。

（1）更便捷的融资

企业上市一般是通过增发的形式进行，因此首次公开发行可以募集所需的长期发展资金，改善资本结构；在上市前可以进行进一步的融资，拓宽融资渠道，持续地再融资筹集资金；上市之后可以提升公司的信誉，更容易获得银行贷款及其他渠道的融资支持。

（2）股权流通性，构建退出通道

上市之后，公司的股权从不流通性变为流通性，这就给了持有公司股权的投资人和员工退出的机会，可以将手中的股权在合适的时机售出，从而变现，实现自己的"目标收益"或"财富自由"。这也是"公司请客，市场买单"的最佳用法。

（3）提升公司品牌影响力，增加公司竞争力

上市之路是漫长而辛苦的，企业需要满足比较严格的标准，如果一家企业可以通过证监会的审核，这就是对企业管理水平、发展前景、盈利能力的有力证明；上市之后能增加公司知名度，树立品牌、开拓市场、招聘人才；上市能使企业及其控股股东进入社会经济的主流群体，进一步扩大影响力，为收购和兼并提供更多的信用背书。

（4）合规公司业务，提升公司治理水平

上市前需要从法律上对公司的各个方面进行合规，包含劳动关系、产权关系、业务合法性、社会责任等方面，上市后更是需要进一步进行合规化管理，以便接受大众监督；上市有利于企业明晰股权关系，将股权关系透明化，降低股权纠纷情况；有利于建立现代企业制度，规范法人治理结构，提升公司综合治理水平，进一步降低经营风险。

但对于如老干妈、德胜洋楼等优质公司而言，他们不缺资金、不缺品牌名气，内部流程制度健全，上市并不能获得"较大"的好处。相比之下，上市会带来一定的公司治理成本及风险，此时上市就显得没必要了。对于

部分创始人而言，"当前的状况已经足够了，不需要更多"也是一种不上市的心态。

15. 顶层股权架构设计要考虑哪些要素

（1）公司目标及业务范畴

计划是盖 100 层的大楼还是 20 层的大楼，其地基的设计是不一样的。对于公司而言，其业务范畴及目标决定了其核心公司应当如何组建。对于全国的事业而言，则需要采用总—分公司、母—子公司、连锁的架构；对于多个产业的事业而言，则需要采用投资公司的架构；其业务范畴和目标决定了顶层股权架构设计的方向。

（2）公司利益相关者数量

公司的利益相关者包括投资人、联合创始人、管理合伙人、加盟代理方、上游服务商、下游消费者、技术合伙人和资源合伙人等。不同的对象对公司的股权有不同程度的期望和要求，股权架构需要满足多方的利益诉求，平衡是关键。

（3）上市、控制权、税收

上市公司要求公司股权清晰，不得存在违法及代持情况；创始人基于长远发展的考虑，须对公司的控制权做出安排；税收洼地有相应的税收政策优惠，可以考虑设立。这些因素都会对股权架构产生影响。

第二章 架构的基本结构

公司与公司之间的关系，一共有 3 种关系。第一种是相互无关；第二种是直接或间接、单向或多向的持股关系；第三种是相互持股，也就是交叉持股的情况。

股权架构和此类似，有直接或间接地持股这种基本关系，本节就公司架构、股权架构的基本结构进行说明。

1. 相互无关

公司与公司之间最简单的一种关系是无关，如图 2-1 所示。

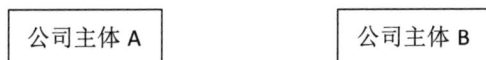

| 公司主体 A | 公司主体 B |

图 2-1　无关的公司架构

2. 直接持股

（1）直接持股的公司架构

直接持股的公司架构就是一家公司直接持有另外一家公司的股权，是上下的结构，如图 2-2 所示。

13

```
┌──────────────┐
│   主体公司A    │
└──────────────┘
        │
        ▼
┌──────────────┐
│   主体公司B    │
└──────────────┘
```

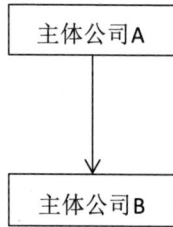

图 2-2　直接持股的公司架构

（2）直接持股的股权架构

自然人直接持有某个公司的股权，也是上下结构，如图 2-3 所示。

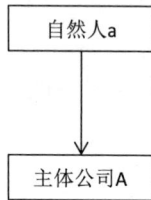

```
┌──────────────┐
│   自然人a      │
└──────────────┘
        │
        ▼
┌──────────────┐
│   主体公司A    │
└──────────────┘
```

图 2-3　直接持股的股权架构

3. 间接持股

（1）间接持股的公司架构

间接持股，顾名思义，是指不直接持有一家公司的股权，而是间接地持有一家公司的股权，如图 2-4 所示。公司 A 间接地持有了公司 C 的股权。

```
┌──────────────┐
│   公司A        │
└──────────────┘
        │
        ▼
┌──────────────┐
│   公司B        │
└──────────────┘
        │
        ▼
┌──────────────┐
│   公司C        │
└──────────────┘
```

图 2-4　间接持股的公司架构

（2）间接持股的股权架构

指自然人不直接持有目标公司的股权，而是通过中间的一个公司而间接地持有目标公司的股权。如图 2-5 所示，自然人 a 间接地持有了目标公司 B 的股权。

图 2-5　间接持股的股权架构

4. 自然人间接持股公司的 5 种类型

自然人间接持有公司的股份有 5 种形式，包含通过壳公司（有限公司）间接持股、通过有限合伙企业间接持股、通过工会间接持股、通过信托计划间接持股、通过私募基金等资管计划等形式间接持股。

自然人出现间接持股的主要是因为以下 6 种原因：第一，不愿意直接出现在目标公司中，通过间接持股进行隐藏；第二，对员工做激励，人数众多，目标公司放不下；第三，优化公司的赋税程度；第四，创始股东做控制权的安排；第五，变更相关工商信息，只需在间接持股平台变更，无须在目标公司上变更；第六，保证目标公司的股东名单简洁、清晰明朗。

（1）壳公司持股

壳公司，一般是指一个没有实际业务运作的公司（一般为有限公司），该公司的目的就是用来持有目标公司的股权，如图 2-6 所示。

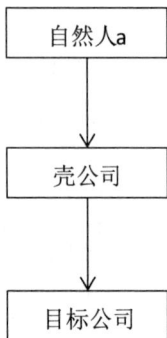

图 2-6　通过壳公司间接持股

壳公司作为持股平台具有以下 5 个特点。

① 多注册一家公司，需要承担一家壳公司的运营费用。多层壳公司，将会承担更多的壳公司的运营费用。

② 从税收上看，依据《企业所得税法》第二十六第（二）规定，"符合条件的居民企业之间的股息、红利等权益性投资收益"为免税收入。

③ 员工只能在壳公司层面行使股东权利，无法直接对目标公司行使股东权利，只能通过壳公司间接对目标公司行使股东权利。

④ 按照金融"穿透"原则，壳公司的每个股东都算是目标公司的一个股东，实际股东有超过 200 人的情况，上市前需要证监会另审批。

⑤ 有限责任公司在分配公司利润的时候，需要预留一定的法定公积金，导致股东的收益降低。

（2）有限合伙持股

通过有限合伙企业间接持股如图 2-7 所示。

图 2-7　通过有限合伙企业间接持股

有限合伙企业，一般是指一个没有实际业务运作的企业，该企业由普通合伙人（GP）和有限合伙人（LP）组成，普通合伙人代表合伙人企业执行合伙事宜，相关的权利和义务按《合伙企业法》和《合伙企业协议》进行，如图 2-7 所示。

有限合伙企业作为持股平台具有以下 5 个特点。

① 合伙企业没有企业所得税，只有个人所得税，按照每个地区的不同，适用 20% 的个人所得税或 3%~35% 的超额累进税率。

② 这种合伙企业的结构，从根本上决定了 LP 没有公司的表决权，是目标公司安排控制权的一种实用工具。

③ 合伙企业入伙、退伙流程相对有限责任公司简单。

④ 从习惯性上看，有限合伙企业营业范围一般带有"投资""股权"字样，随着国家对金融监管的强化，此类营业范围较难再注册下来。之所以习惯有这样的字段，这是对该实际业务的描述。但任何公司都可以持有另一家公司的股权，因此，这类特定的字段也可以不用显示在营业范围内。

⑤ 如果该有限合伙只是用来进行股权投资的，那么 GP 相当于间接承担有限责任。

（3）工会持股

工会是一个历史产物，工会又称工人联合会。通过工会间接持股如图 2-8 所示。在 20 世纪 90 年代，工会持股被各大企业广泛应用，比如华为公司的股东有两个，一个是任正非，一个就是华为投资控股有限公司工会委员会。

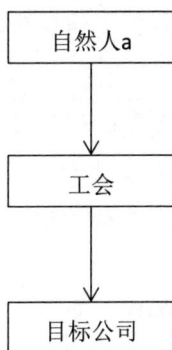

图 2-8 通过工会间接持股

工会作为持股平台具有以下 4 个特点。

① 工会代表着职工的利益。工会通过和企业所有者进行谈判，对职工薪酬、工作时间、工作条件等问题进行协调和优化。

② 按照中国证监会对工会持股的相关法律文件，工会设立的宗旨和工会作为股东受益的目的不一致，因此，证监会不接受工会持股的公司上市。因此，工会持股不再是一种流行的持股方式。

③ 工会的人数没有限制，突破 50 人或 200 人的限制。

④ 工会的员工按照《工会章程》的规定，行使自己的权利和义务。

（4）信托持股

通过信托公司间接持股如图 2-9 所示。

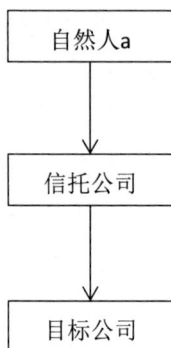

图 2-9　通过信托公司间接持股

信托公司，全称是信用委托或信用托管，是一个自然人将自己的财产（含公司股权）委托给他人，受托人以自己的名义对该部分财产进行管理，并实现财产增值或特定目的的行为。信托公司持股在欧美等发达国家应用比较成熟。

信托公司作为持股平台具有以下 4 个特点。

① 信托财产具有独立性，在委托人将财产交由受托人后，该资产就和受益人原有的财产分开来，委托的资产开始独立运作。因此，债权人也无权对信用托管的财产享有追回的权利。

② 一般信托公司具有专业的理财能力，可以保证受托人的财产增值。

③ 信托公司不受 50 人的限制。

④ 按照现有金融"穿透"的原则，信托持股的平台同样需要穿透到各个自然人，但因其背后的出资人股东并不明确，因此，证监认为信托持股的拟上市股份公司股权不够清晰，一般会要求进行清理或整改。

（5）私募基金、资管计划持股

私募基金、资管计划持股如图 2-10 所示。

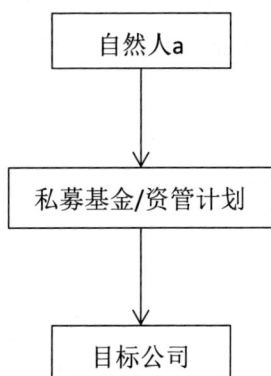

图 2-10 私募基金 / 资管计划持股

私募基金是指以非公开方式向特定投资者募集资金并以证券为投资对象的证券投资基金。如投资债券、公司股权、上市公司股票等。

资产管理计划，是有专业基金公司或证券公司进行管理的一类资产管理的产品，该类产品主要用于投资权益类或固定收益类的资产，从而获得一定的回报率。

这两类产品或公司都是受到国家相关机构的管理，其持股形式较为清晰，信息披露较为充分，操作更加便捷，可能是未来广泛应用的一种方式。

私募基金或资管计划作为持股平台具有以下 4 个特点。

① 信息披露透明，安全性较高，证监会审核简单方便。

② 投资单只私募基金的金额不低于 100 万元，对很多企业的员工而言，较难达到这个水平，在未上市前，不利于全员持股。

③ 现在国家对私募基金的成立持谨慎态度，因此注册门槛有所提高，可以借助已经设立或发行产品的基金或资管计划进行。

④ 私募基金或资管计划对于投资人数没有限制，一般在达到融资金额后或既定目标后就暂停对外融资。

5. 间接持股的 3 种形式

（1）直接 + 间接持股

自然人通过直接和间接的形式累计持有目标公司的股权。如图 2-11 所示，自然人 a 通过直接持股的方式持有目标公司 20% 的股权，通过间接公司 A 再次持股目标公司。

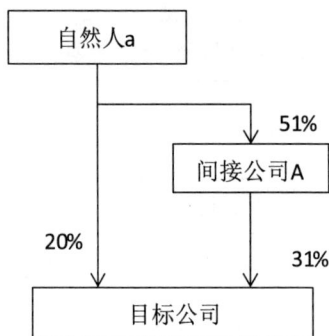

图 2-11 直接 + 间接持股形式

这样安排有什么用呢？

其中最大的一个好处就是能保证对目标公司的控制权，同时也能够引入资金进入目标公司。比如，自然人 a 持有间接公司 A 的 51% 的股权，且该公司现金合计有 2 000 万元，那么自然人 a 就可以将全部的资金投资目标公司，占目标公司 31% 的股权。

自然人 a 通过直接投资，持有目标公司 20% 的股权，此时自然 a 合计就持有目标公司 51% 的控制权（31%+20%），但自然人 a 持有目标公司的分红权为 35.81%（20%+31%×51%）。

那么，什么是"好的"间接公司 A 呢？

就是那些账面现金较多，公司估值较低，且愿意出让控制权或股权分散，或者可以通过私下能够控制的企业，这些就是好的间接公司。此时实际控制人就可通过控制间接公司以实现投资目标公司的目的。

另外间接公司 A 也可以是融资公司，可以将所有投资者放入该公司中，通过融资资金再投资目标公司，可以实现同样的效果。

（2）多层单链条持股

如图 2-12 所示，自然人通过多层架构间接地持有目标公司的股权。单链条是指从上到下有一个完整的链条，其公司结构是多层的，因此称为多层单链条。

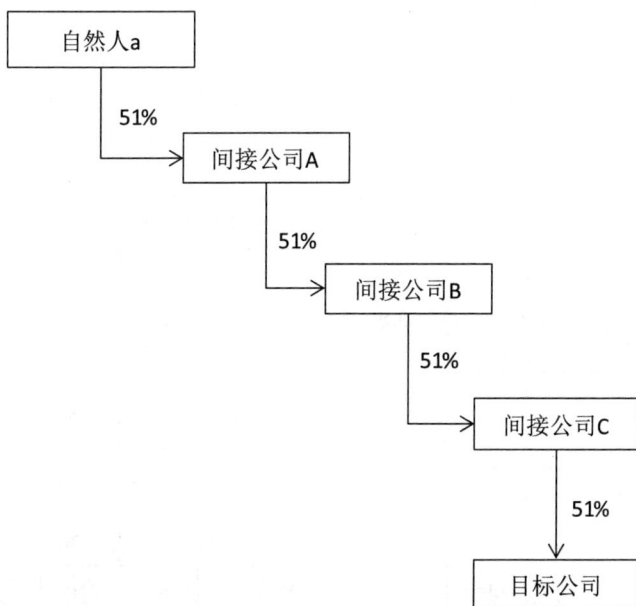

图 2-12　多层单链条持股形式

中间设置这么多间接的公司有什么意义？

投资最大问题在于资金短缺。假设自然人 a 自己拥有现金 1 000 万元，通过各种方式投资及控制间接公司 A，此时自然人可控制的资金或资产可以达到 2 000 万元（其中投资 1 000 万元现金占股 51%，说明公司资产超过 2 000 万元），然后通过控制间接公司 A 以 2 000 万元现金或资产控制间接公司 B，此时自然人 a 可掌握的资产为 4 000 万元，之后用同样的方式，可以控制间接公司 C，控制间接公司 D，只要自然人 a 想要，并有可实施的环境和条件，自然人 a 手中的可掌控的资产可轻松过亿元，此时就用

1 000万元的资金控制了目标公司。这也就是传闻中"四两拨千斤"的杠杆用法。

（3）多层多链条持股

自然人通过多层架构间接地持有目标公司的股权。

多层单链条对企业实现控制是比较理想的情况，在进行穿透的过程中，很容易找到背后的实际控股股东。此时可以通过隐名形式、一致行动人的方式让股权的路径变得更加隐秘。如图2-13所示，自然人a可以通过右侧的链条持有目标公司一定比例的股权，又通过左侧一致行动人的不可见的持股形式持有目标公司一定比例的股权，此时自然人a实际持有的股权为两个链条的总和。幕后控制人只要不对外公布情况，谁也无法确定背后的控制人。此时，背后控制人可以通过自己的意志对目标公司施加一定的影响和做出决策。

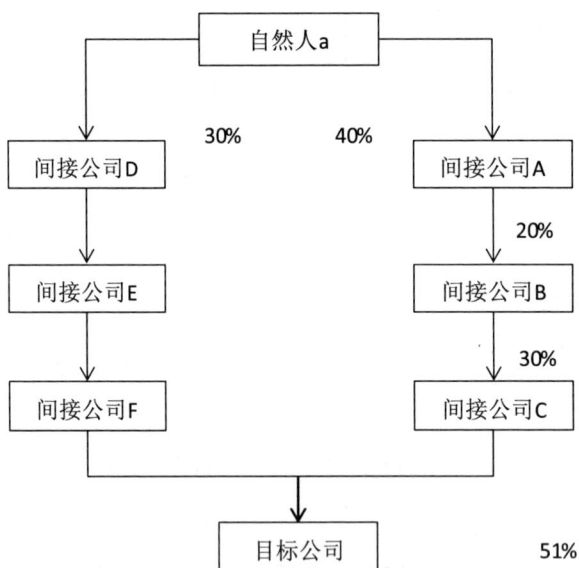

图2-13　多层多链条持股形式

6. 交叉持股的4种形式

（1）单纯型交叉持股

交叉持股是指公司之间或控制人之间相互持股的结构。其中单纯的交叉持股是最简单的交叉持股形式。如图 2-14 所示在有 2 个公司主体的情况下，A 和 B 公司相互持股。

（2）环状型交叉持股

环状型交叉持股是单纯交叉持股的升级版，此时有更多的主体公司参与，主体公司之间相互持股，形成你中有我，我中有你的架构，如图 2-15 所示。

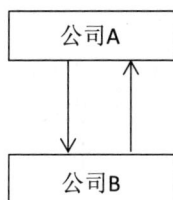

图 2-14　单纯型交叉持股

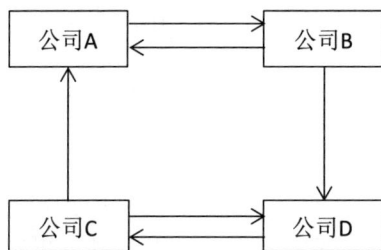

图 2-15　环状型交叉持股

（3）网状型交叉持股

网状型交叉持股更为复杂，每个主体企业都和其他的主体企业有股权关系，如图 2-16 所示，A 公司和 B 公司、C 公司、D 公司都有股权关系。

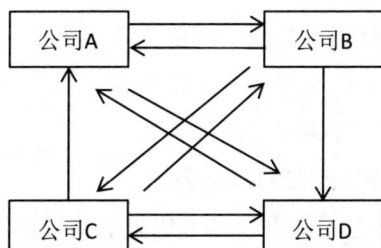

图 2-16　网状型交叉持股

（4）Y字放射型交叉持股

Y字放射型交叉持股是指以一家公司为核心，分别与其他主体企业产生持股关系，但其他主体企业之间没有股权关系，如图2-17所示。

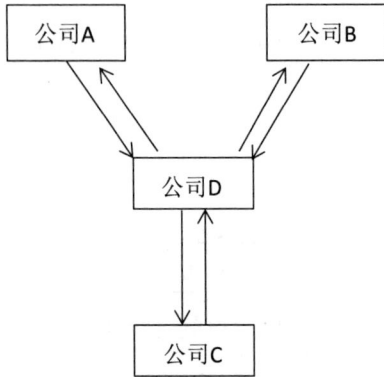

图2-17　Y字放射型交叉持股

7. 协议控制

（1）委托协议

委托协议的主要内容是一方将一定的权利或事宜委托给另一方，受托人依据委托人的意思办理委托事务。委托协议包含：委托持股协议、委托代持协议、委托显名协议等一系列有关委托的协议。

关系结构如图2-18所示，委托产生的背景原因一个是委托人为了节约自己的时间和成本，可以委托其他人办理委托事宜；另一个原因是自己不够专业，委托专业的人士进行办理事项；还有一种原因是，手中所持有的权利较小，多个小权利的委托人委托同一个受托人，此时受托人的权利将会叠加。

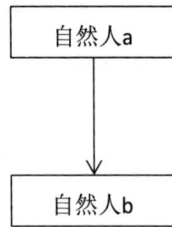

图2-18　委托持股关系

在股权范畴内，产生了从两个角度出发的委托协议。

一类是有利于委托人的协议。如委托人没有时间对所持有的股权进行管理，此时可以委托给专业的人士进行打理，专业的人士需要尽心尽力完成"雇主"的任务，若不胜任则可能会被解雇；若在办理委托事务中违反了协议约定，还需要承担违约责任。

另一类是有利于受托人的协议。如公司创始人愿意分享股权给核心员工，但不愿意失去控制权，此时就会和被激励员工签订委托协议，被激励的员工需要将控制权委托给创始人，且时间为长期并且没有任何违约责任。

（2）协议控制

在VIE结构中，协议控制是常用的一种方法。即受相关法律法规的影响，无法通过股权进行控制的，但可以用协议进行控制。

通过协议控制的协议组包含《股权质押协议》《业务经营协议》《独家技术管理咨询协议》《股权处置协议》《资金支持承诺》《借款协议》《创始人、配偶和继承人承诺》等，最终实现外资公司对内地公司的控制，就如图2-19所示。

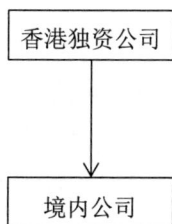

图 2-19　协议控制

协议组的核心要实现两个基本的目的，第一个是能够将外商独资企业的融资资金注入目标公司中，第二个是从法律意义上对目标公司的股权拥有绝对的控制权。此时就可以通过《股权质押协议》和《借款协议》来实现，目标公司将所持有的股权100%质押给外商独资企业，此时外商独资企业放款给目标公司。再通过其他附属协议，让整个控制变得更加完善。

一般目标公司的股东也存在VIE上市主体的股东中，从根本上讲，两者股东的利益是一致的，因此不会发生违约的事件。但若目标公司有新的野心目标，此时主体公司就会出现违约的情况，会将一部分优质资产或特殊的资产直接未经VIE主体公司决议剥离出去。因为违约获得利益要远远大于违约责任，所以一般最终的结果是协调和赔偿。

第三章 公司架构的六种基本模型

在理清架构的基本结构后,就可以就此演变出公司的六种基本的模型,包含总—分公司结构、母—子公司结构、混合公司结构、兄弟公司结构、集团公司结构、VIE 结构等六种基本模型。

1. 总－分公司结构

分公司是大型集团公司常用的结构形式,在公司发展到一定阶段的时候,公司需要在各个省各个市发展更多的业务,此时就需要开设更多的分支机构。典型的公司代表如美容店、医院、超市、零售、快递、水果店、各种餐饮等。

此时就会以发源地的第一家公司作为总公司,或后期凭借北上广深的地理优势成立总公司。其他各省各市都成立为分公司,财务由总部统一投资和核算,总部对分支机构有 100% 的掌控权。以图 3-1 为例,海底捞就是典型的总—分公司结构,海底捞以四川发源地公司作为总公司,然后在各省市设立分支机构。

分支机构名称可以以分公司、办事处、店、院、中心、厂等作为结尾。

2. 母－子控股结构

控股子公司结构也称母子公司结构,一般由母公司持有子公司一定比例的股权,一般持股超过 51% 或通过协议及其他方式控制的,导致母公司表决权超过 51% 的,此时称为母公司控股子公司。

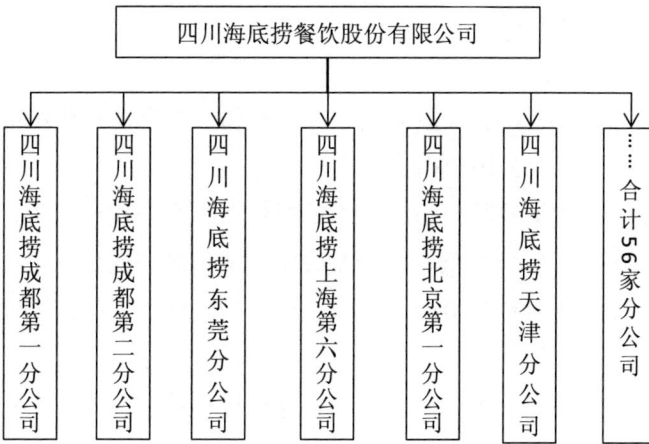

图 3-1 海底捞总分公司架构

成立为子公司而非分支机构，一般都有母公司自己的考虑。像高风险、有融资目标、众筹、实股激励等情况，都会成立为子公司。如图 3-2 所示，北京同仁堂股份有限公司下有多家子公司，对每家子公司都持股 51%，从而形成了自己的公司架构。有些情况下，公司会采用混合结构，一部分是子公司，一部分是分支机构。

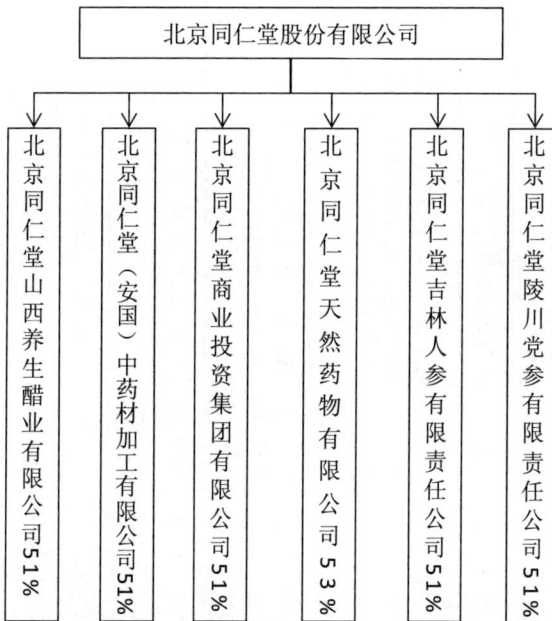

图 3-2 北京同仁堂股份有限公司架构

3. 混合公司结构

对于既有控股公司、参股公司、分支机构，也有协议缔结的公司的整体结构，被称为混合公司结构。

参股公司结构是控股公司结构的低配版，参股公司结构中，上级公司对下级公司的持股比例较低，一般持股比例或控制权比例低于51%。从投资的角度来理解这种结构会更加容易，对于投资而言，一般是"投大钱，占小股"。

以慈铭体检为例，如图3-3所示，慈铭体检的门店成立费用较高，因此慈铭体检上级公司会有资金的压力，因此新公司的成立需要和当地的其他股东共同参与，从而形成了如下的参股结构、控股结构等情况。每个子公司除了慈铭体检集团外，都由其他不同的股东组成。

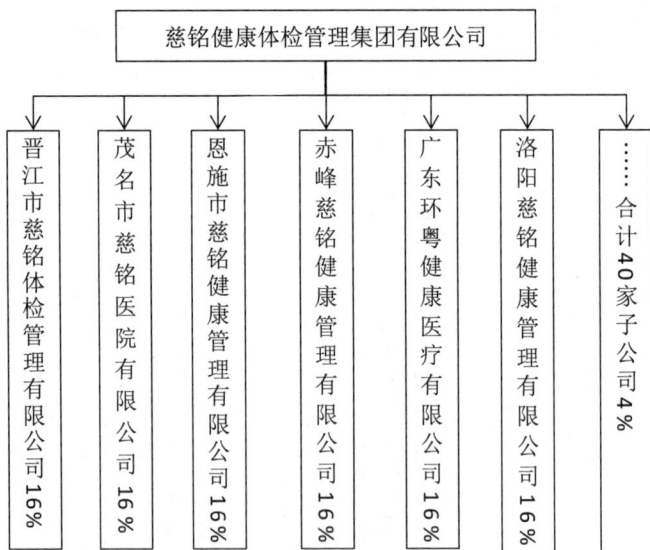

图 3-3 慈铭体检参股公司制

4. 兄弟公司结构

同一个自然人成立多家公司，各家公司之间有着共同的股东（共同的父亲），但公司与公司之间没有股权关系，这些公司群围绕一个共同的业务主线进行，形成了兄弟公司结构。

以宜信公司为例，如图 3-4 所示，宜信公司创始人唐宁手上有上千家分子公司，这些公司的设定都是围绕一些主线进行。围绕一个业务都会成立数家公司，这些公司群都为同一个业务提供服务，这样做最大的目的就是防范风险。以宜信集团兄弟公司架构为例，公司虽然分开注册，但却有统一的指挥中心，宜信惠民作为运营的一个总部，分别对信贷端、理财端、信用管理进行统一管控。其中，宜人贷为独立运营的公司，拥有完整的职能部门，在 2015 年 12 月 18 日登陆纽交所挂牌上市，股票代码 YRD。

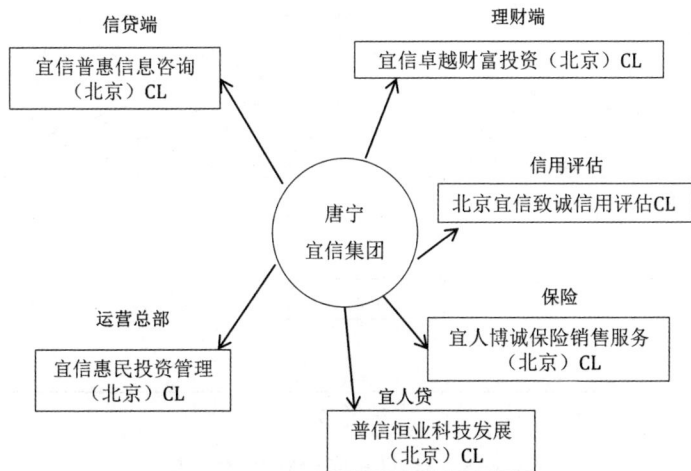

图 3-4　宜信集团兄弟公司架构

5. 集团公司结构

企业集团可以由母公司、子公司、参股公司、事业单位法人、社会团体法人组成。一般以资本为主要联结纽带，以母子公司为主体，以集团章程为共同行为规范，一般集团公司都经营着规模庞大的资产，管辖着众多的生产经营单位，并且在许多其他企业中拥有自己的合法权益。

在世界 500 强企业中，家族企业的比例超过 1/3，说明家族企业有其独特的魅力，一般大型家族企业也是集团企业。如图 3-5 所示，第一层为家族核心成员，第二层主要是盈利较好的产业公司；第三层是发展潜力较好的公司，第二层产业公司可以向第三层企业输血、投资和担保；第四层为上市公司，可以和第三层的潜力公司重组。最终形成了一个纵向一体化，横向多元化的集团公司结构。

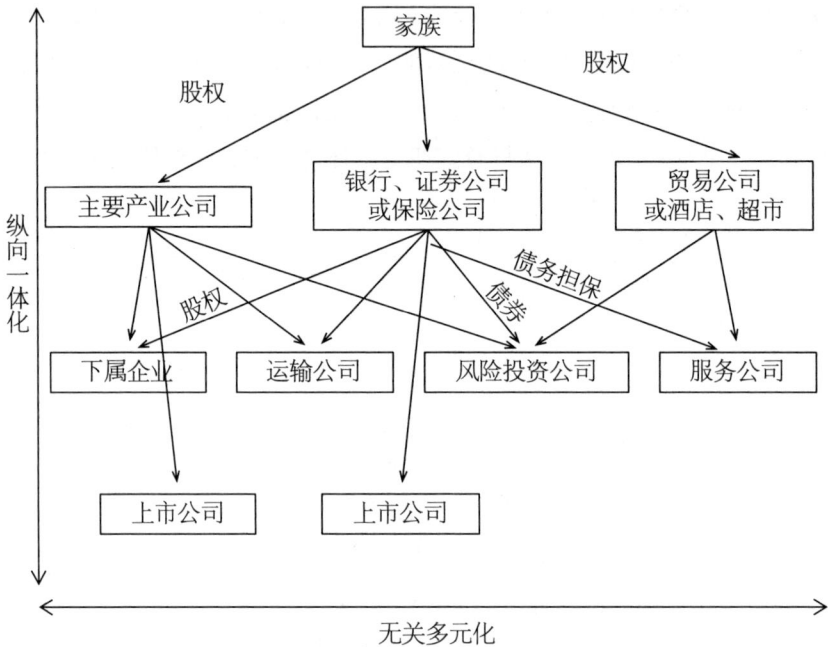

图 3-5　大型家族企业集团结构

6. VIE 结构

VIE 架构即"协议控制"，英文全称为 Variable Interest Entities，翻译为"可变利益实体"。一般境外注册的上市公司和本国的实际运营公司相分离，境外的上市公司通过协议的方式对境内的企业进行控制。具体架构形式如图 3-6 所示，一共有 4 层，每层之间有着特定的关系。

首先，为什么国内的公司不直接改造成符合美国上市的公司类型，然后直接上市呢？因为境外的交易所如纽交所、港交所接受的上市公司中不包括中国，因此境内的公司是无法在国外交易所直接上市的。这样就势必只能在境外注册一家公司，将境外的公司改造成符合上市条件的公司。

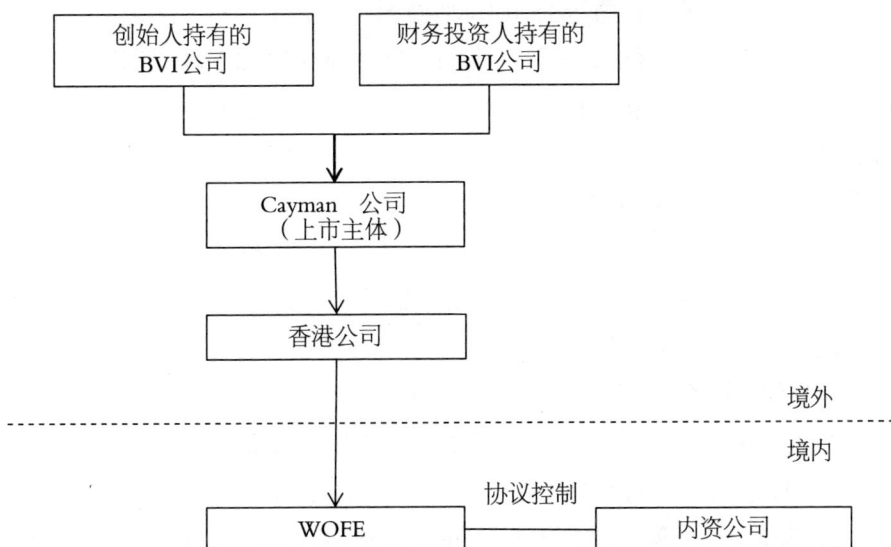

图 3-6　VIE 上市架构

其次，在境外直接成立一家符合国外交易所要求的拟上市公司，直接用该境外拟上市公司投资国内主体公司，是否可行？因为中国法律规定，出于中国主权意识形态的管制考虑，禁止并限制外资投资国内的很多领域，典型的行业如电信运营和电信增值服务、媒体、高科技行业等。BAT 等公司都涉及 ICP（电信与信息服务业务经营许可证）的问题，因此，境外公司无法直接持股这些境内主体公司。

最后，BVI 私人公司，开曼公司、香港公司的设立都是对于税收优惠政策的考虑。WOFE 指外商独资企业，通过设立该层公司，保证境外公司的资金可以顺利进入中国境内。同时，在一个中国法律框架内，该 WOFE 公司和实际运营公司签订一系列的协议，保证该 WOFE 公司可以控制实际运营公司，并获得实际运营公司的所有利润。

基于以上考虑，搭建 VIE 架构步骤如下，一般按照从上到下的顺序进行搭建：第一步：设立 BVI 公司，也就是第一层利益主体，一般包括创始人成立的 BVI 公司和部分投资人设立的 BVI 公司；第二步：设立上市主体公司，一般设立在开曼，由 BVI 公司股东、VC、PE 公司共同设立。第三步：设立香港壳公司，由开曼公司 100% 进行持股；第四步：设立 WOFE 外商独资独资企业，由香港公司 100% 持股；第五步：签订协议。一般实体运营公司股东和 WOFE 公司之间签订《股权质押协议》《股东授权书》《董事授权书》《独家认购期权协议》《创始人、配偶和继承人承诺》。WOFE 和实体公司之间签订《独家技术管理咨询协议》《股权处置协议》《业务合作协议》《资金支持承诺》《借款协议》等。

随着中国经济的发展，有些企业在境外上市一段时间后，达到了 A 股上市的条件后，便有回归 A 股的战略意图。一方面是为了更高的估值，另一方面是充分发挥本土公司的品牌和市场优势。这就需要对 VIE 架构进行拆除，具体的拆除可按照以下 4 个步骤进行。

① 通过境外控股主体赎回境外投资人股权等方式，使得境外投资人退出。

② 境外控股主体等境外公司对外转让股权并注销。

③ 解除境内外商独资企业（WOFE）与业务实体（OPCO）之间的控制协议。

④ WOFE 或者拟上市主体经过股份制改造等过程，成为上市主体。

·第二部分·

股权架构设计案例和模型

第四章　两人的股权架构

在公司架构确定的情况下，如何设置和设计股权架构就显得非常重要，哪怕是两个人的股权架构设计，如果设计不好，那么同样也会出现"革命尚未成功，合伙人已闹掰"的情况，本节通过一些案例和模型来认识不同情况下的股权架构设计原理。

1. 海底捞的平均股权演变

海底捞在创业初期的股权分配方式非常简单，本着"公平"的原则，两个创始人采用了最"哥们"的分配方式，就是 5 ∶ 5 的分配方式，如图 4-1 所示。

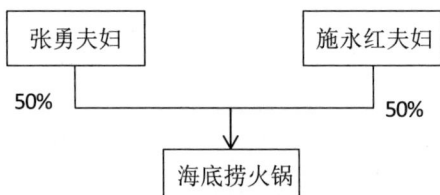

```
┌──────────┐              ┌──────────┐
│ 张勇夫妇 │              │施永红夫妇│
└──────────┘              └──────────┘
    50%│                          │50%
       └──────────┬───────────────┘
                  ▼
           ┌──────────┐
           │海底捞火锅│
           └──────────┘
```

图 4-1　海底捞初期股权架构

这种架构有什么好处和弊端呢？

好处就是看起来"双方对等"，也是就平分，这样大家谁也不吃亏。很容易被对方接受。

但是，这种平分的架构是所有股权架构模型中最糟糕的架构；这种"双方对等"的架构会为公司后续发展带来无尽的麻烦。一方面，双方的控制权相同，如果出现重大决策意见相左的时候，两个人说的都不算，只能打感情牌，若坚持自己的观点，那么就会耽误这个重大决策。这些重大决策包括引入新的合伙人、引入投资方、公司重大战略调整、公司章程修订等。另一方面，企业到最终是只能有一个总经理，那么双方的贡献就会出现差异，但股权依然是平分，会造成贡献大的股东不满意。

2007 年后，张勇意识到这种平分股权架构的问题后，开始着手进行调整。

张勇是如何调整的呢？直接从施永红夫妇那里购买了 18% 的股权。怎么做到的？记者问施永红："海底捞这么赚钱，18% 的股份可不是一个小数，你就这么卖给张勇？（按原始价格转让的）""对。""那你为什么同意呢？""不同意能怎么办，一直是他说的算。"

因此，本次股权转让离不开的施永红的豁达、情怀和格局。此时形成的股权架构图，如图 4-2 所示。

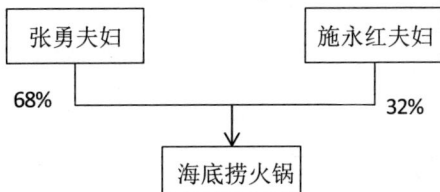

图 4-2 第一次调整后的海底捞股权架构

这里说明一下 18% 的含义，按照当时海底捞的估值，18% 绝对是一大笔钱，另外在这种平分的尴尬股权架构上，就算施永红狮子大张口，要求一笔巨额的股权转让金，张勇其实是没有任何办法的。因此 18% 对于施永红而言，绝对是一笔巨额资金，但施永红却放弃了，只能说，张勇有一个好的合伙人，有一个从小玩到大感动天感动地的兄弟。

举一个反例，雷士照明的吴长江和两位合伙人闹掰后，要求另外两个股东退出公司。经过 3 天的谈判，公司作价 2.4 亿元，每人出局需要支付 8 000 万元的对价，合计需要支付 1.6 亿元人民币，但吴长江根本没有这么多钱，然后匆匆引入外部投资人，将两位合伙人清理出局。这次股权变动为后期埋下了更大的祸根。

如果新引入的这两位合伙人也是"志同道合"的，那么我相信公司的发展能更上一层楼，而不是最后吴长江沦落监狱中的结局。

2009 年，张勇对公司的股权架构重新进行调整，成立静远投资公司，张勇通过直接、间接的形式对海底捞进行持股，如图 4-3 所示，至此，张勇成为海底捞的绝对控股大股东，合计表决权有 76%（51%+25%）。

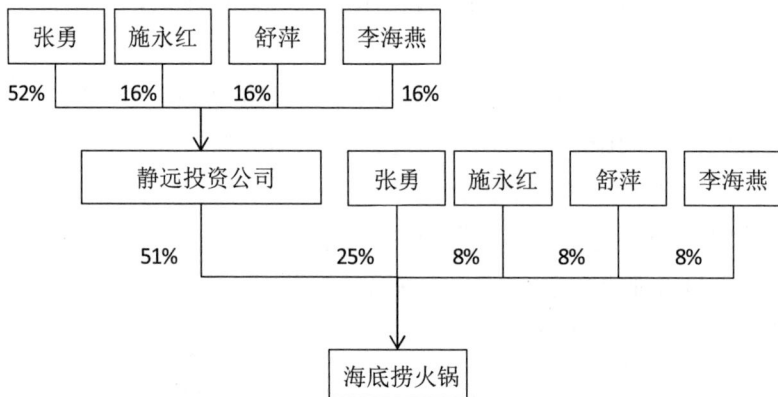

图 4-3　第三次调整后的海底捞股权架构

2018 年 9 月 26 日，海底捞在香港交易所上市挂牌，发行价 17.8 港元，投资者入场门槛费用高达 1.78 万港元，开盘当时，海底捞市值突破千亿港元大关。

根据招股说明书，海底捞 2017 年营业收入为 106.37 亿元，净利润为 11.94 亿元，在全球中式餐饮业中排名第一。拥有及经营的餐厅数量达 320 家。其中 296 家位于中国内地，24 家位于新加坡、韩国、日本及美国的餐厅。

根据招股说明书，本次融资资金 60% 用于业务扩张，20% 用于开发及实施新技术，15% 用于偿还贷款，剩下的 5% 用于运营资金及企业一般用途。

海底捞经过 20 多年的发展，形成了集火锅、底料生产、供应链服务、外卖、人事咨询服务、装修服务于一体的体系。

2. 罗辑思维的分道扬镳

相信大家对《罗辑思维》栏目都不陌生，在 2012 年开始，微信流量的威力开始显现，因此定位为"有种、有趣、有料"的《罗辑思维》诞生了。

主讲人为罗振宇，最开始以视频为起点，独特的个人语言表达风格让他在互联网领域中独树一帜。后期同名微信公众号开通，每天推送罗振宇本人60秒的音频知识，分享读书笔记和生活感悟，受到广大粉丝的欢迎。

回到起点，罗振宇和申音共同运营罗辑思维，罗振宇以个人品牌入股，不出资。申音出资，在2013年12月，两人的股权情况如图4-4所示。

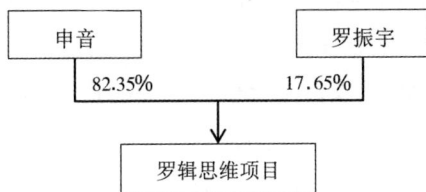

图4-4 罗辑思维项目股权架构

多劳多得、少劳少得是分配的基本原则。这个架构有什么问题呢？这个架构的问题在于公司商业模式与以往传统行业不同，这是一个严重依赖人力资源的智力行业，公司的核心资产是人才，即每个人的贡献值和劳动是变化的，而这个架构是静态的，不能根据人才的贡献不同而做出调整。

在项目的开始，申音提供了项目的启动资金，其贡献当然是最大的，理所当然在开始应当持有较多比例的股份或收益。但是当项目运营有所起色之后，此时罗振宇个人IP在不断升值，罗振宇的贡献是较大的，应当获得较多的利益分配。

当整个项目获得较高收益的时候，申音拥有公司82.35%的收益，而罗振宇自己只能拥有17.65%的收益，这种分配方式很容易产生不平衡感。如果对该架构不进行调整，等待公司的只有分手。在2014年7月份，罗振宇从该项目中退出，并成立了北京思维造物信息科技有限公司，并获得了4轮融资。

这种智力行业的公司非常适用动态股权分配机制。在智力行业中，最终的分配结果应该和贡献值高度挂钩，从而实现在不同情境下的利益动态平衡，可以避免合伙人出去单干的情况。常用有3种的动态股权设计思路。

（1）基于时间点的动态股权设计。创始人可以根据人才的服务实际时间，增加合伙人的股权比例，若入职满1年，增加2%的股权，连续奖励

10 年，最高封顶 20%，如果中途离职，赠予的股权全部无偿回收。此时，这个人才就必须考虑离职的损失。但这也要求创始人对该人才给予高度评价，确定该人才的价值和付出的股权对等。

（2）基于业绩的动态股权设计。即以个人的业绩或整个公司的业绩为触发点，若业绩达到一个约定值的时候，触发转让条件，此时，公司或大股东按约定比例向合伙人转让股权，用于达到整体利益的平衡。

（3）基于贡献值的动态股权设计。对于无法用业绩衡量，也不太适合用时间来衡量的，此时可以基于合伙人之间的贡献值进行重新划分。即在到达约定时间后，通过一套公允的评估方式对各个合伙人贡献值大小做出评价，之后按照约定的方式重新划分股权比例，以达到一个动态的平衡，如图 4-5 所示。

但无论何种动态股权分配方案，其都应该是前置性的，即在项目成立初始，创始人要做好无偿转让股权的心理准备，从而让其他合伙人对未来有一个较为清晰的认识。

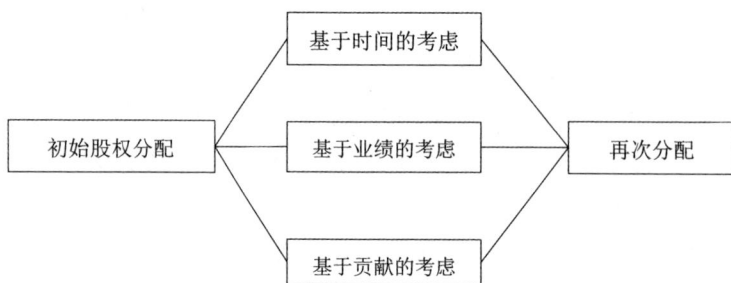

图 4-5　动态股权设计逻辑

3. 小股东是来打酱油的

某项目有两名合伙人，其中大股东认缴 90 万元，出资 30 万元，另一名股东认缴 10 万元，实缴 10 万元，此时两人的股权比例为 9 ∶ 1，如图 4-6 所示。

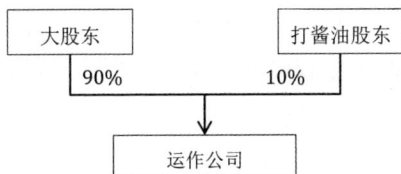

图 4-6　小股东是来打酱油的

经过约定，小股东不参与公司具体运营，没有和大股东签订任何协议，只有一份收款书。

公司头一年运行还可以，利润在 200 万元左右。大股东表示为了扩大市场，需要继续投资，小股东也表示支持。但后来大股东却用公司的资金买了高档汽车，日常消费全部由公司来报销。小股东对此提出抗议，但大股东表示，我是公司的大股东，拥有管理公司财务和总经理报销费用的权利，你反对也无效，我的表决权超过 2/3，只要我不违法就行。

次年公司盈利后，大股东又通过关联交易转移了部分利润，导致公司利润依旧在 200 万元左右，依然向小股东表示不分红。

第三年，大股东拿着公司的资金以公司的名义购买房产，并自行居住。第四年，公司累计可分配利润一共 100 万元，王某便给小股东分配了 10 万元，小股东快气炸了，但也无可奈何，想着能回本就已经很不错了。

这就是小股东打酱油的经典案例。亲兄弟明算账，在合伙之前要把一些事情说清楚了，要学着对公司的游戏规则有所了解，这样才能在遇到大股东作恶的时候，利用法定的权利来保护自己的合法权益。

4. 两人股权分配模型

通过案例，我们知道两人的股权架构同样需要设计，根据情况，两人的股权架构简单分为两类，一类是静态股权，一类是动态股权。两者的特征如下。

静态模型中，不存在股权转让的情况，也不存在新股东加入的情况。

动态模型中，会出现融资、股权转让等情况；假设每个股东有争夺控制权的倾向；假设在智力行业中，贡献值的权重较高。

所有模型假设为同股同权，即股权比例等于控制权比例，也等于分红权比例。此处总结了两人股权分配的 4 种模型，具体如下。

（1）静态 B1 模型

B1 模型说明：

如图 4-7 所示，在该模型中，B 股东的股权比例在 67%~99% 之间，拥有绝对控制权，公司所有事项都是由 B 说了算，公司权利较为稳定，后期在引入新的合伙人、投资人、公司重大决策的时候，就很容易通过决策。小股东只是来享受股权收益和增值的。对于 B 股东而言，这就是最优的静态股权模型。

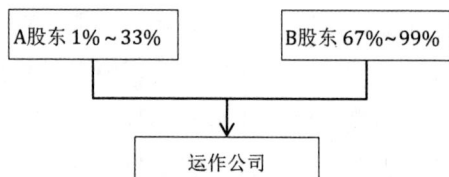

图 4-7　静态 B1 模型

在《公司法》中，一般为同股同权，但这里的 67%~99% 更多的指 B 股东所持有的表决权比例，因此可以通过特约条款、委托条款进行设计，B 股东实际持有的股份可以低于 67%，但其表决权有 67% 以上即可。

对于小股东而言，这或许是最差的股权架构，但小股东可以通过分红条款、知情权条款、任职条款、财务权限约定、审计条款等条款为自己争取基本的利益，在这种情况下，B 股东也无法乱来，只能按照协议约定进行。

（2）静态 B2 模型

B2 模型说明：

如图 4-8 所示，该 B2 模型是次之较优的两人股权静态模型。

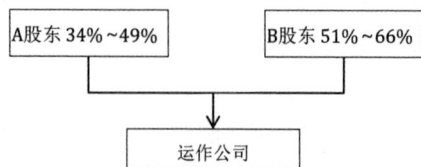

图 4-8　静态 B2 模型

　　该模型中股东 B 股东拥有相对控制权，能决定关键事项外的其他事项（关键事项有：修改公司章程、增资减资、变更公司形式、引入新股东等），A 股东有关键事项的一票否决权，但对于普通事项投反对票也无效。

　　一票否决权定义：即 A 股东可以就公司的关键事项投反对票，只要投反对票，该事项就中止，无法继续进行。

　　若出现有平均股权的情况（或夫妻离婚），即 50%：50%，如果假设二者都有争夺控制权的倾向，这将是相互博弈的开始。

（3）动态 B3 模型

　　B3 模型说明：

　　如图 4-9 所示，在 B2 模型中，当股东之间出现博弈的时候，会出现 B2 向 B1 模型过渡的情况；即相对控股 B 股东会持有更多的控制权，常用的达成交易的方式就是 B 股东用现金或其他好处收购 A 股东的股权。此时 A 股东的控制权比例减少或者被出局。

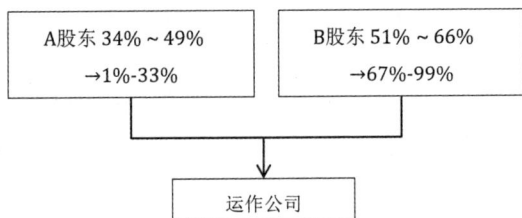

图 4-9　动态 B3 模型

　　另一种情况是，B 股东也无法收购 A 股东的股权，也无法让 A 股东出局，此时 B 股东可以按照"小股东是来打酱油"的逻辑将 A 股东晾在一边。

　　如果博弈进入白热化，可能就会引入新的股东来打破当前焦灼的状态，此时就形成了动态 B4 模型。

（4）动态 B4 模型

　　两人股东新引入新股东后的演变如下。

　　B4 模型说明：

　　无论正常的引入投资人股东，还是引入一致行动人股东，此时就需要说服另一名股东同意（比如，增资需要 67% 以上表决权同意）。在通过各种说服引入新股东后，整个股权的格局会发生一些变化。这个变化可能是有利的，也有可能是不利的。

如图 4-10 所示，若新引入的股东持股 10%，原有股东合计 100% 的股份会稀释为 90%，即原有的两个股东每个人新的股权比例为原来的 90%。此时若新加入股东和 B 股东有一致行动人关系，那么可能就会对 A 股东带来不利影响。

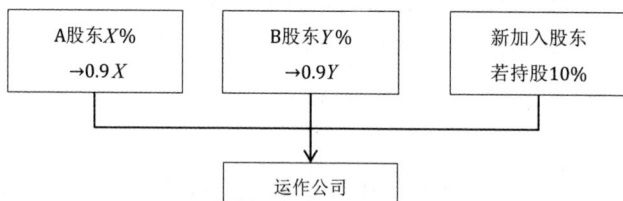

图 4-10　动态 B4 模型

第五章　三人的股权架构

1. 制衡性股权架构

某公司属于高人力资源行业，项目启动更加依赖人才，对资金的依赖性不强，因此每个合伙人都有足有的议价权，此时形成了一个类似平分的股权比例，CEO、COO、CTO 的股权比例分别是 40%：30%：30%。

因为项目不错，吸引了一名 D 朋友加入，D 朋友出资现金 50 万元购买股权，此时整个项目由三人股东变成了四人股东，经过稀释后的各个股东股权比例如图 5-1 所示。

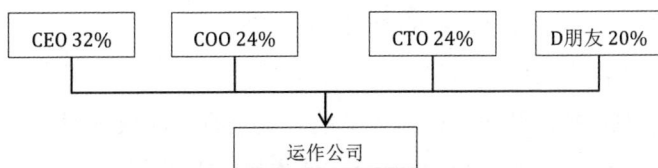

图 5-1　制衡性股权架构

这个架构的劣势在一次股东会议上集中爆发了，CEO 认为公司应当集中资源在北上广一线城市开展线下业务，而 COO 认为应当使用农村包围城市的策略，先从几个竞争性不强的小城市开展线下业务，朋友 D 表示我们应当主打互联网，因为互联网是没有边界的，CTO 表示不太懂公司的战略，只管开发就好了。

会议的结局是没有讨论出一个结果出来，因为各个股东都有自己的想法，谁也无法说服谁，谁也无法达到过半数的表决权。CEO 很恼火，他认为这些股东都不服从管理，D 朋友也很恼火，提出的中间方案 CEO 和 COO 还不领情。

最终这个项目以破产收场，CEO 认为以后再也不会拿出这么多股权了。D 朋友也认为无论项目多好，以后再也不投这种股权分散的项目了。

制衡性股权架构最大的缺点是，从法律上决定了公司没有实权人物，在有些情况下，公司做一个很烂的决策比迟迟不做决策要强很多。公司的管理无对错之分，只是每个人的视野和格局不同，做出的管理方向是不同的，在有矛盾的情况下，需要有一个绝对的决策机制将项目继续推动下去。

这种架构调整的策略是，CEO 赠送股权的时候可以只赠送没有表决权的分红权，此时，就可以确保 CEO 的绝对控股地位。如果实在磨合不来，此时就只好离开了，而分红股随着解除劳动合同而自动解除，是最简单、风险最低的一种股权安排策略。

2. 三人平均股权

三人平均股权同样看起来是"绝对公平"的分配方式，每个人的责任、权利、义务、收益都是一样的，是好兄弟之间"最佳"的分配方式。但在实际操作中，平均股权是最差的股权分配方案。

某教育行业的三位老师组建了一家公司，三人都全职工作，鉴于三人的能力大小差不多，就按照绝对平分的方式进行了股权分配，每人出资额度为 33.33 万元，合计为 99.99 万元。具体股权比例如图 5-2 所示。

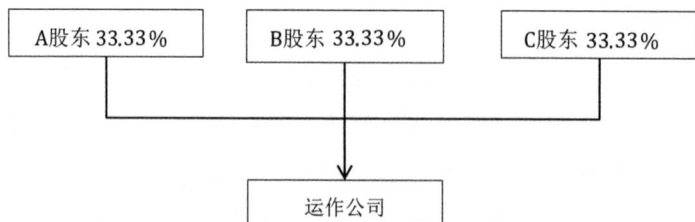

图 5-2　三人平均股权

在项目运作两年后，效益不错，A 股东便表示公司可以进一步扩大发展，建议当年不分红（在他们约定的章程中，改变分红时间和数量需要经过 67% 表决权通过）。对于该意见，B 股东表示赞同，但 C 表示反对，C 股东认为当前的状况挺好，没有必要为了多一点的收益冒更大的风险。

但由于 ABC 股东的股权是完全平分的，A 股东和 B 股东的股权比例合计为 66.66%，加起来不足 67%，无法形成有效决议，此决议 C 股东同意才能达成有效决策。A 股东此时意识到原来信任的平均分配方式成为公司发展的阻碍，遂对分红作罢，该公司继续保持着原来的市场地位。

工商局登记股东相关信息时，只有出资额度，但没有出资比例。因此造成了这种绝对平均的股权局面，如 A 股东多认缴 0.01 万元，那么最终和 B 股东的股权比例也会超过 67%。商场如战场，管理理念也因人而异，长期的管理理念统一是小概率事件，而分歧是大概率事件，而平均股权就将这种分歧的矛盾放大了，轻者只是阻碍了公司的长远发展，重则严重影响股东之间的信任，可能会产生不可估量的损失。因此，股权架构的设计既要公平公正，但也要适应公司的长期发展。

3. 小股东绑架大股东和二股东

某公司有 3 名股东，大股东和二股东各持股 45%，小股东持股 10%。从事互联网自媒体及社群运营，收益不错，都很自在。具体股权架构如图 5-3 所示。

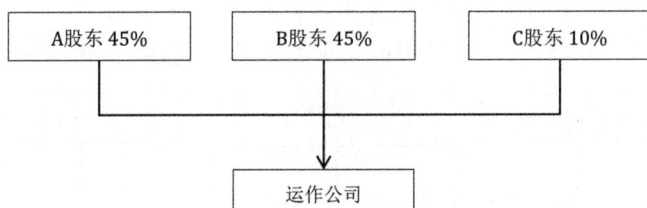

图 5-3　小股东绑架大股东和二股东架构

B 股东阅历稍多一些，做事情比较稳重。A 股东较为年轻，但敢想敢干，善于创新。C 股东就是小投资者，想跟着大佬赚点钱。

2017 年以来，区块链异常火爆。A 股东对此非常有兴趣，见了好几个区块链大佬，A 股东和大佬 D 经过深度交流、分析和研究，有意将公司转型为区块链的方向，并计划将公司大部分资源向区块链靠拢，凭借公司的现有用户资源，可以和大佬 D 的资源互换，以便让公司在区块链上快速分一杯羹。

A 股东召开了一次小会，将区块链的未来及公司新方向的计划全盘说出，希望得到其他两位股东的支持，从而获得行业中大佬的支持和更多的利益。但是 B 股东和 C 股东表示这是个新事物，不是很懂，需要研究研究再做出决定。

B 股东经过仔细分析之后，认为区块链是个新事物，是否可以赚钱不好说，但 B 股东对于 D 大佬仅通过一个不知何物的东西来换取公司的资源，很有顾虑。B 股东阅历较多，认为这些大佬都是赌徒，同时也可能是超级骗子，公司有可能会被骗。B 股东向 A 股东传达了强烈的不安信号，总体表示不支持。B 股东的主要理由是，高质量社群的资源越用越少，公司要对用户负责，否则公司走不长远。

A 股东和 B 股东进行了激烈的讨论，最后演变成人品的指责，A 股东认为创业就是冒险，如果所有人都像股东 B 一样胆小，那这个世界就没有创业的人了。B 股东也同样恼火，我之所以拦着你，就是为了保护我们的客户，保护我们的资产，保护我们长久发展的利益，该出手的时候要出手，不该出手的时候就不要出手。

A 股东和 B 股东在争吵之后，都私下约见了股东 C，股东 C 和两位都是好朋友，对两位的观点都表示认可，但就死活不说支持谁。

C 股东认为没有问题是一顿火锅解决不了的，如果一顿不够，就来两顿，因此约饭股东 A 和股东 B。虽然有些尴尬，但两位股东都来了。

C 股东先开场了："你们都是我最好的朋友，我支持一方就会伤害另一方，而我不想这么做。没有问题是一顿火锅解决不了的。"

"我认为你们说的都对，而且事情是死的，人是活的，遇到风险可以调整，晚点上线项目也不错。但这不是你们的错，而是公司权利的问题，心理上，你们认为自己是平等的，但在商业上，永远只有一个老大。因此，这顿饭的目的就是你们之间必须选一个老大出来，无论你们谁是老大，我都支持。如果决定不出来，下次还会遇到同样的问题，那么我建议今天就散伙。"

3 个人熬了 3 个通宵，在选出一个老大和决定公司破产之间，达成了新的决议，B 股东转让 25% 的股权给予 A 股东，A 股东通过分期付款进行支付。股东 B 也不矫情，敢爱敢恨，在确定 A 的领导地位后，便投入到新的紧张工作中去了。至此，股权架构重新进行了优化，以适应公司的发展。

4. 三人股权分配模型

三人股权架构是两人股权架构的升级版，其架构简单分为两类，一类是静态股权，一类是动态股权。此处，同样总结了 4 种三人股权架构模型。

（1）静态 C1 模型

C1 模型说明：

该模型是最优的三人静态股权架构模型，和 B1 架构设计的思想一致，如图 5-4 所示。

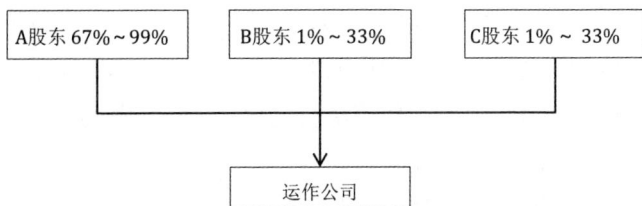

图 5-4　三人股东静态 C1 模型

该模型中，A 股东拥有绝对控股权，公司的所有事项都是由 A 股东说了算，B 股东和 C 股东只是来打酱油的。

（2）静态 C2 模型

C2 模型说明：

该模型是次之较优的三人股权架构模型。

如图 5-5 所示，在该模型中，股东 A 拥有相对控制权，普通事项都由 A 说了算，公司相对较为稳定，B 股东对绝对重大事项有一票否决权。

A股东 51%~66%	B股东 34%~49%	C股东 1%~15%

运作公司

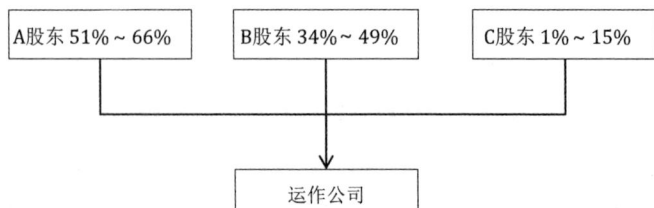

图 5-5　三人股东静态 C2 模型

（3）静态 C3 模型

C3 模型说明：

如果该模型的控制权为 C1 模型，分红权为 C3 模型，也是较优的股权架构模型。

这是一种接近平均分配的三人股权架构模型。第一种情况是三人平均股权，都为 33.3%，若股东有争夺控制权的倾向，容易造成控制权之争，需要尽量避免这种情况。

第二种情况是 A 和 B 股东的股权都少于 51%，如 A : B : C=40% : 40% : 20% 或 A : B : C=40% : 30% : 30%，容易形成争取小股东 C 的意见，从而导致 C 股东能主导局面的情况。B 和 C 股东的表决权合计不超过 67%，此时 A 股东也有一票否决权的权利。股权架构设计的时候也要尽量避免这种情况。如图 5-6 所示。

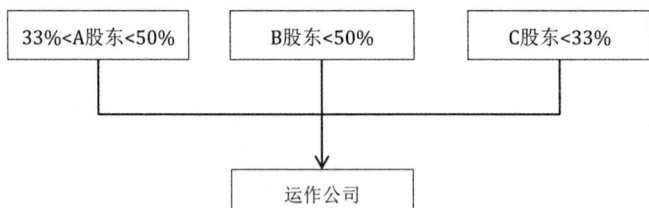

33%<A股东<50%	B股东<50%	C股东<33%

运作公司

图 5-6　三人股东静态 C3 模型

（4）动态 C4 模型

C4 模型说明：

如果 C3 模型按照同股同权模型设计的，管理分歧的出现将会是大概率事件，如果对公司造成较大的影响，此时股权架构会被动进行调整。

这种架构不进行调整的话，只有 3 种情况，如图 5-7 所示。第一种情况是，各个股东之间高度一致或对权利的高度认可，之间一片和谐，所以没有分歧，没有控制权争夺的问题。第二种情况是，这是一家壳公司，没有实际业务，只是多层多链条持股公司中的一个环节。第三种情况是，这家公司无法继续运营下去，处于暂停或破产情况。

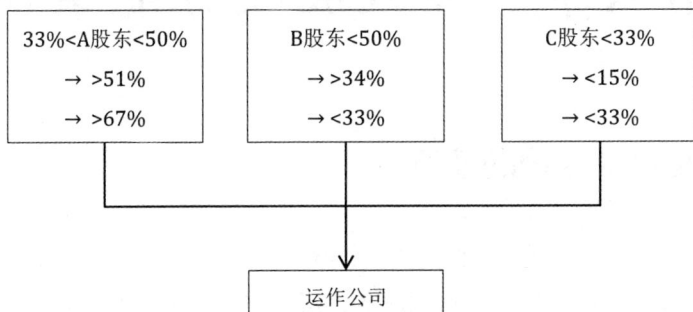

33%<A股东<50% → >51% → >67%	B股东<50% → >34% → <33%	C股东<33% → <15% → <33%

运作公司

图 5-7　三人股东动态 C4 模型

当出现控制权争夺的，会出现模型过渡的情况，重新达到一个平衡，此时会保证新的时期内和谐，演变如下：

C3 → C2 → C1　分权会向集权方向演变；

C3/C2/C1 → B1/B2　多人分权会向少人集权方向演变。

第六章　多人股权分配案例

1. 舞蹈培训公司的波折

某三线城市，5 位老师按照出资比例成立一家舞蹈培训机构，主要为不同年龄段的学生提供舞蹈培训服务，所有老师都为全职，都带不同的舞蹈班级，因为不懂股权设计，设立的组织为普通合伙企业，5 位老师的股权机构比例如图 6-1 所示。

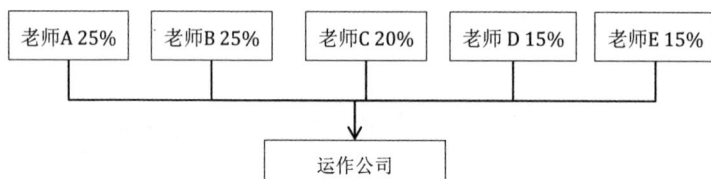

图 6-1　舞蹈培训公司股权架构

第一起波折。老师 C 在公司忙过两年后，提出了辞职，因为老家有点事业，要回老家继承父母的事业。在分红的时候，出现了第一个问题，老师 C 没有上班呀，没有付出呀，为什么他还能够继续拿 20% 的分红。经过决议和商讨，决定所有的老师从今天开始都发薪水，以减少分红的额度，没有上班的老师不发薪水。老师 C 知道之后，跑到公司闹了一番，表示你们的工资发得太高了，不合理。闹来闹去，没有结果，老师 C 也只好作罢。

第二起波折。老师 A 一直是领头，负责整个公司的运营，每日都比较辛苦。计划新引入两名新的老师作为合伙人加入。当老师 A 提出这个条件之后，老师 D 和老师 E 表示不太同意。而这个机构压根没有表决机制，老师 A 只得苦口婆心地说服老师 D 和 E，做了好几天的思想工作才搞定。

第三起波折。又过了一年，老师 A 计划开一个分店，各个股东知晓后都要参与，但怎么分配股权，各个股东都有自己的想法，老师 A 又开始了一轮新的说服会议……

2. 某高校总裁班众筹餐厅申请破产

2014 年，来自某高校总裁班各个班级的同学，在一个同学的提议下，众筹设立了一家餐厅。该餐厅的定位是商务社交，以高校文化为主题，通过餐饮聚集人气，以活动促进社交，再以社交促进新的合作。

听起来挺美好的，但现实很残酷。

项目设立为股份有限公司，前后合计共有 31 名股东加入，每名股东出资 20 万元，注册资本 680 万元，配置 7 名董事。股权架构图如图 6-2 所示。

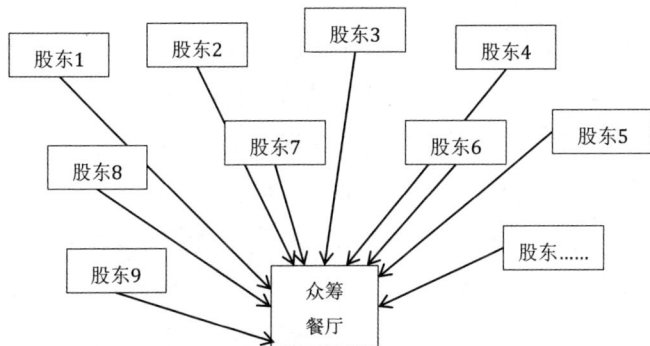

图 6-2　总裁班众筹餐厅股权架构

在 2018 年 10 月，因为经营不善，经过股东会决议向法院申请破产，公司的资产只剩 5 000 多元，负债合计 300 多万元，另还有 100 多名的客户储值卡未退。该公司目前已经被列入失信黑名单中。

按道理讲，不缺"总裁"，不缺资金，拥有好地段，为何该餐厅会破产呢？就是因为这个餐厅缺乏一个"低端"的实干人员。任何公司都需要一个灵魂人物，负债 300 多万元都没一点对策？一个小餐厅需要配置 7 名董事？

这种股份有限公司反映了公司的高度分权、过于"民主"的后果，即无法快速做出反应和决策。而就是这种拖延拖垮了公司。

3. 两层公司架构运作案例

深圳某公司的创始人吃了一次大亏。公司的现金不够，因此创始人以低薪 +5% 的股权吸引了一名技术人员加入，没有签订相关的协议合同及退出机制，直接通过工商信息变更确定了这名技术人员的股东资格。

这名技术人员工作一个星期后就消失不见了，原因不明。创始人想将这名技术人员 5% 的股份去掉，但工商局表示需要本人持身份证原件过来才可以办理。创始人只好作罢。

在创始人引入风投进来的时候，风投认为这 5% 的股份有风险，必须清理干净，如果不清理干净的话，是无法进行投资的。通过各种渠道，创始人终于找到这名技术人员，这名技术人员表示，给 50 万元补偿金就协助变更，创始人只好照办。

这名创始人下功夫研究了股权架构的内容，遂设立一家控股公司（有限公司），所有的外来股东都不直接在运作公司中体现，而是在控股公司中显示。这样做的目的是，如果股东之间产生纠纷，那么也是在控股公司层面产生纠纷，而不会对运作公司造成任何影响。而创始人同样是控股公司的法人，可以代表控股公司全体股东的利益来参与运作公司的决策。最终的股权架构如图 6-3 所示。

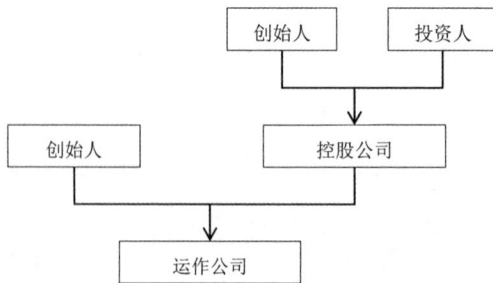

图 6-3　两层公司股权架构

4. 绿地千人股权架构调整

绿地集团在架构调整前，一共有 3 名股东，分别是职工会、国有企业、风险投资，其中国企是最大股东。如图 6-4 所示。

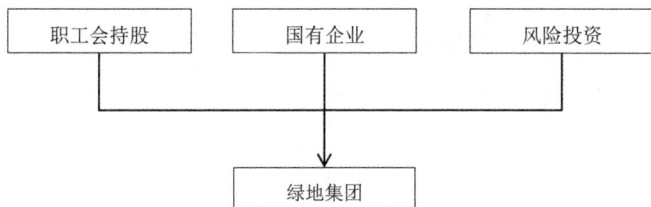

图 6-4　绿地集团股权架构调整前

绿地在重组上市之前，有一个问题，就是上市公司的股东资格问题，工会是社会团体，不具有法人资格，因此需要将工会的架构拆除。此时绿地进行了一个"换股"计划，绿地公司成立了一家投资公司，用来替代原有的工会。具体操作步骤如下。

第一步，2014 年，绿地管理层 43 人出资 10 万元设立格兰林投资管理公司（以下简称格兰林投资）。

第二步，成立 32 家小合伙企业，其中 GP 由格兰林投资担任，LP 由工会中的成员担任。成立的小合伙企业从上海格兰林壹投资管理中心（有限合伙）一直到叁拾贰投资管理中心（有限合伙）。

第三步，成立一家大合伙企业，设立为上海格兰林投资企业（有限合伙），其中 GP 由格兰林投资担任，LP 由 32 家小合伙企业担任。

第四步，大合伙企业通过和工会签订合同，吸收合并职工持股的方式继承职工持股会的全部资产、债权债务及其他一切权利。

第五步，大小合伙企业及其全体合伙人委托管理公司格林兰投资及投资管理委员会全权代表参与制定和实施具体的上市计划并完成有关工作。

重组之后的股权架构如图 6-5 所示，这样就解决了 982 名员工持股的问题。

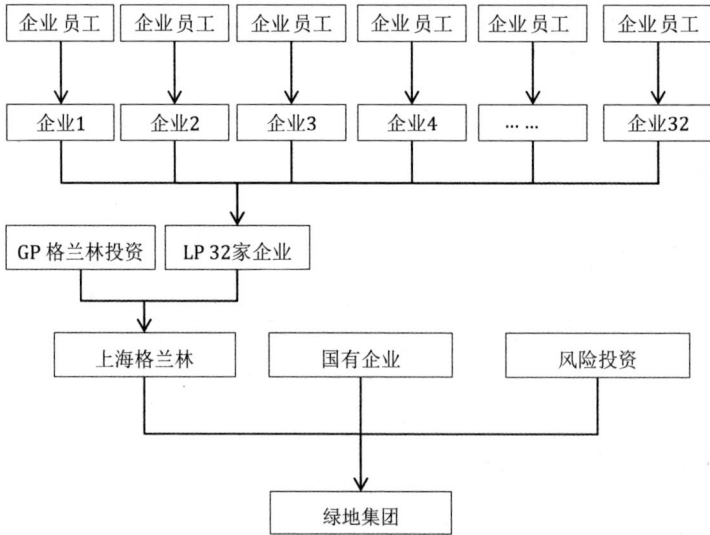

图 6-5 绿地集团股权架构调整后

绿地架构的调整真正解决了历史上工会持股的问题，做了一场组织主体之间的交换。但企业和工会之间进行互换"权益"，也属于法律方面的空白，因此也成为圈内的"神奇"案例。

相应的，华为的结构和此类似，但华为没有上市的想法。如果华为有上市计划，完全可以通过类似的方式来实现，即通过一个符合上市要求的组织主体去吸收合并不符合上市要求的组织主体，从而完成合规性调整，甚至可以通过协议控制实现部分资产在国外上市。

第七章　多人股权架构模型

1. 直接持股模型 E1

直接持股模型是最常见的持股模型。《公司法》规定，公司的股东不超过 50 人，因此只要有新股东加入，就直接登记为公司的股东，不做任何的间接持股或其他安排，是一种最简单的安排方式。

直接持股模型 E1 说明：

如图 7-1 所示，某公司一共有 4 名股东，按照资本的方式运作，在获得天使轮投资后，直接在工商登记信息上增加天使轮股东的名称；在获得 A 轮融资后，增加 A 轮股东的名称；在获得其他轮次的融资后，增加新投资人的股东信息。

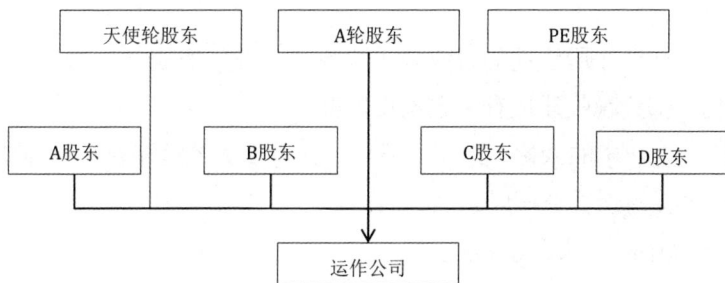

图 7-1　直接持股模型 E1

但这种持股方式也有一些小缺点。若公司的股东较多，可能会超过 50 人，此时会显得名额不够用。另外，若股东较多，则公司的股东名册较为"混乱"，不够简洁。另外就是只要有股东信息变动、股权转让、增资减资等情况，就需要召开相关的会议决议，并在运作公司名下反复变更信息，比较烦琐。

2. 有限合伙企业模型 E2~E4

（1）有限合伙企业模型 E2

如图 7-2 所示，有限合伙企业是常用的间接持股工具，一般作为有特定用途的持股平台，新增股东全部放在有限合伙企业中，而不是直接放在运作公司名下。

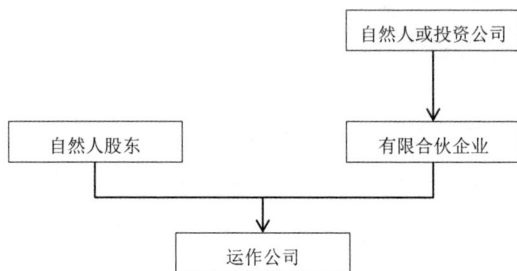

图 7-2　有限合伙企业模型 E2

E2 模型中设立有限合伙企业的好处如下。

第一，实现天然的控制权分离，合伙企业中，LP 没有"表决权"，而 GP 拥有"控制权"，哪怕 GP 持有 0.01% 股权，就可以 100% 的控制整个合伙企业。

第二，享受注册洼地的税收政策优惠，企业没有企业所得税，只有个人所得税，部分税收洼地有一定税收优惠。

第三，企业中的入伙、退伙、股权转让及变更流程相对较为简单。

第四，保持运作公司股东名称简洁。

E2 模型中的合伙企业缺点如下。

第一，运营一家壳公司，需要承担额外的公司费用。

第二，GP 承担的是无限责任，因此一般有限企业只用来持股，不做实际运营。

第三，若运作公司有上市计划，有限合伙企业需要进行金融穿透。

（2）有限合伙企业模型 E3

E3 模型说明：

若公司股东较多，可以对股东类型进行分类，按照类型设立不同的持股平台。如图 7-3 所示，公司的创业合伙人可以放在控股企业中，由创始人通过单链条扩大控制权。员工放在员工持股平台中，投资人或上下游可以激励的商业伙伴放在另一个有限合伙企业中。E4 模式的逻辑类似，为多层有限合伙企业模型。

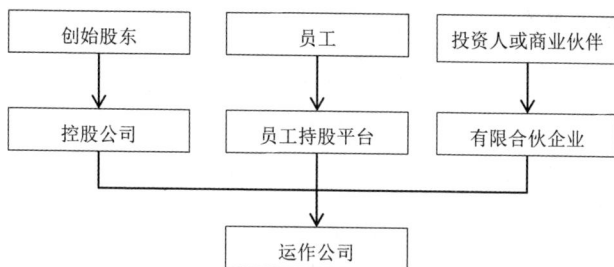

图 7-3　有限合伙企业模型 E3

（3）有限合伙企业模型 E4

E4 模型说明：

在多个不同类型的股东中，有些情况下为了架构清爽干净，重点突出国有企业股东，会在原有架构基础上多增加一层架构，这层架构只有控股公司和国有企业两个股东。控股公司中可以依据 E3 模型逻辑，安排不同类型的持股平台，并在持股平台中放入间接持股的各类股东，如图 7-4 所示。

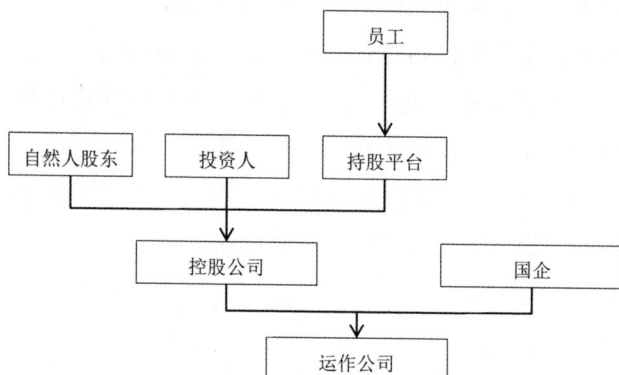

图 7-4　有限合伙企业模型 E4

3. 基于节税的投资公司模型 E5

公司节税有两种基本的策略，第一种是降低税的比例，如申请高新技术企业，企业所得税会降低到 15%；另一种是减少基数，如缴纳个人所得税的基数较低，自然缴纳的税款就少了。对于有多个投资项目的企业而言，通过投资公司的设计，可以暂缓缴纳个税，也是一种选择。

架构设计如图 7-5 所示，即一个自然人持股一家公司作为投资公司，由投资公司持股各个项目公司。

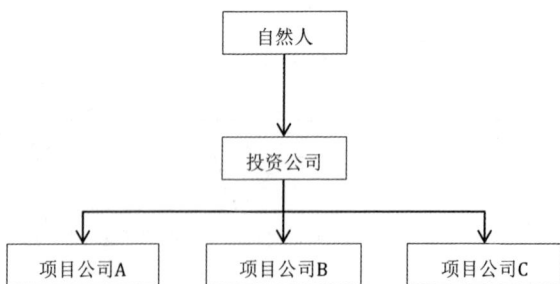

图 7-5　基于节税的投资公司模型 E5

很多企业家都有白手起家的过程，最初赚钱的想法非常简单，有一个项目可以赚钱，那么就为这个项目单独成立一家公司，这个项目里面包含着不同的合伙人。之后，这名企业家就持有多家公司的股权，此时就可以用 E5 模型。

正常情况下，股东从公司提取个人收益再做投资，需要缴纳 20% 的分红所得税。但如果是投资公司持股的情况下，公司的利润返还给投资公司，此时实际控制人不需要将这笔利润收益提取出来，可以将这笔利润收益继续投资到其他项目中，此时因为没有提取分红这个行为，就不存在 20% 的个人所得税，因此这种将利润放在投资公司的行为实现了暂缓缴纳个税。当然从投资公司中提取个人分红，仍需要缴纳个税。

4. 人才导向型合伙创业模型 E6

在实操中，按资分配常常无法满足多元化场景下的股权分配需求，尤其是在智力行业中，因此按知分配、按资源分配、按能力贡献分配也成为常见的分配方式。本模型就是典型的不需要过多启动资金的股权分配模型。

人才导向型创业模型 E6 说明：

假设该模型的所有股东为全职，该模型是按贡献、按资金、按能力综合划分的一种用法。股权划分为四部分，分别是资金部分、上份工作年薪部分、预留股权部分、再分配预留部分，其之间的比例为 30%：20%：15% ： 35%，如图 7-6 所示。具体的比例划分可以根据创业公司的实际情况进行调整。每个部分的含义及核算方法如下。

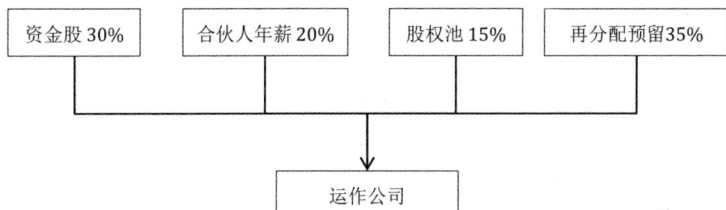

```
┌──────────┐ ┌───────────┐ ┌──────────┐ ┌──────────────┐
│ 资金股 30% │ │ 合伙人年薪 20% │ │ 股权池 15% │ │ 再分配预留 35% │
└────┬─────┘ └─────┬─────┘ └────┬─────┘ └──────┬───────┘
     │             │            │              │
     └─────────────┴──────┬─────┴──────────────┘
                          ▼
                    ┌──────────┐
                    │  运作公司  │
                    └──────────┘
```

图 7-6　人才导向型合伙创业模型

资金部分：按照各个合伙人出资多少进行划分。

上份工作年薪部分：按照各个合伙人年薪 ÷ 所有合伙人年薪 ×20% 权重进行划分。

股权预留部分：为后续引入其他人才做激励使用。

再分配预留部分：在整个项目运作一年后，按照各个合伙人之间的贡献值大小对该部分股权做出划分。由 CEO 按照合理公允评估的方式进行确定。

工商注册处理：未分配的股权由 CEO 代为持股，全部实缴的资金为 100%，重新划分为各个合伙人现持有的股权。另需要签订好协议，避免 CEO 独吞该部分股权，或 CEO 代持的股权在后期无法重新进行分配。

5. 人才导向型合伙创业模型 E7

在这个世界上，最难整合的情况是，一个小得没有太多竞争力的初创公司想去整合大咖，而这些大咖有足够的议价权和资源。那么，大咖为什么要去加入一个比自己还弱的公司呢？大咖对此兴趣不大，而且感觉股权太少。这种情况怎么办？

人才导向型合伙创业模型 E7 说明：

既然大咖有足够的议价权，那么就以大咖为核心，单独为大咖成立一家公司，所有的琐事及运营全部由母公司来完成，大咖期望多少比例的股权就给多少比例的股权，只要能把大咖整合过来，什么条件都可以答应。母公司只要拥有一票否决权和实际业务层面的控制权即可。如图 7-7 所示，这种模型完全以人才为导向，而不是以权力或资金为导向。

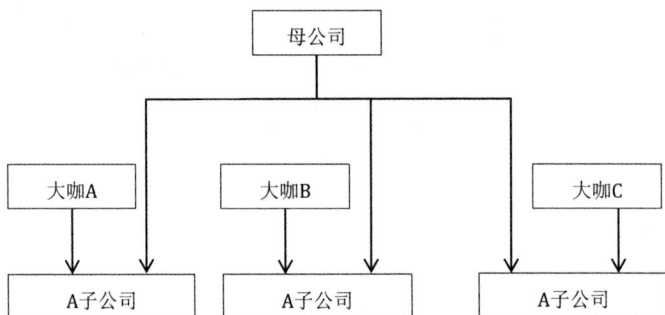

图 7-7　人才导向型合伙创业模型 E7

这种模型在成熟型企业中也可以使用，公司内部总是有几个能力较强的员工，他们有当老板的潜质，那么此时就可以为每一个超级员工成立一家公司，鼓励他们自主创新，鼓励他们为自己奋斗，此时公司有足够的议价权，可以获得较多的股权比例。从概率上看，公司对多个超级员工的投资，可以获得不错的平均收益。

6. 业绩 / 市场导向型合伙创业模型 E8

E7 模型以人才为核心，即先认可人才的各种资源和潜在结果实现性，但 E8 模型是以结果导向为核心的，以最终的业绩结果来反向分配股权，从而形成了以业绩、市场为导向的合伙创业模型，如图 7-8 所示。E8 模型的核心点是后分配。

业绩 / 市场导向型合伙创业模型 E8 说明：

对于公司的核心合伙人及认可度，拿出一个较低比例的股权进行分配，其他非核心的或不确定的合伙人不分配股权。

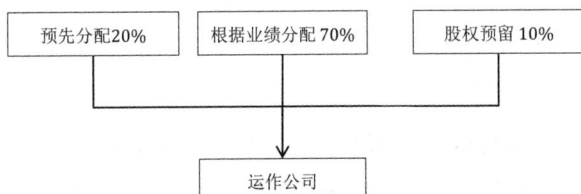

图 7-8　业绩 / 市场导向型合伙创业模型 E8

以 1 年为期限，在 1 年后确定各个合伙人的业绩情况，以业绩论英雄，业绩低于某个值的，没有资格成为公司的股东。达到一定业绩标准的合伙人则按照业绩的比例分配剩余的股权比例。

经过时间的验证，能剩下的都是优秀和优质的合伙人，能够带领公司继续走向未来。不能成为公司股东的合伙人也可以继续和公司合作，但只能享受继续合作的提成收益和其他收益等。

这种模型操作的要点是，所有的分配规则必须在合伙之前说清楚，管理好各个合伙人的期望，并通过协议将规则确定下来。

7. 业绩 / 市场导向型合伙创业模型 E9

E8 模型的核心点是后分配，而 E9 模型的核心点是先分配大部分股权后，根据情况进行再分配、回收、奖励等动作，如图 7-9 所示。这是一种高难度的股权分配方案。

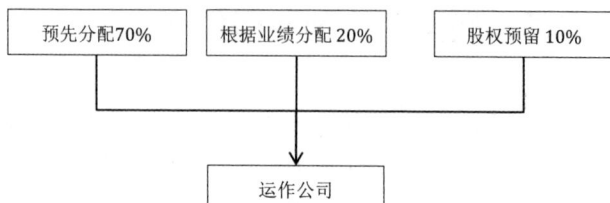

图 7-9　业绩／市场导向型合伙创业模型 E9

业绩／市场导向型合伙创业模型 E9 说明：

这是一种介于业绩和人才导向之间的分配方式。E8 模型分配股权模型要求团队每个成员都有高度的责任心和凝聚力，但这种条件是小概率事件。因此前期多分配股权才符合常识，此时就产生了 E9 模型，即先进行较多股权的分配，后根据业绩结果再做出调整。此时 E9 模型中，对预收回股权的性质需要做出设计。

有多种股权性质可以进行前置设计，如干股和虚拟股权，前期分配一个较高的分红比例，后期按照业绩完成的情况，若完成的业绩较好，做出干股、虚拟股权转工商注册股的决定。若完成业绩较弱，则按照完成的绩效结果，减少合伙人手中的干股和虚拟股权比例，若完成得太差，则退出该项目。

超额完成业绩任务的，可以获得额外比例的股权奖励，从而最终实现多劳多得的分配原则。E9 模型同样需要创始人管理好合伙人的期望值，并做好万全的协议约定。该模型优势大，但对创始人实施该模型要求极高。

8. 分子公司扩张模型 E10

公司进行分子公司扩张需要 3 个基本的要素：一个是资金，一个是人才，一个是产品模式。从人才角度看，有两种人才来源渠道，一种从外部招募职业经理人，另一种从内部提拔和员工晋升。如何激励内部员工达到职业经理人的水平呢？如图 7-10 的模型 E10 所示。

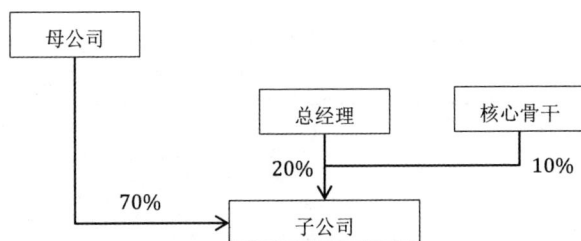

图 7-10　分子公司扩张模型 E10

分子公司扩张模型 E10 说明：

即母公司设立一系列的考核指标，只要达到指标的员工，就可以申请设立一家新的子公司，由母公司进行投资和资源支持，总经理占比为 20%，其他核心骨干预留为 10%，从而实现激励效果。

E10 模型的下一步要点是，子公司的总经理符合以下条件时：（1）分管子公司利润达标；（2）分管子公司培养人才数量达标，含副总经理；（3）计划新开子公司储备人才达标；（4）其他。总经理可以继续申请新开一家子公司。

此时总经理享受直管子公司 20% 股权，享受新开子公司 10% 股权，从而形成较强的扩张动力。若该总经理能力较强，有能力新开 20 家子公司，该分管总经理可以持有 20 家子公司的股权，从而实现病毒式扩张，即一生二，二生三，三生万物，因此该模型也被称为分子公司病毒式扩张模型。

9. 众筹公司模型 E11

众筹分为商品众筹、股权众筹、债权众筹和公益众筹 4 种类型，其中商品和股权众筹一般结合使用，从而吸引更多的资源、人才、资金等其他要素进入，让一个新项目能以更快的效率启动。一般众筹公司的股权架构模型如下图 7-11 所示。

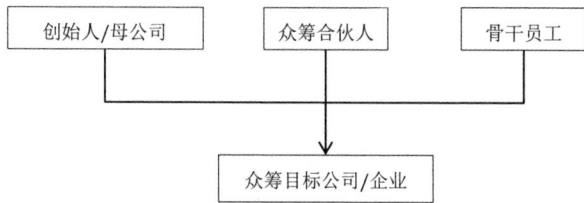

图 7-11　众筹公司模型 E11

众筹公司模型 E11 说明：

众筹目标运营企业常用有 2 种组织形式。一种是有限合伙企业，所有的众筹股东都是 LP，对企业不拥有运营管理权限。第二种组织架构是有限责任公司的形式，可以通过委托协议对控制权做出安排。

众筹合伙公司最大的问题就是，股东众多，意见众多，很难协调统筹，从而导致沟通和决策效率极其低下。因此，众筹组织第一个任务就是对控制权做好安排，如果控制权做不好安排，那么，这个项目有 99% 的概率会失败。

第二个任务是管理好各个合伙人的期望值。各个合伙人能从公司获得什么，不能获得什么，要通过各种渠道进行沟通。如果公司出现严重亏损或明显不合常理的问题，要及时知晓和安抚众筹合伙人，避免部分合伙人情绪激动，或让事情向更坏的方向发展。

10. 连锁加盟公司模型 E12

加盟是指一家公司在拥有自己独特商业模型的时候，和其他组织达成契约，以形成一种新的合作关系。加盟方需要向总部（授权方）缴纳一定的费用，而总部则将品牌、知识产权或产品授权加盟方使用。对于一些高成长、标准化的门店而言，加盟是一种较快的扩张方法。

如图 7-12 所示，加盟包含委托加盟、特许经营加盟、直盟等加盟方式。

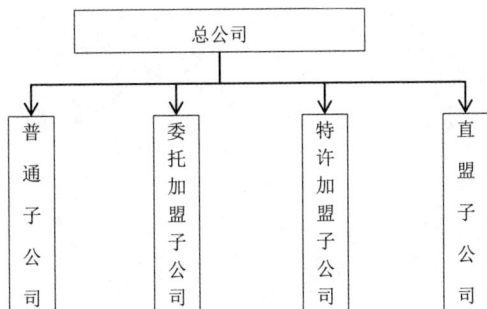

图 7-12 连锁加盟公司模型 E12

委托加盟就是指公司自己开办并投资新的店铺，整个店铺的股权归总公司所有。然后选择一个有能力的管理方来管理店铺，店铺的知识产权、收入支出等都由公司自身承担。但给予委托管理方一定比例的分成，如711连锁店。

特许经营加盟是指新成立公司所有权、经营权归对方所有，总部提供品牌、产品的授权，按照一定的加盟规则收取一定的费用，如酒店加盟。

直盟是当前一种较为创新的加盟方式，可以理解为"债权融资"。以海澜之家为例，所有权全部归对方所有，但经营权和管控权全部归总部所有。此时的加盟方可以理解为财务投资人和股权所有人。这种模式的核心就是，总部利用强大的供应链和管控能力发挥出管理优势，能让店铺盈利水平达到最大化。

·第三部分·

集团公司组织架构

第八章 组织架构的六种类型

组织架构是一个正式组织的团队构成权责利的总和，表达了企业内部人与人之间的正式关系总和。组织架构是在公司商业模式、战略规划的基础上，对公司各部门、各单位、各人员做出分工范围、职责权限、工作流程和要求的基本结构。

公司设立和公司股权关系的确立是公司发展的起点和根本，而组织架构是战略目标落地和执行的保障，有着承上启下的重要作用。

组织架构分为直线制、事业部制、矩阵制三大类，每个大类又可以分为不同的小类。

1. 直线制

直线制是经典的中央集权形式，一般在规模较小的企业中或初创企业中最为常见。其特点是，上下垂直领导，指挥高效简单，领导掌控性非常强。

如图 8-1 所示，总经理负责公司的所有事项，是公司唯一的管理者，各个员工都需要向总经理进行汇报，公司的管理成熟度取决于总经理的个人经验和水平。销售员负责公司的产品销售，并按照总经理的指示和要求进行销售。生产员负责公司的产品生产工作，在总经理的指示和要求下进行生产工作。

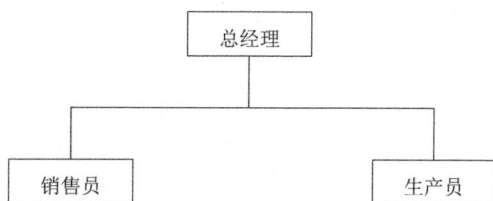

图 8-1 直接制组织架构

2. 直线部门制

公司人数规模进一步扩大，总经理的管理幅度有限，公司的事务逐渐增多，从而需要更加专业的分工，而在直线制的基础上，演变出直线部门制。此时原有的组织架构无法适应企业的发展，企业就会开始设立若干部门，不同的部门中有若干员工。各部门负责人对本部门的人员进行管理，提升管理的质量。

直线部门制的典型表现是部门的设立，第二个表现是设立助理或秘书岗位，这个岗位表示企业管理内容的进一步增多。总经理此时需要一个能够提出建议、辅助管理的助理或秘书。

如图 8-2 所示，此时总经理设立了两个部门，一个是销售部，一个是生产部。销售部经理负责销售部的销售工作，对销售员进行统一的管理。生产部经理负责公司的生产工作，对生产一线的员工做统一的管理工作。此时总经理不再直接管理销售员和生产员，而是对部门经理做出管理，相关的意见也由部门经理进行二次传达。

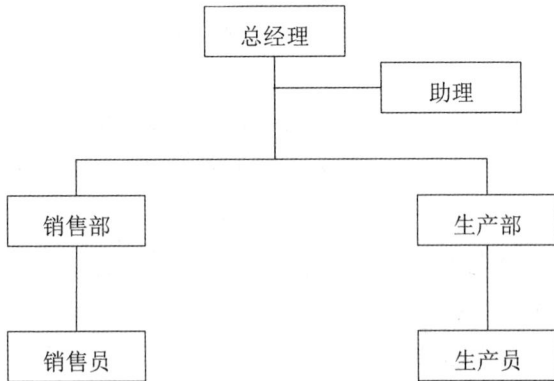

图 8-2 直线职能制组织架构

3. 直线职能制

公司人数规模进一步扩大，会形成更加专业的分工，人力资源部、财务部、行政部、战略发展部、市场规划部、品牌部等不直接产生利润的部门会出现，这些部门的首要职能是为生产、研发、营销部门提供服务，第二个职能是向总经理和各部门提供专业意见，以便进一步提升各部门的工作效率。

如图 8-3 所示，各部门经理和员工之间依然是典型的直线制，其中销售部、生产部同样由总经理直接管辖。职能部门人力资源部、财务部、行政采购部归总经理管辖，但这些职能部门可以向总经理提出参考意见，同时这些职能部门也可以向直接产生利润的部门提出意见。

此时分工的单位有两种命名方式。第一种是"部""所""团"等命名的方式，如人力资源部、人力资源局、385 团、侦察连等，尤其在某些90 后组织中，其部门命名更加灵活。另一种方式以"中心"进行命名，然后在中心下设置部门和单位等，一般当公司的部门较多的时候，会重新设计成中心的形式，以让组织架构符合公司的发展。

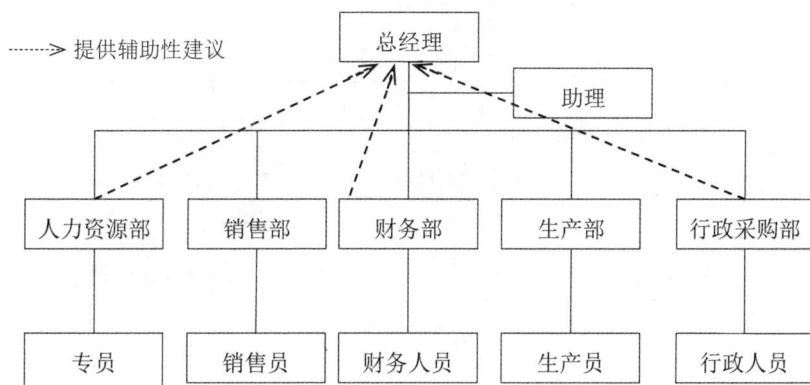

图 8-3　经典职能制组织架构

具体的部门划分，一般有 5 种方式，如图 8-4 所示。

（1）按照职能部门分

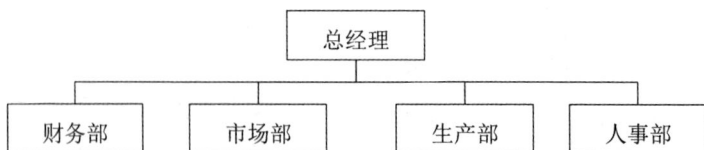

```
                    ┌──────────┐
                    │  总经理   │
                    └────┬─────┘
      ┌──────────┬───────┼───────┬──────────┐
  ┌───┴───┐  ┌──┴───┐  ┌──┴───┐  ┌──┴───┐
  │ 财务部 │  │ 市场部 │  │ 生产部 │  │ 人事部 │
  └───────┘  └──────┘  └──────┘  └──────┘
```

（2）按照产品划分

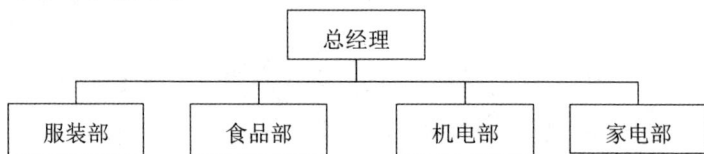

```
                    ┌──────────┐
                    │  总经理   │
                    └────┬─────┘
      ┌──────────┬───────┼───────┬──────────┐
  ┌───┴───┐  ┌──┴───┐  ┌──┴───┐  ┌──┴───┐
  │ 服装部 │  │ 食品部 │  │ 机电部 │  │ 家电部 │
  └───────┘  └──────┘  └──────┘  └──────┘
```

（3）按照顾客划分

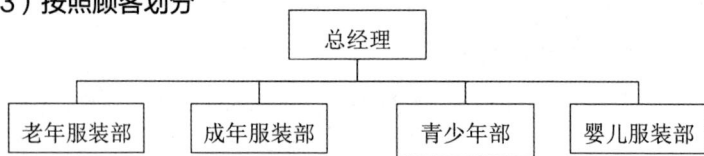

```
                       ┌──────────┐
                       │  总经理   │
                       └────┬─────┘
      ┌──────────┬──────────┼──────────┬──────────┐
  ┌───┴────┐ ┌───┴────┐ ┌───┴────┐ ┌───┴─────┐
  │老年服装部│ │成年服装部│ │ 青少年部 │ │婴儿服装部 │
  └────────┘ └────────┘ └────────┘ └─────────┘
```

（4）按照地区划分

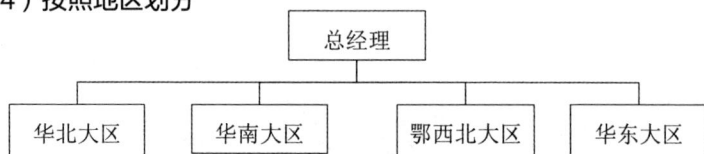

```
                    ┌──────────┐
                    │  总经理   │
                    └────┬─────┘
      ┌──────────┬───────┼───────┬──────────┐
  ┌───┴───┐  ┌──┴───┐  ┌──┴────┐  ┌──┴───┐
  │华北大区│  │华南大区│  │鄂西北大区│  │华东大区│
  └───────┘  └──────┘  └───────┘  └──────┘
```

（5）按照利润中心划分

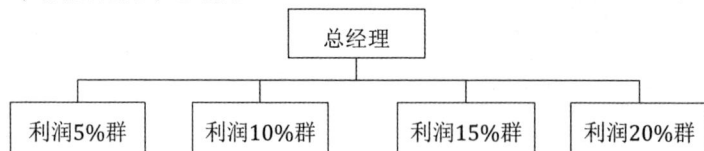

```
                    ┌──────────┐
                    │  总经理   │
                    └────┬─────┘
      ┌──────────┬───────┼───────┬──────────┐
  ┌───┴────┐ ┌──┴────┐ ┌──┴─────┐ ┌──┴─────┐
  │利润5%群 │ │利润10%群│ │利润15%群 │ │利润20%群 │
  └────────┘ └───────┘ └────────┘ └────────┘
```

图 8-4　部门划分的 5 种方式

4. 事业部制

事业部制分为平台职能事业部和投资事业部两类。

在公司全国业务或多元化战略中，公司业务进一步扩大，人数和部门呈爆发式增长，随着管理层次的增加，原有的职能部门制的沟通和执行效率就会降低，进而影响整个公司的效率。此时的解决方法是成立若干个事业部，各个事业部配备基础的职能人员，事业部拥有一定的自主权。

如图8-5所示，该图是典型的平台职能事业部制，平台本身拥有较强的职能部门，如人力资源部、战略发展部、财务部、公关部等，这些部门职能较为健全，可以为各个事业部提供指导意见和支持。各个事业部只配备基础的职能人员，如人力资源专员、财务专员等，但管理人员及具体事务执行人员较为齐全。当事业部遇到难以解决的问题时，就会寻求总部支持。

这种组织结构好处在于以下4点：

（1）总部为总后勤支持部门，事业部只配备基础职能人员，总部可以集成节约人力，服务更多的事业部；

（2）事业部以利润责任为中心，能有效激发事业部管理人员责任和义务；

（3）每个事业部都有自主权，提高决策效率；

（4）各事业部之间可以相互比较和竞争，增强企业活力。

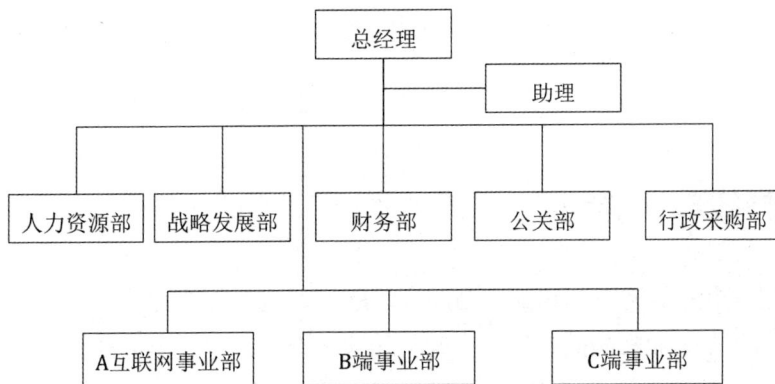

图8-5 平台事业部制组织架构

投资事业部制是平台职能制的强化版，如图8-6所示。各事业部的工作任务较为复杂，配备基础的职能人员无法满足事业部的发展，而总部也无法给予事业部有效的支持，或有效支持的流程较长。此时该事业部就会拥有完整的职能部门，有点类似一个完整的"子公司"，除了在战略方向上符合总部布局外，其他决策及自我服务都由事业部独立完成。

相对的，这种强化版投资事业部的缺点就是和其他事业部之间联系不强，形成同性竞争关系，也容易产生内耗、客户争夺、市场空隙无事业部服务、不服从总部管理等情况。

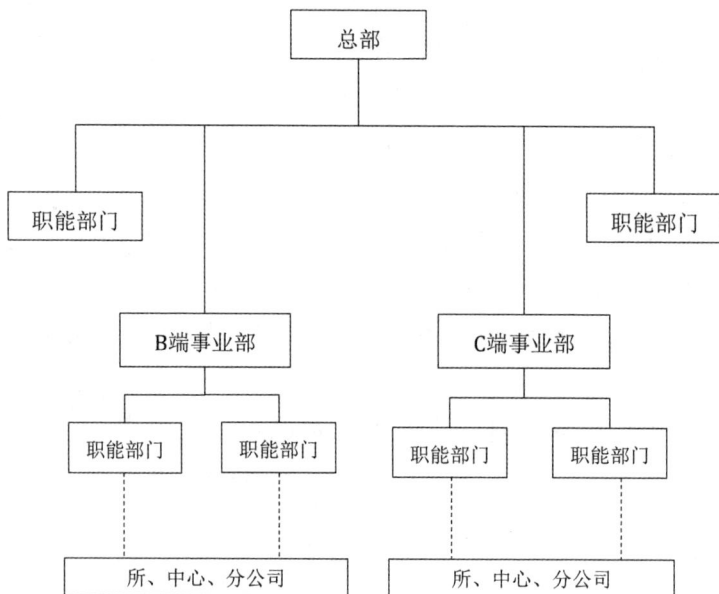

图 8-6　投资事业部制组织架构

5. 直线事业群制

直线事业群制是直线部门制的高级版本，也是事业部制的进化版。集团公司处在事业部制的时候，此时公司业务众多，有些事业部之间有较强的关联性，此时有必要将关联度较高的事业部编制在一个事业群中，并有事业群的领导人进行协调和安排。而此时编制的事业群和直线部门制的特征高度相似，只不过两者不在一个规模和量级上。

这种组织架构是依据权利和业务类似性进行划分。如图 8-7 所示，总部将所有的事业部划分为 3 个事业群，每个事业群指定一名总裁，总裁对自己事业群的事项负责，并向 CEO 汇报，CEO 通过每个事业群的总裁进行命令下达、协调和管理行为，但此时公司人数众多，将直线部门制的缺点进一步扩大，即公司的管理层次较多，一个命令的传达需要较长时间，CEO 直接对各事业部管控力较弱。但这种架构也将事业部制的优点发扬光大，非重要事件的管理行为都由事业部自己做出决定，在事业群内具有一定效率，跨事业群的沟通和协作，整体也较为缓慢。

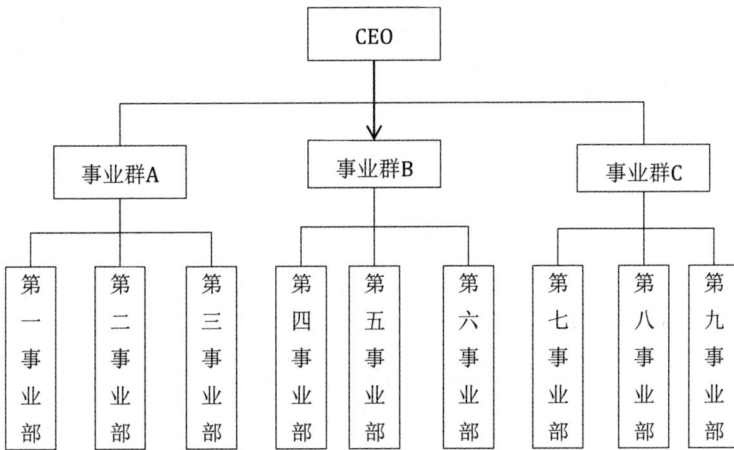

图 8-7　直线事业群制组织架构

6. 矩阵制

在公司多元化发展、市场快速变化、客户需求多元化的情况下，事业部职能制、直线事业群就无法适应公司的发展，此时矩阵制就诞生了。从职能制到矩阵制的组织架构转变是公司战略布局的关键一环。

如图 8-8 所示，标准的矩阵制的纵向为各个项目小组，横向为各个职能支持部门，在矩阵中的每个员工需要接受双重领导，其架构是不稳定的，也就具备灵活多变的特征，因此可以针对多元的市场和客户需求，快速有针对性地采取措施。

矩阵制也有其固有的缺陷，如员工不适应双重领导，作为临时项目没有责任心等，但这并不足以掩盖其优点。矩阵制是一种组织架构的高级用法，需要精准和精细化的运作才能让其成功，否则其缺点将会无限放大。

矩阵制的精细化运营包括以下 3 点：（1）项目成立的意义、目标及未来，各个成员获得什么好处；（2）项目需要什么成员组成，各个成员的工作职责边界是什么，严禁职责不清；（3）建立清晰的流程、沟通、标准和制度规则。

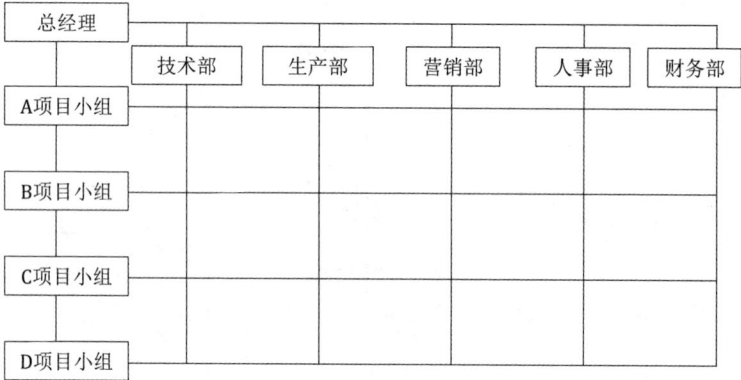

图 8-8　矩阵制组织架构

第九章 组织架构的设计

1. 组织变革的动力

（1）分工与协作

二律背反是 18 世纪德国古典哲学家康德提出的哲学基本概念，表示两个命题之间的矛盾冲突。如图 9-1 所示，在相互联系力量运动规律中存在的排斥现象，呈此消彼长、此长彼消、相背相反的作用。

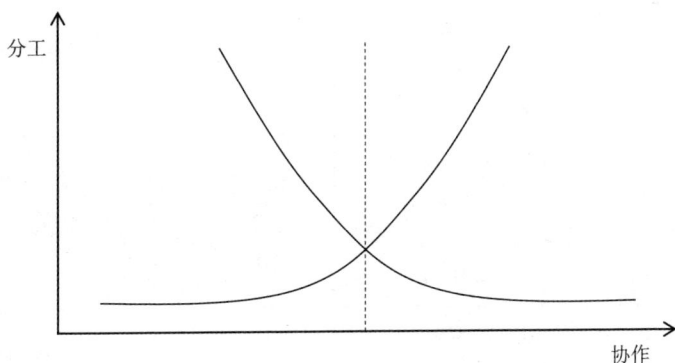

图 9-1 二律背反定律

在组织中，组织的演变的一大动力就是分工。因为资本的逐利性必然要求生产提高效率，而分工可以增加劳动者的熟练程度和经验，减少不同工作之间切换损失的时间，从而实现效率的提升。因而企业发展过程中，出现了专职员工，出现了专业性的部门等。

只有分工并不能达成生产经营的目的，还需要进行协作。依据二律背反规则，分工和协作是有冲突性的，极端的分工势必会减低协作性，而过分的协作性势必会导致分工的降低。对于不同的企业而言，其分工和协作的平衡点在不同的阶段是不同的，因此也推动着组织架构的改变。

（2）新时代市场特征

当前我国工业呈现由计算机及信息化技术引领着各个行业的发展，互联网行业的发展尤为突出。不同产业之间的特征，也从集群性的特征演变为产业生态，面临的市场也由集中性变得更加零散和多变，从而要求企业要有足够的灵活和创新性，这也成为组织架构变革的动力之一。

无论公司是何种业务，其利润都来自用户，若无法满足零散和多变的用户需求，那么公司就会面临客户减少、利润下降的情况，企业必须根据现状进行组织调整，以更加灵活地应对和满足用户的需求。从产业的发展可以看出市场需求的变化，见下表。

产业发展及市场特征

阶段	产业特征	市场特征	匹配组织架构
初建期	• 产业生态建立 • 产业生态高度封闭 • 零散企业 • 竞争集中在独特资源	• 生产什么，消费者只能消费什么	• 直线部门制
发展期	• 产业生态高速发展 • 产业生态相对封闭 • 产业群形成 • 竞争集中在规模	• 出现同质化产品，消费者有了一定选择	• 直线职能制
成熟期	• 产业生态成熟 • 产业生态相对开放 • 产业生态群形成 • 竞争集中在创新	• 同质化产品严重，消费者凭借自己心智和需求选取产品	• 平台职能/投资事业部制 • 直线事业群制
衰退期	• 产业生态衰退 • 产业生态高度开放 • 产业生态融合 • 竞争集中在独特人格	• 消费者有更多的选择权和定制需求	• 矩阵制

2. 矩阵制组织变化的 4 个阶段

可以看出矩阵制组织是产业成熟阶段的企业必经变革之路，矩阵制可以让企业具有灵活性；矩阵制可以让企业扁平化；矩阵制可以让客户"十分满意"。矩阵的过渡是一步一步过渡来的，一般分为 4 个阶段。

第一个阶段是产品 / 事业部矩阵制。组织架构的巨大调整会带来诸多变革的阻力，因此需要组织不断地适应。公司原有已经处于事业部的组织阶段，此时需要进一步的强化职能事业部组织形式。

第二个阶段是混合矩阵制阶段。矩阵制的最终目标是牢牢地盯住客户，应当按照客户特征进行划分。此时横轴上存在按产品 / 事业部划分的小组，也存在按照客户特征划分的小组，如图 9-2 所示。

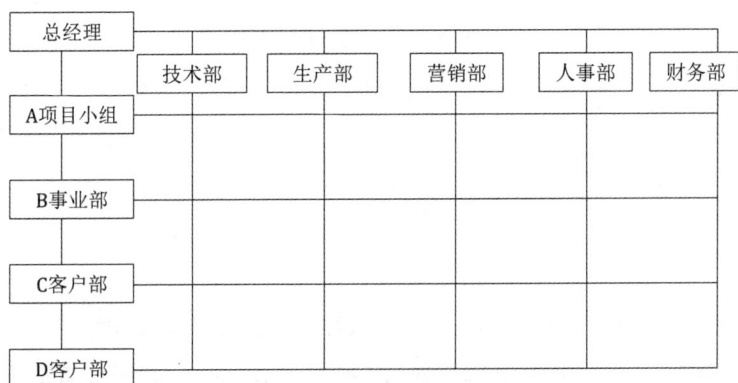

图 9-2　混合矩阵制组织架构

第三阶段是客户矩阵阶段。此时完成真正意义上的转型，基于客户特征进行划分，不同的小组紧紧盯着锁定的客户，并做出快速机动反应，以便能够极速满足客户多元的需求，从而增强整个企业的核心竞争力。

第四个阶段是立体多维矩阵制组织架构。基于市场、用户、产品的特征，出现立体多维的混合矩阵组织，以满足不同国家、不同地区的用户需求。如图 9-3 所示。

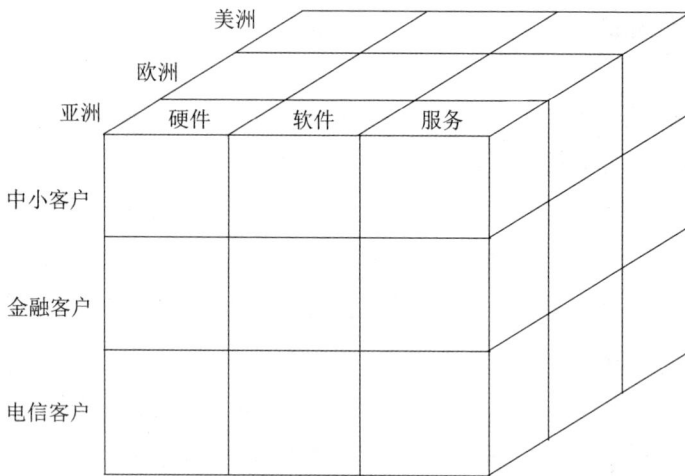

图 9-3 立体多维矩阵制组织架构

IBM 是矩阵式组织结构的代表。IBM（国际商业机器公司）成立于 1911 年，在第二次世界大战期间获得了大量的军用订单，让 IBM 人数达到 2 万，并进入计算机领域。20 世纪 50 年代，IBM 研发出了 701 大型计算机，并占领 70% 的电脑市场，并排名《财富》杂志企业排行榜榜首。到 80 年代，在苹果等公司压力下，开始转型 PC 电脑，并取得巨大成功，在 1987 年，公司市值达到 1 060 亿美元。之后百年时间内一直引领着计算机行业的发展，成为全球最大的信息技术和业务解决方案公司，并在航天计算机、超级计算机、软件品牌、材料、化学、蓄力等科学领域有很大造诣。

IBM 在发展过程中经历过多次危机。IBM 从 1990 年到 1993 年连续亏损达到 168 亿美元，因为 IBM 内部的多个事业部无法向客户提供综合性的产品和服务，导致 75% 的用户不再购买 IBM 产品。在 1993 年，经营奇才的路易斯·郭士纳出任 CEO 后，誓言重组 IBM，提出"为客户提供全面服务"口号，标志着 IBM 从事业部制向矩阵制的变革，此次组织变革让 IBM 起死回生。

但必须要说明的是，并不是所有的企业都适合矩阵制组织结构。对于大型集团公司而言，若其市场需求变化比较稳定，没有过多的定制化需求，不需要利用全球的资源向同一个用户提供多维的服务，此时平台职能事业部制可能是不错的选择。

同时，矩阵制的实施要求公司的管理层有极高的协调能力，IBM 要求其主管的领导能力比军队还要高。同时也要求公司要有文化支撑。管理的混乱就是从权利的交叉开始，因此公司的文化必须要能够减少权力交叉及多重管理的负面影响。企业在执行矩阵制之前，要做好足够的准备。

腾讯的微视和阿里的疫苗快查

腾讯是直线事业群制组织结构，阿里是矩阵制组织结构。腾讯 2017 年营收 2 377 亿元，拥有员工 4 万人。阿里巴巴 2017 年营收 2 269 亿元，拥有员工 8.6 万人。两者都拥有众多业务，可以归类到集团公司，并在同一梯队中。

自抖音及短视频火了之后，其巨额的流量已经证明这种商业模式的可行性。而"社交 + 视频"也是腾讯生态圈很重要的一环。在 2018 年 3 月，腾讯的微视业务重新恢复，主打年轻用户群，定位为好玩有趣的短视频。此时，微视还有时间和机会超越抖音。

腾讯坐拥超过 10 亿用户，如果能够将这部分资源利用起来，微视会有强势的表现。几乎可以说，微视拥有天时地利的巨大优势，但却不具有人和的优势。这不是因为人的问题，而是组织架构的问题。

腾讯是直线事业群制，微视归属 SNG 社交网络事业群，和 QQ 在同一个事业群，微信是一个单独的事业群。对于拥有几万人的腾讯而言，这种跨部门的协作是一个巨大的挑战。

在互联网按秒竞争的情况下，2018 年 9 月 14 日，微信在朋友圈上线了微视功能，并且栏目旁边带有"推广"字样。这个功能的嵌入时间横跨 6 个月，可谓不短。到了 2018 年第四季度，抖音日活跃用户突破 2 亿，月活跃用户突破 5 亿，并保持高速增长，而微视日活跃用户仅为千万级。互联网用户有着选择 1 个同类 App 的习惯，微视已经失去了超越的机会。

腾讯对短视频是念念不忘，除了微视之外，还开发了时光小视频、下饭视频、yoo 等短视频 App，还投资了快手、猫饼等短视频。

为什么微视跨事业部的协作需要这么久？从正常的集团公司来看，一个流程走 6 个月的时间，也算在正常的时间范围内。但在新生事物的互联网行业，6个月的时间就是好几个世纪，有些机会错过了就再也没有了。而这就是直线事业群的缺陷，跨事业群协调的成本极高，里面涉及各种权利的交叉及各自利益的维护。各个事业部之外的市场空隙没有人负责。换句话讲，事业部制无法快速为同一用户提供多维度的、多变需求的服务。

在长生生物事件发生后，牵动着每一个父母焦虑的心，所有家长都开始查找自己的孩子打过的疫苗是否有问题。

而这则消息也同样震惊了阿里的小伙伴们。在7月22日周日凌晨左右，一个小伙伴在钉钉工作群里喊了一嗓子后，组建了一个临时项目群，遂有北京和杭州的工程师加入该群。在7月23日早上9点，群里的两地成员开了一个20分钟的电话会议。

在工作群中理清项目需求之后，这个由业务人员、运营人员、UED（用户体验设计）、开发人员组成的团队，就投入了紧张的开发工作中，开发直到24日早上6点。在25日，阿里健康通过微信公众号及其他渠道对外宣布疫苗查询方法。此时疫苗查询功能正式投入使用。

从需求产生、技术开发、UI设计、测试运维、宣传推广在3天内（其中只有1天是工作日）完成，其效率可以用"极速"来形容。为什么会如此之快呢？

阿里是矩阵式组织结构，阿里的"六脉神剑价值观"——客户第一、团队合作、拥抱变化、诚信、激情、敬业，也支撑着矩阵式组织结构。临时项目组由文化推动着小伙伴发起新项目，文化也推动者其他小伙伴的主动参加，没有人会觉得这个项目组成立需要什么阻力，没有人会觉得这个项目组需要上级的正式文件批示。

9个月时间和3天时间的背后，是两家集团公司组织架构力量的对比。有些情况下，就算公司想推进或改变某些现象，但其组织架构的类型就决定了其是否可以改变。在集团公司中，官僚现象多多少少都会存在，在金字塔直线制中最为严重，在事业部制中次之，在矩阵制中最少。这也说明了一些金字塔直线制的集团公司，其组织结构决定了改变永远比登天还难，只有利润的大幅度下降才会让这些集团醒悟。

3. 组织设计的内容

（1）影响组织设计的 5 个要素

① 工作专门化。工作专门化就是分工的含义，将工作任务划分为若干步骤来完成，分工可以有效提升效率，但过度分工化会损伤员工的积极性和兴趣。因此可以形成专职的工种、职位和部门等。

② 管理宽度。是指一个领导直接管理员工的数量，一般领导者可以管理 5 名~10 名员工，超出这个数量，将会给增加管理负担，从而影响管理效率。在最底层的组织结构中，需要考虑人数的规模，并按照管理幅度设置基层的管理人员。

③ 管理层次。是指最高主管到最低作业人员之间的设立的职位层级数量。当产生多个基层管理者之后，需要设立新的一层领导者管理这些基层管理者，因此就形成了层次。管理层次和管理宽度成反比，结合管理层次和管理宽度，一般分为扁平结构和垂直结构。扁平结构中，管理层次较少，管理宽度较大；垂直结构中，管理层次较多，管理宽度较少。

④ 集权与分权。集权是指公司的决定和行动全部由高层决定，分权是指公司的部分决策和行为可以由员工自己做出判断。组织规模较小时，一般倾向于集权，因此此时效率高；当组织规模扩大后，组织的层次和部门会因管理幅度的限制而不断增加，会造成信息失真和延误。此时就要考虑适当的分权。对于一些关键行为而言，需要高度控制，此时集权的好处大于分权。对于有特殊领导风格或企业文化特征，集权和分权也是不同的文化的体现。

⑤ 工作内容界定。即每一个员工的工作内容是什么，是劳动合同确定的劳动者要履行的劳动义务范围，一般包括岗位名称、工作范围、工作职责、任职资格、工作要求等。可以考虑将同类或有关联的任务归结为一个岗位，而有矛盾或相互冲突或相互有风险的工作任务不会放在一个岗位中。

（2）组织设计的流程

① 确定顶层权力机构。根据公司股权情况、投资人诉求、公司治理结构确定公司的股东会、董事会、监事会、各委员会等。

② 确定组织架构类型。企业根据自己行业的特征、企业所处阶段、企业技术法律政策环境，在职能制、事业部制、直线事业群制、矩阵制中做出选择。

③ 确定专业化分工单位名称及高管职位。根据组织架构的类型，首先确定出单位的名称，该单位可以是部门，也可以是中心，也可以是事业部。在确定单位的名称后，确定该单位的最高负责人及职位，并确定其工作范围和内容。

④ 确定营销队伍及基础职能部门的人数范围。根据公司的战略目标规划，将业绩目标分解到各个部门，各个部门按照一定人数配比来完成业绩目标。如一个普通销售人员的平均业绩是 20 万元 / 年，分解到该部门的任务是 500 万元，此时最低需要配置 25 名销售人员。根据营销人员的规模及整个人员的成本情况，确定职能部门人员的配比，如按照营销人员35：1 的比例配比职能人员。

⑤ 和单位最高负责人商议，确定本部门的总人数和年度总预算。由单位最高负责人根据管理幅度、管理层次、分工、集权与分权的影响因素，确定职能人员岗位、数量和能力水平，由最高负责人审核通过即可，并根据总体组织设计原则对单位的组织架构做出调整，如增员、裁员、晋升、转岗等。

（3）当前组织的问题

上述组织架构设计的流程是部门企业现实发生情况的写照，最高负责人无法对基层的基本情况做出判断和详细了解，因此只能进行授权，由单位的最高负责人根据自身的工作经验、组织设计影响要素对自己所管辖的单位进行组织设计。公司 CEO 只对公司整体组织架构做出设计。

这样的方式也有一定的风险。如果招募的高管是有才无能的，或者有能无道德的、有才有德但不匹配公司文化的，那么便很容易造成协作上的问题，即单位负责人只听 CEO 安排，别的部门的协作请求很难有一个较好的完成度，这就为战略目标的实施带来了阻碍。

另一个常见的问题是，外部客户的需求是多变的，因而工作内容是变动的和有创造性的，而传统的方式更多是以口头、邮件的方式下达工作任务，从而导致实际工作内容和工作职责脱节、考核和工作内容脱节、考核无法采集实际工作内容的数据，从而导致混乱。这种混乱在快速扩张的成长型企业中最为常见，只有组织达到权力流、任务流、信息沟通流的高度统一，才能有效解决该类问题。

4. 组织未来的趋势

（1）基于流程的组织设计

利润来源于用户，用户产生需求，企业产生生产经营和服务，生产经营和服务有流程。因此基于流程的组织架构是一种比较符合客户价值形态的组织结构。

如图 9-4 所示，流程型组织突出流程，强调以流程为导向，流程的最终目的是产生什么样的产品和服务。此时重视流程的过程就是对输出结果的重视，以便能够更好地服务客户。流程型组织注重其连续性，以全流程的观点来取代某个部门的活动，以整个流程的绩效来评估每个部门的绩效，此时更加强调流程协作。

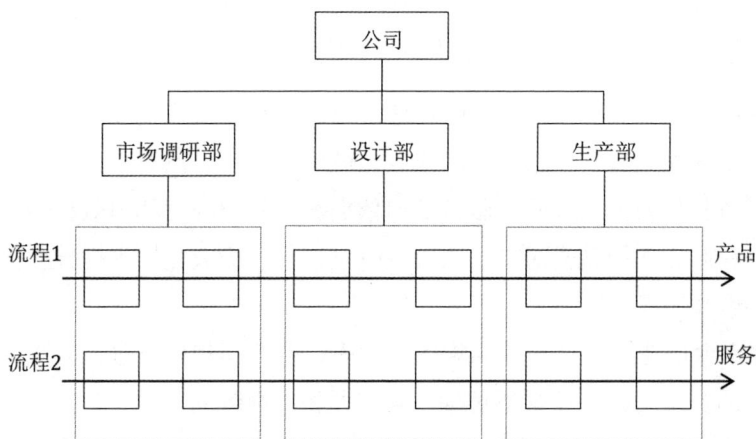

图 9-4　基于流程的组织架构设计

流程型组织架构和基于业务服务的组织架构相对应，传统的职能部门可能更加注重内部，对外部只提供工作职责范围内的工作内容，忽视整个

83

流程的结果产出，过分注重个人部门的绩效产出。对于超出部门范围的协作请求或创新性协作兴趣不大，容易形成部门壁垒和隔阂。

以传统的人力资源部门为例，人力资源部门既是权力部门又是服务部门，这是一个双重的定位，因而产生了两个不同方向的流程，如图9-5所示。如果没有强调流程型组织的重要性，两者的流程可能会混为一谈，因而导致输出结果的低效。

基于权力方向的人力资源部运营流程

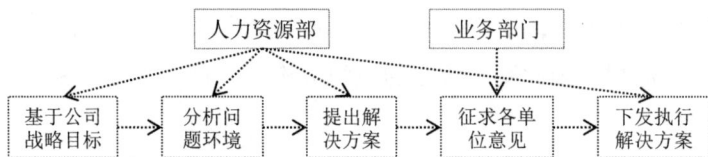

基于服务方向的人力资源部服务流程

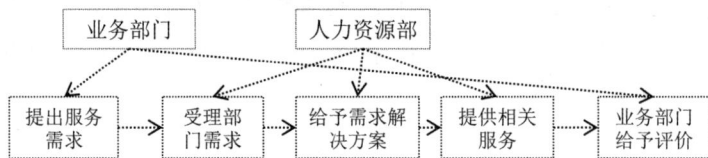

图9-5　基于流程的组织架构设计

各个国家服务单位，其部门既是权力单位也是服务单位，但这些单位的服务水平很难有一个根本性的改变，就是因为流程没有分开。人力资源部的服务和权力如果分开，服务部门依据获得好评程度和绩效挂钩，那么人力资源服务部门就会想方设法进行改进，可以极大程度地提升业务部门的幸福感和流程的效率。

在平台职能事业部集权的集团公司中，若公司规模超过几万人，一个分公司的员工薪酬发放得不正确，其沟通和反馈时间需要长达1个月。而如果以服务流程为导向，处理时间超过1个月肯定给差评。服务部门通过服务中的常见问题和业务部门反馈，不断地调整策略，充分吸纳业务单位人员的意见，此时就可以不断向五星级服务水平靠拢，并最终形成高效的流程和服务竞争力，从而提升整公司的组织竞争力，而这就是组织变革未来的方向之一。

（2）基于用户为中心的组织设计

基于用户为中心的思想是组织设计的另一种思路，市场和用户的需求是多变和多元的，导致公司内部的流程和工作职责同样是多变和创造性的，尤其对创造性的要求更多，此时就要求各单位有更多的自主性。各单位依据基本的原则在自己的工作范围内自主发挥。

以互联网公司的组织架构来说明基于用户为中心的组织设计区别。

如图 9-6 所示，此时的客户部是典型的服务部门，针对客户的意见只能提交给运营部，运营部根据整体情况做出是否采纳客户意见的决定。客服部对后续问题不再追踪，因为后面的问题不在客服部的工作范围内。

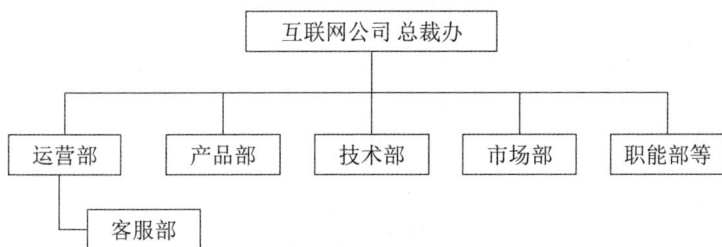

图 9-6　传统互联网公司组织架构

如图 9-7 所示，此时客服部在各个单位上面，表示客服部从服务性部门转变为服务加权力的部门，客服根据客户提出的多元化问题，进行问题分类，如分为 3 类问题：用户体验类问题、用户新增加需求功能模块问题、用户完全不合理需求等。

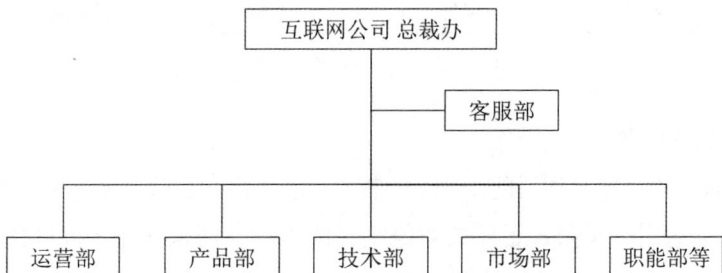

图 9-7　以用户为中心的互联网组织架构

针对第一类问题，客服部可以直接向各部门下达命令和任务，要求各单位尽快完善并解决该类问题，并由人力资源部将该任务作为绩效考核内容之一。

针对第二类问题，可以联合总裁办做出讨论，之后再另做出决策。一旦决策之后，依然由客服部对各单位的完成情况进行追踪，并由客服部为各单位的效率和质量打分，这样就实现了以客户为中心的效果和目的。

公安局110的组织就是典型的以客户为中心的组织，如图9-8所示。110报警客服中心接到报警电话后，直接将情报信息传递给指挥中心或各单位，各单位根据报警情况立即执行，从而实现了极速的反应和服务效果。如果企业在组织变革中，改变以用户为中心各单位的职能，将其提升到战略地位，同样可以实现极速反应，有些问题不需要决策，相关部门可以直接下达命令执行即可。

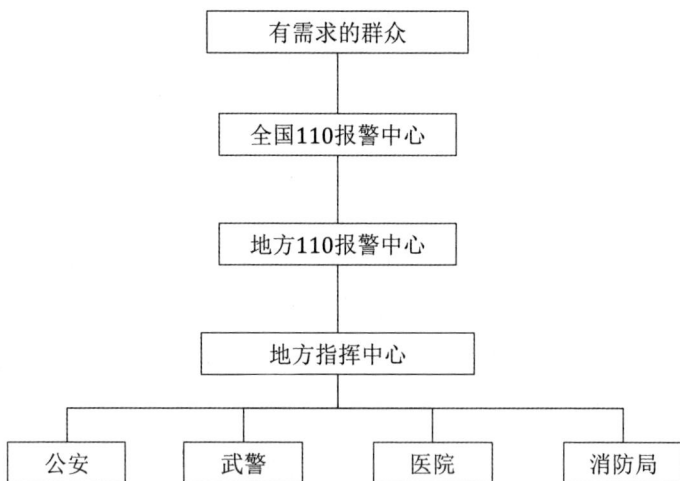

图 9-8　110公安组织架构

（3）3I 组织

汉迪在《工作与生活的未来》一书中，提出了一个新的概念——3I 组织。该组织不适用于军队、工厂或官僚主义的组织，而是适用于高度集中的智力行业。如自媒体行业、管理咨询行业、黑客安全等组织。

汉迪认为，21 世纪成功和效率的新公式是：3I=AV。如图 9-9 所示，

3I 分别代表智慧（Intelligence）、信息（Information）和概念（Idea）。AV 代表附加价值（Added Value）。在当今竞争激烈的信息社会，如果组织渴望从知识中创造价值，就需要用具有创造性的组织架构。

图 9-9　3I 组织架构

3I 组织强调扁平化和责任，即小组的每个人都承担经理的责任，之间相互平等。成员的每个人都有和自己角色相搭配的专业知识，也对该组织的运行规则非常精通，对问题分析、人际关系处理都受过专业的培训，在同类成员合作协作上遵守既定的基本规则。

小组内没有绝对的规则，以创造性、小组的文化倾向、小组从众偏向、任务目标为主导。但正是因为这种组织，可以创造性提出各种建议、想法、模式及新的利润点。整个小组要具备智慧、信息、概念的三要素，最终就能将知识变为执行力和现金流。

（4）虚拟组织及非正式组织

在公司中，以工资和工作任务执行作为等价交换为纽带，员工加入了各个部门单位，这些部门单位就是正式的组织，正式的组织中有既定的工作内容、团队文化、清晰的上下级关系等。

如图 9-10 所示，非正式组织是某个弱关系进行连接，各个成员之间的关系不够强，进入和退出较为容易，也容易解散和自动形成。例如，公司篮球队、公司内的妈妈团等。

虚拟组织类似非正式组织，但虚拟组织的明显特征是以互联网信息技术为核心，组织成员通过高度自律和共同价值取向，来实现组织特定的目标。形式上，没有时间和空间限制。

这对公司的启发就是，我们在列出所有的正式组织架构后，还应当列出公司的非正式组织和虚拟组织，以进一步健全公司的资源情况，并最大化地挖掘出虚拟组织的潜力，并向重要的虚拟组织提供超额服务、福利和其他利益。

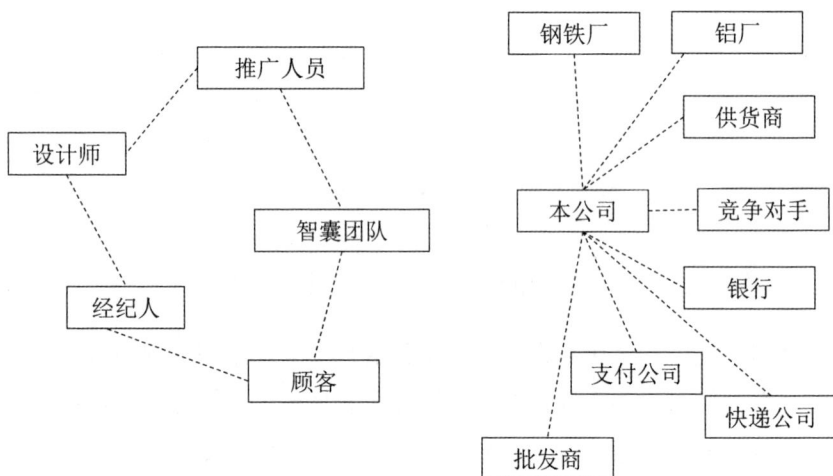

图 9-10　虚拟组织和非正式组织

（5）组织知识官的未来

阿里、华为、小米是率先拥有组织部的巨头公司。

阿里组织部成立于 2007 年，由 M5/P10 及以上的同学组成。组织部设立的目的，是希望阿里的高年级同学们，承担起传承阿里巴巴使命愿景价值观与文化的重任。

阿里巴巴组织部，是一群阿里的理想主义者们一起分享对未来的看法，分享解决今天的方案，分享对世界的认识。组织部也是一个社区（Community），互相倾诉、互相倾听，相互温暖、融为一体。组织部是阿里最核心的一群人，他们决定阿里未来的发展方向，因此也承担更大的责任。阿里组织部前期更像一个松散的非正式组织，每个成员都有自己的思考能力和社会价值观。

在 2018 年，当时的阿里巴巴的 CEO，将组织部定位为"造梦者""创造者""学习者""坚持者"。

造梦者：应该成为造梦者、而不仅是被梦想激励的人；驱动伙伴最好的方式是先点燃自己。

创造者：不要做自我循环的机器，不要为 KPI 而活，多想想这个事情如何因我而改变。

学习者：如果每个人只会做自己的一小块事情，就会成为一个"结点"，组织因此发生扭曲和问题的可能性也会变大；多点好奇心和学习力，每个人都能跨界，组织也会更加强健。

坚持者：今天的创新，很大程度就是在决断和坚持之间取舍。

可以看到，阿里的组织部是一个高端人才聚集的、高度开放、敢于质疑、敢于直言、敢于创新、敢于领导、敢于推翻旧规则的组织。从顶层设计角度看，除了核心层股权部分不能动之外，模式、机制、体制、各战略及职能战略都是组织部的话题，从而继承着企业的愿景和使命。

华为在 2018 年年初，发起了《人力资源部管理纲要 2.0》的讨论，最终决定将人力资源部拆成两部分，一个是总干部部，一个是人力资源部。华为认为公司人力资源这 30 年来有很大程度的共享，但还是不够科学。

人力资源部：负责规则的建议、执行和监管，还要管好考核支撑、员工招聘、全员学习与发展等人力资源专业支撑工作。

总干部部：要重点管好后备干部的选拔、培养、考核、弹劾，配股、调薪、奖金评定等日常人力资源管理操作也归总干部部体系管。

《纲要》中表示现在公司 18 万多名员工、遍布 170 多个国家，没有评工资的大困难，没有评奖金的大困难，没有配股票的烦恼与困难，就是基本平衡了的成绩。

现在这些管理存在一些问题与矛盾，但是没有大的问题和大的矛盾。应该我们从 0 到 80% 的判断是基本准确的，但是从 80% 到 100% 的判断还不够准确、管理也常出现波动，这就是我们目前存在的缺点。如何优化、如何使机关从管控型走向服务支持型，让公司上下左右部门全体全力朝向"多打粮食、增加土地肥力"而奋斗，这是我们改革的一个问题。

华为非常清楚自己已经拿到了 80 分，如果想拿到 90 分，就必须要下更大的功夫，这也就是总干部部成立的历史背景。新的纲要下，确定人力资源部新的使命和定位，是为公司找英雄、找领袖、鼓励员工冲锋的。管缺点的是道德委员会的事情，管坏人坏事是审计部的事情。

小米在2018年9月，新设集团参谋部和集团组织部，用于增强总部管理和运营职能。组织部主要负责公司的中高层干部的聘用、升迁、培训和考核激励，包括各个部门的组织结构设计和编制审批。

从雷军的内部信中可以看出，本次组织的改革的重点是对人才的建设和企业组织价值观的传承，而设立组织部只是开始。

人力资源具有多重属性，包含资源性、资本积累性、服务性、战略指导性等。资源性和服务性决定了人力资源既是生产者也是服务者；资本积累性表示人力资源是资本积累的基础，是最现实最基础的生产力。人力资源的战略指导性的属性，表示人力资源部也是权力部门。

按照事物发展低级向高级进化、从基础到顶层进化的规律，而组织部的设立就是人力资源部进化的一步。我认为组织是权力流、任务流和沟通信息流的统一。随着第四次工业革命和To B产业的深化，我认为组织部进化的下一个阶段是知识组织部，该部门是全集团高度的信息聚合中心，并在此环境下诞生了组织知识官，知识官针对各方内部情报实现极速命令、调整、调节、协作等战术和战略职能，以匹配新时代下的组织发展。

第十章 集团公司的组织架构

企业在不同的阶段适用不同的组织架构，如图 10-1 所示。企业从小规模成长为集团企业的时候，其组织架构最终会走向事业部制和矩阵制。

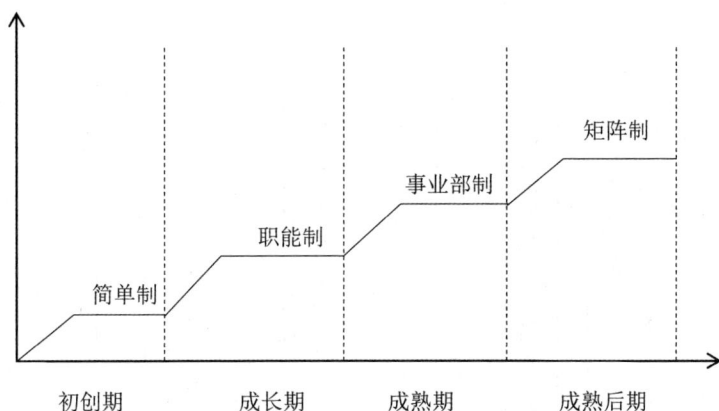

图 10-1 企业在不同阶段的适用组织架构

在初创期阶段，组织规模较小，架构也较为简单，以扁平化为主。当员工人数增加到一定程度后，会设立部门，并设立部门的负责人。当公司的业务再次增加之后，此时会设立职能部门，为业务部门提供各种服务。后期当公司进入成长期，职能部门的重要性突显，此时职能部门除了提供服务外，还为公司的业务提供指导意见，此时组织架构过渡到职能制。

当公司进入成熟期后，公司的业务和人员规模继续增长，面临着沟通和服务效率的问题，此时会设立事业部，各个事业部拥有一定的自主权限，可以自主决策事业部事项。当公司进入成熟后期的时候，公司的业务进一步扩张，人数规模达到数十万，此时会向直线事业群制和矩阵制进化。

接下来，我们来看一看 8 家知名企业的组织架构。

1. 百度公司组织架构图

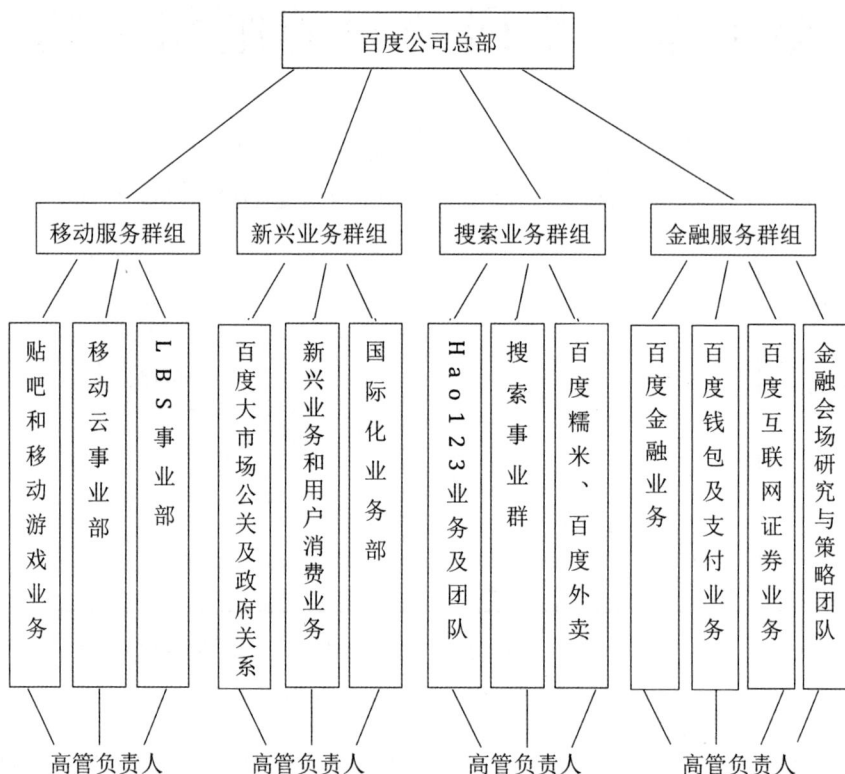

```
                        百度公司总部
    ┌───────────┬───────────┴────────┬──────────────┐
移动服务群组   新兴业务群组      搜索业务群组      金融服务群组
 ┌──┬──┬──┐   ┌───┬───┬──┐    ┌────┬───┬───┐  ┌───┬───┬───┬───┐
```

移动服务群组			新兴业务群组			搜索业务群组			金融服务群组			
贴吧和移动游戏业务	移动云事业部	LBS事业部	百度大市场公关及政府关系	新兴业务和用户消费业务	国际化业务部	Hao123业务及团队	搜索事业群	百度糯米、百度外卖	百度金融业务	百度钱包及支付业务	百度互联网证券业务	金融会场研究与策略团队
高管负责人			高管负责人			高管负责人			高管负责人			

百度组织架构为直线事业群制，由各个分管总裁负责各自的事业群。百度按照业务的不同属性划分为四大业务群，分别是内容、创新、搜索、金融等生态。

2. 阿里巴巴公司组织架构图

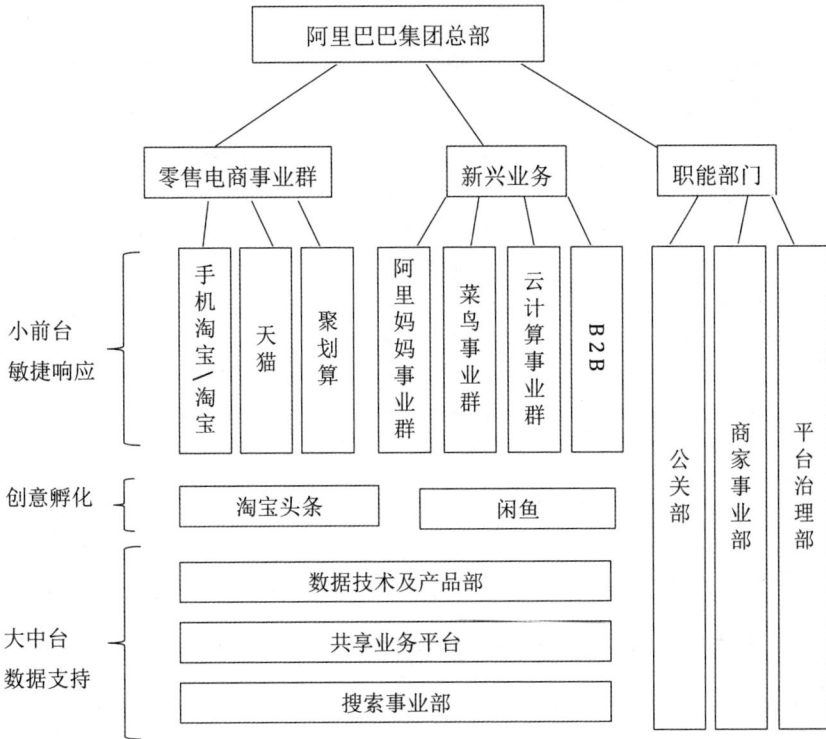

2015 年 12 月 7 日，阿里宣布全面启动 2018 年中台战略，构建符合 DT 的"大中台、小前台"的组织机制和业务机制。作为前台的一线会更加敏捷，中台将集合整个集团的运营数据能力、产品技术能力，对前台形成强力的支撑。

3. 腾讯公司组织架构图

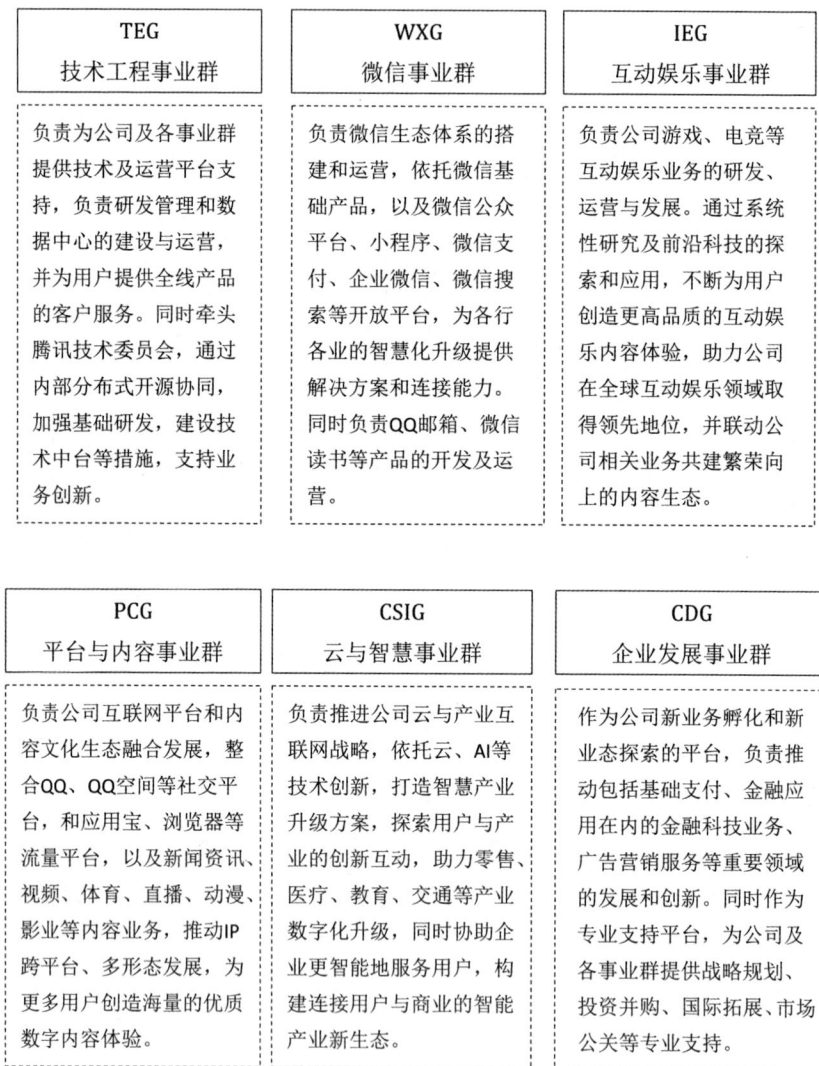

TEG 技术工程事业群	WXG 微信事业群	IEG 互动娱乐事业群
负责为公司及各事业群提供技术及运营平台支持，负责研发管理和数据中心的建设与运营，并为用户提供全线产品的客户服务。同时牵头腾讯技术委员会，通过内部分布式开源协同，加强基础研发，建设技术中台等措施，支持业务创新。	负责微信生态体系的搭建和运营，依托微信基础产品，以及微信公众平台、小程序、微信支付、企业微信、微信搜索等开放平台，为各行各业的智慧化升级提供解决方案和连接能力。同时负责QQ邮箱、微信读书等产品的开发及运营。	负责公司游戏、电竞等互动娱乐业务的研发、运营与发展。通过系统性研究及前沿科技的探索和应用，不断为用户创造更高品质的互动娱乐内容体验，助力公司在全球互动娱乐领域取得领先地位，并联动公司相关业务共建繁荣向上的内容生态。

PCG 平台与内容事业群	CSIG 云与智慧事业群	CDG 企业发展事业群
负责公司互联网平台和内容文化生态融合发展，整合QQ、QQ空间等社交平台，和应用宝、浏览器等流量平台，以及新闻资讯、视频、体育、直播、动漫、影业等内容业务，推动IP跨平台、多形态发展，为更多用户创造海量的优质数字内容体验。	负责推进公司云与产业互联网战略，依托云、AI等技术创新，打造智慧产业升级方案，探索用户与产业的创新互动，助力零售、医疗、教育、交通等产业数字化升级，同时协助企业更智能地服务用户，构建连接用户与商业的智能产业新生态。	作为公司新业务孵化和新业态探索的平台，负责推动包括基础支付、金融应用在内的金融科技业务、广告营销服务等重要领域的发展和创新。同时作为专业支持平台，为公司及各事业群提供战略规划、投资并购、国际拓展、市场公关等专业支持。

4. 京东公司组织架构图

京东公司总部

大快消事业群
- 生鲜部
- 消费品部
- 新通部

电子文娱事业群
- 家电部
- 3C文旅事业部
- 全球售

时尚生活事业群
- 居家生活
- 时尚
- TOPLIFE
- 拍拍二手

金融-C-SBU 个人服务群组
- 消费金融部
- 财富管理部
- 证券业务部
- 众筹业务部
- 农村渠道部
- 保险业务部
- 支付业务

金融-B-SBU 企业服务群组
- 供应链金融部
- 金融科技业务部
- 农村信贷部
- 保险业务部
- 支付业务

京东组织架构一共有五大事业群，分别为大快消事业群、电子文娱事业群、时尚生活事业群、金融-C-SBU个人服务群组和金融-B-SBU企业服务群组。

5. 华为公司组织架构图

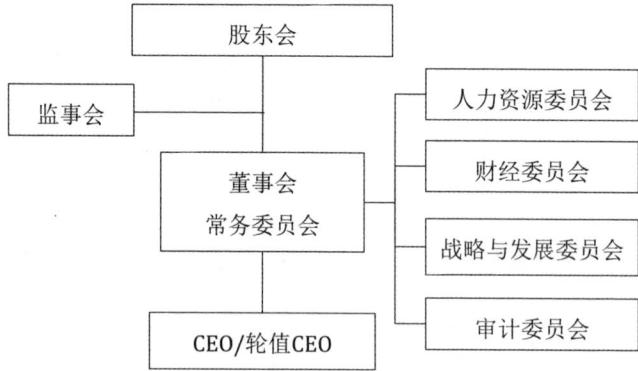

```
                    ┌──────────────┐
                    │    股东会     │
                    └──────┬───────┘
                           │                    ┌──────────────┐
┌──────────┐               │              ┌─────│ 人力资源委员会 │
│  监事会   │───────────────┤              │     └──────────────┘
└──────────┘               │              │     ┌──────────────┐
                    ┌──────┴───────┐       ├─────│  财经委员会   │
                    │    董事会     │───────┤     └──────────────┘
                    │   常务委员会   │       │     ┌──────────────┐
                    └──────┬───────┘       ├─────│ 战略与发展委员会 │
                           │              │     └──────────────┘
                    ┌──────┴───────┐       │     ┌──────────────┐
                    │  CEO/轮值CEO  │       └─────│  审计委员会   │
                    └──────────────┘             └──────────────┘
```

集团总部职能

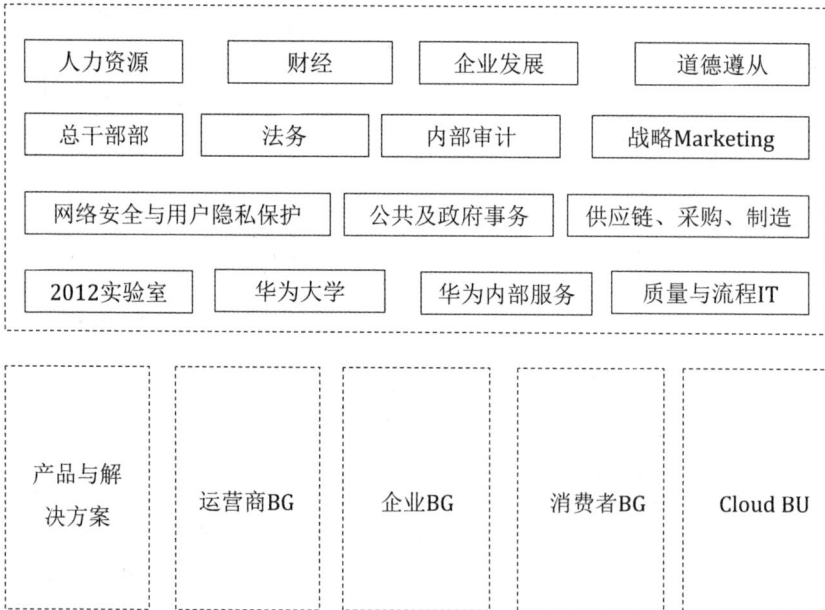

人力资源	财经	企业发展	道德遵从
总干部部	法务	内部审计	战略Marketing
网络安全与用户隐私保护	公共及政府事务	供应链、采购、制造	
2012实验室	华为大学	华为内部服务	质量与流程IT

产品与解决方案	运营商BG	企业BG	消费者BG	Cloud BU

6. 小米集团组织架构图

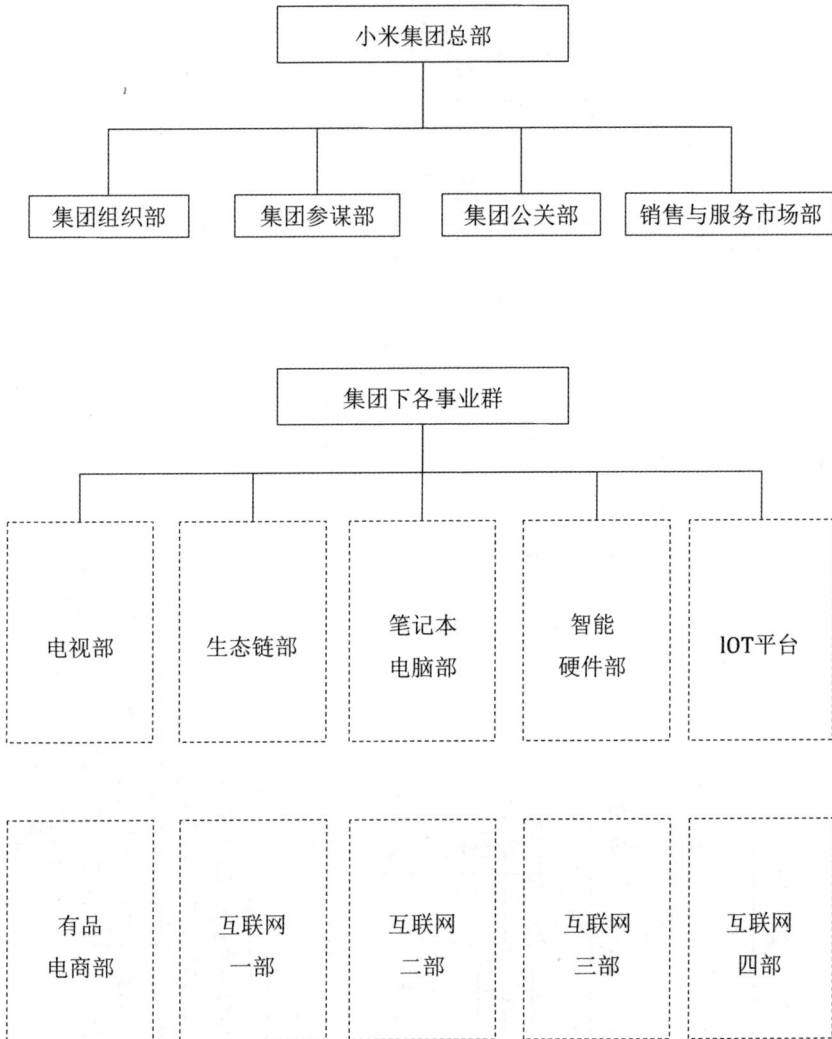

```
                    ┌─────────────────┐
                    │   小米集团总部    │
                    └─────────────────┘
            ┌──────────┬──────────┬──────────┐
      ┌─────────┐ ┌─────────┐ ┌─────────┐ ┌──────────────┐
      │ 集团组织部 │ │ 集团参谋部 │ │ 集团公关部 │ │ 销售与服务市场部 │
      └─────────┘ └─────────┘ └─────────┘ └──────────────┘
```

```
                    ┌─────────────────┐
                    │  集团下各事业群   │
                    └─────────────────┘
```

电视部	生态链部	笔记本电脑部	智能硬件部	IOT平台

有品电商部	互联网一部	互联网二部	互联网三部	互联网四部

7. 中国石化组织架构图

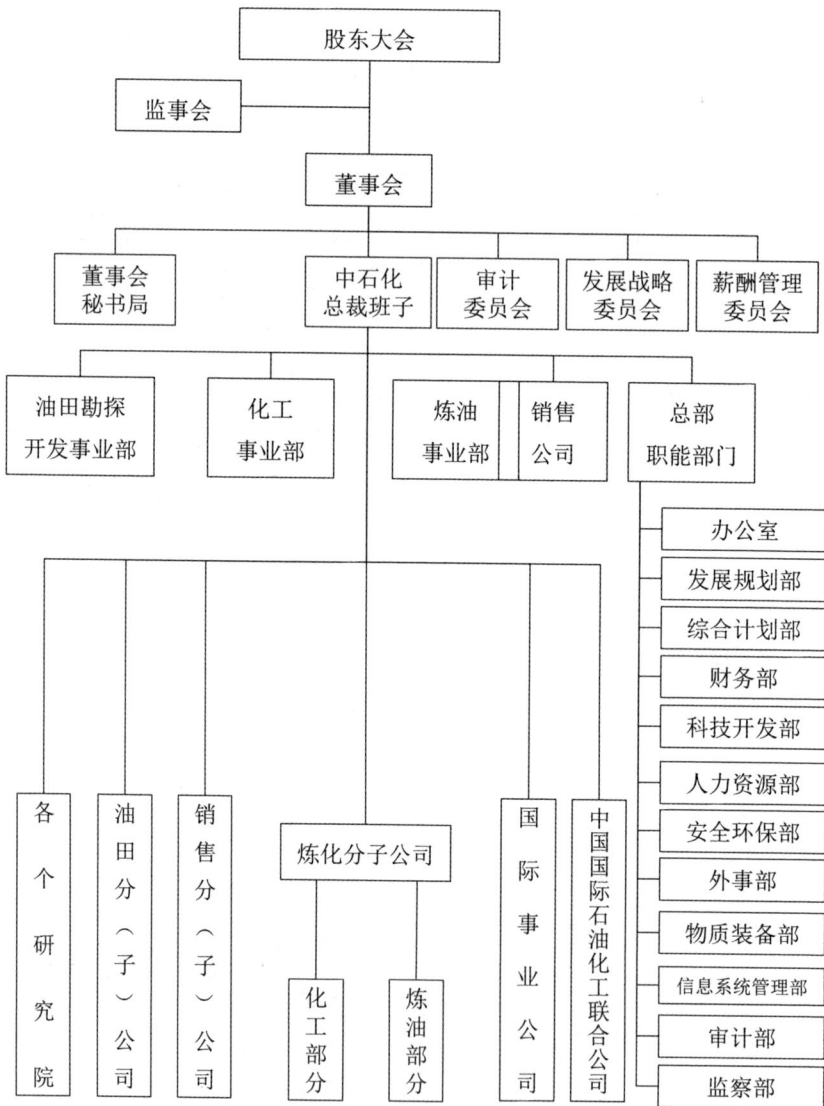

```
                        ┌──────────────┐
                        │   股东大会    │
           ┌────────────┴──────────────┘
      ┌────┴────┐                │
      │ 监事会  │                │
      └─────────┘         ┌──────┴──────┐
                          │   董事会     │
        ┌─────────┬───────┼────────┬─────────┐
   ┌────┴───┐ ┌───┴────┐┌─┴───┐┌───┴────┐┌───┴────┐
   │董事会  │ │中石化  ││审计 ││发展战略││薪酬管理│
   │秘书局  │ │总裁班子││委员会││委员会  ││委员会  │
   └────────┘ └────────┘└─────┘└────────┘└────────┘
```

各个研究院

油田分（子）公司

销售分（子）公司

油田勘探开发事业部

化工事业部

炼油事业部

销售公司

总部职能部门

炼化分子公司

化工部分

炼油部分

国际事业公司

中国国际石油化工联合公司

办公室

发展规划部

综合计划部

财务部

科技开发部

人力资源部

安全环保部

外事部

物质装备部

信息系统管理部

审计部

监察部

8. 工商银行组织架构图

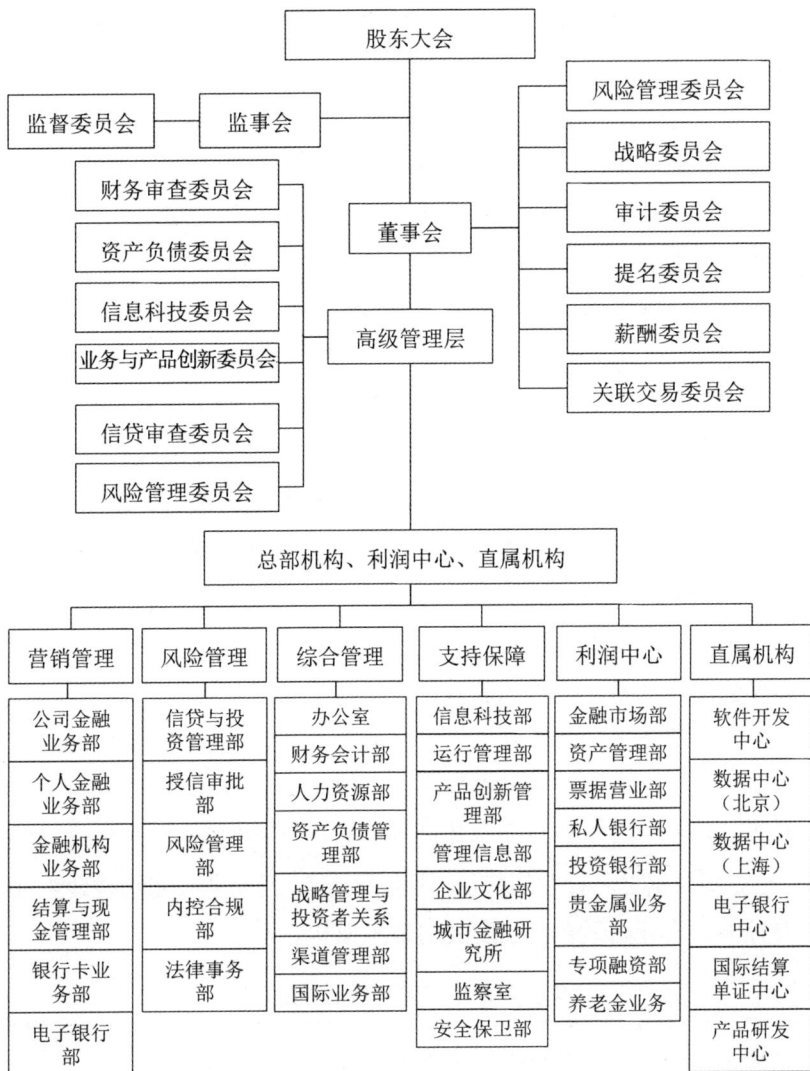

```
                              股东大会
                                 │
                  ┌──────────────┼──────────────┐ 风险管理委员会
    监督委员会 ── 监事会          │              ├ 战略委员会
                                 │              ├ 审计委员会
       财务审查委员会 ┐       董事会 ──────────├ 提名委员会
       资产负债委员会 ┤                         ├ 薪酬委员会
       信息科技委员会 ┤       高级管理层         └ 关联交易委员会
     业务与产品创新委员会┤
       信贷审查委员会 ┤
       风险管理委员会 ┘
                                 │
                   总部机构、利润中心、直属机构
```

营销管理	风险管理	综合管理	支持保障	利润中心	直属机构
公司金融业务部	信贷与投资管理部	办公室	信息科技部	金融市场部	软件开发中心
个人金融业务部	授信审批部	财务会计部	运行管理部	资产管理部	数据中心（北京）
金融机构业务部	风险管理部	人力资源部	产品创新管理部	票据营业部	数据中心（上海）
结算与现金管理部	内控合规部	资产负债管理部	管理信息部	私人银行部	电子银行中心
银行卡业务部	法律事务部	战略管理与投资者关系	企业文化部	投资银行部	国际结算单证中心
电子银行部		渠道管理部	城市金融研究所	贵金属业务部	产品研发中心
		国际业务部	监察室	专项融资部	
			安全保卫部	养老金业务	

9. 集团公司组织架构类型总结

通过前面8家集团公司的组织架构图可以看出，常见的组织架构类别主要有3类。

第一类：矩阵制

阿里和华为是矩阵制组织架构的代表，阿里的组织架构按照业务逻辑进行划分，华为的事业部按照客户特征和产品特征进行划分。矩阵制具有较快的反应能力。

第二类：直线事业群制

百度、腾讯、京东、小米都是该类组织架构。这些公司都有众多业务和众多事业部，单纯的集权平台职能事业部和放权的投资事业部无法满足公司大协同的战略规划，此时直线事业群就发挥出其作用。

矩阵制和直线事业群的区别有以下 3 点：①看其事业部是按照客户流程、业务逻辑进行划分还是按照权力、业务类似性划分，前者是矩阵制的特征，后者是直线事业群的特征。②确定其组织架构按照不同维度划分的部门（基础职能部门除外），是否能够为同一个用户提供服务。如果能够提供服务，说明具备矩阵制特征，如果只是单线提供服务，说明是直线事业群制。③公司是高度集权的还是分权的，如果是高度集权的，这就是直线事业群的特征。

第三类：平台职能事业部

大多数国企都是该类组织架构。国企首先追求稳定，因此矩阵制是不可选的，另外国企也追求集权和分权的平衡，因此总部职能部门必须设立，这就形成了平台职能事业部组织架构。

最后，我们来对集团公司常用的 4 种组织架构特征进行对比，如下表所示。企业要根据自己行业的特征、企业所处阶段、企业技术法律政策环境、组织管控能力设计出适合自己发展的组织架构。

集团公司组织架构特征对比表

组织架构类型	集权性	整体灵活性	跨群协作难度	官僚主义程度
投资事业部	★★	★★	★★★★	★★
平台职能事业部制	★★★★	★★★	★★	★★★
直线事业群制	★★★	★★	★★★★	★★★★
矩阵制	★	★★★★	★	★

·第四部分·

公司股权架构图解

第十一章　互联网 HOT 公司股权架构

1. 百度股份有限公司

2018 年全年营业收入 1 022 亿元，利润 275 亿元。2019 年《财富》中国 500 强企业排名第 92 位。

百度公司介绍

百度，全球最大的中文搜索引擎、最大的中文网站。

2000 年 1 月创立于北京中关村。

1999 年年底，身在美国硅谷的李彦宏看到了中国互联网及中文搜索引擎服务的巨大发展潜力，抱着技术改变世界的梦想，他毅然辞掉硅谷的高薪工作，携搜索引擎专利技术，于 2000 年 1 月 1 日在中关村创建了百度公司。从最初的不足 10 人发展至今，员工人数超过 18 000 人。如今的百度，已成为中国最受欢迎、影响力最大的中文网站。

百度拥有数千名研发工程师，这是中国乃至全球最为优秀的技术团队，这支队伍掌握着世界上最为先进的搜索引擎技术，使百度成为中国掌握世界尖端科学核心技术的中国高科技企业，也使中国成为美国、俄罗斯、和韩国之外，全球仅有的 4 个拥有搜索引擎核心技术的国家之一。

从创立之初，百度便将"让人们最平等、便捷地获取信息，找到所求"作为自己的使命，成立以来，公司秉承"以用户为导向"的理念，不断坚持技术创新，致力于为用户提供"简单，可依赖"的互联网搜索产品及服务，其中包括：以网络搜索为主的功能性搜索，以贴吧为主的社区搜索，针对各区域、行业所需的垂直搜索，MP3 搜索，以及门户频道、IM 等，全面覆盖了中文网络世界所有的搜索需求，根据第三方权威数据，百度在中国的搜索份额超过 80%。

在面对用户的搜索产品不断丰富的同时，百度还创新性地推出了基于搜索的营销推广服务，并成为最受企业青睐的互联网营销推广平台。如今，中国已有数十万家企业使用了百度的搜索推广服务，不断提升企业自身的品牌及运营效率。通过持续的商业模式创新，百度正进一步带动整个互联网行业和中小企业的经济增长，推动社会经济的发展和转型。

百度的现有产品可以参考网址 www.baidu.com/more/，其中包含的产有百度百聘、好看视频、百度信誉、百度技术学院、百度翻译、百度软件、百度地图、百度音乐、百度新闻、百度财富、百度房产、hao123、百度口碑等众多产品。

百度公司融资历程

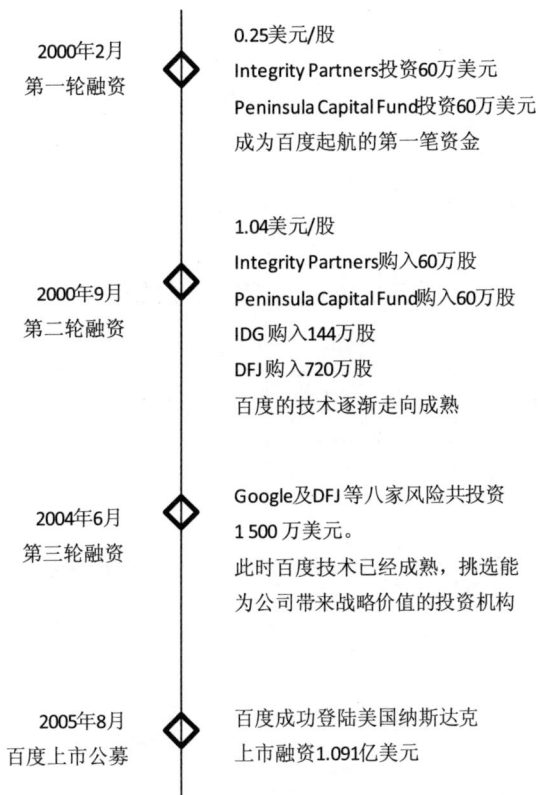

2000年2月 第一轮融资	0.25美元/股 Integrity Partners投资60万美元 Peninsula Capital Fund投资60万美元 成为百度起航的第一笔资金
2000年9月 第二轮融资	1.04美元/股 Integrity Partners购入60万股 Peninsula Capital Fund购入60万股 IDG 购入144万股 DFJ购入720万股 百度的技术逐渐走向成熟
2004年6月 第三轮融资	Google及DFJ等八家风险共投资 1 500 万美元。 此时百度技术已经成熟，挑选能 为公司带来战略价值的投资机构
2005年8月 百度上市公募	百度成功登陆美国纳斯达克 上市融资1.091亿美元

百度上市公司架构

```
┌─────────────────────────────────────────┐
│  Baidu.com, Inc.（开曼群岛）              │
│  2005年NASDAQ上市，股票代码：BIDU         │
└─────────────────────────────────────────┘
                    │ 100%
```

百度（香港）有限公司

百度控股有限公司（英属维尔京群岛）

境外
境内

100%

100%

100%

百度云计算技术CL

百度（中国）有限公司

百度在线网络技术（北京）CL

李彦宏

王湛

100%

100%

99.5%　0.5%

百度时代网络技术（北京）CL

百度国际科技有限公司

北京百度网讯科技有限公司

20%　　20%　　20%　　40%

100%

重庆百度小额贷款有限公司

上海百度小额贷款有限公司

投资49家公司

（注：CL——有限公司缩写；────▶ 股权关系；◀----▶ 架构协议）

上市关联公司简要信息列表

成立时间	公司名称	法人代表	注册资本	分支机构数量	对外投资公司数量
2000/1/18	百度在线网络技术（北京）有限公司	向海龙	4 520 万美元	5	3
2001/6/5	北京百度网讯科技有限公司	梁志祥	217 128 万元	9	49
2005/6/6	百度（中国）有限公司	向海龙	1 250 万美元	3	2
2006/4/19	百度时代网络技术（北京）有限公司	向海龙	80 万美元	3	5
2010/11/23	百度国际科技（深圳）有限公司	向海龙	2 000 万美元	2	1
2011/10/14	百度移信网络技术（北京）有限公司（百度游戏）	詹旭敏	13 966 万元	1	3
2012/1/5	百度云计算技术（北京）有限公司	刘辉	10 000 万美元	—	—
2012/1/11	百度云计算技术（山西）有限公司	尹世明	28 600 万美元	—	—
2014/1/30	上海百度小额贷款有限公司	向海龙	20 000 万元	—	—
2015/10/21	重庆百度小额贷款有限公司	黄爽	130 000 万元	—	—

　　从百度的主要公司成立时间来看，百度在初创期间成立了百度在线和百度网讯两家公司，在上市前后分别成立百度（中国）和百度时代。在上市后又在境内成立百度国际科技。

　　2011 年，成立百度游戏公司；2012 年在北京和山西成立云计算机公司，同年收购糯米网改名百度糯米；2014 年和 2015 年在上海和重庆成立小额贷款公司，为争取金融牌照打好基础；2014 年成立百度外卖。

百度控制权安排

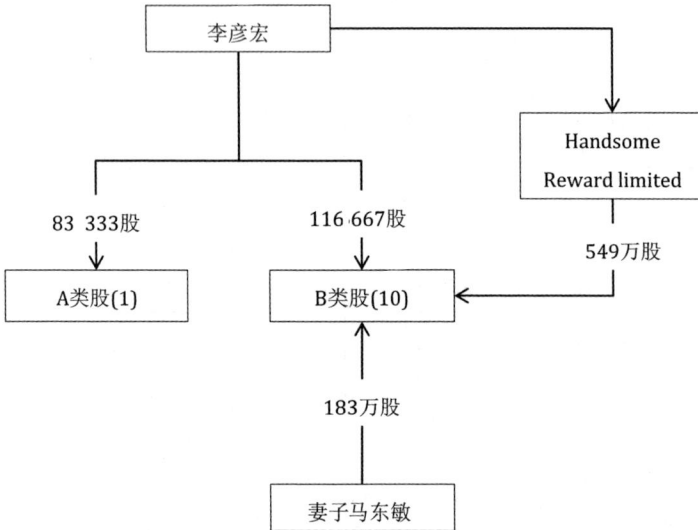

百度上市时，发行股票分为 A 类股票和 B 类股票，其中 B 类股票的表决权是 A 类股票的 10 倍，李彦宏本人和控股公司 Handsome Reword Limited 持有大量的百度 B 类股份。虽然在百度上市时，李彦宏持股 22.4%，低于第一大股东 DFJ25.3% 的比例，但李彦宏及妻子共持有百度大部分表决权，从而实现了对百度的掌控权。

百度创始人李彦宏持股公司架构

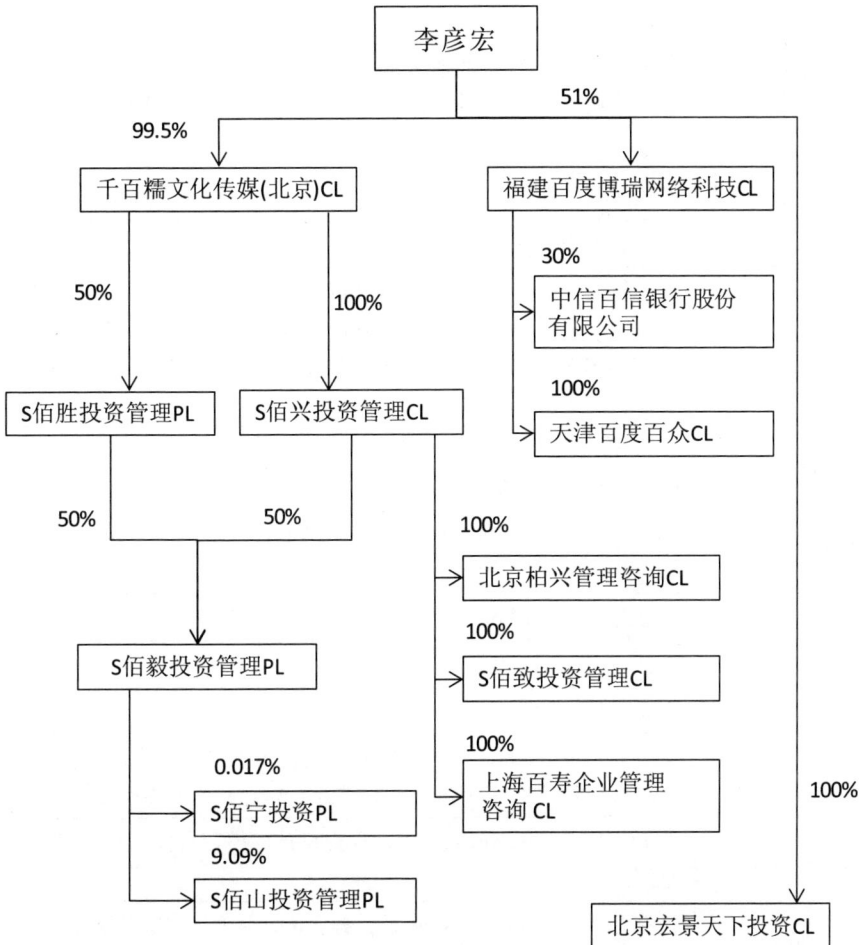

```
                            ┌──────────┐
                            │  李彦宏   │
                            └──────────┘
              99.5%          │        51%
        ┌────────────────────┘        └──────────────────────┐
        ▼                                                     ▼
┌──────────────────┐                          ┌──────────────────────────┐
│千百糯文化传媒(北京)CL│                          │福建百度博瑞网络科技CL      │
└──────────────────┘                          └──────────────────────────┘
    50%          100%                              30%  ┌──────────────────┐
     │            │                                ───▶ │中信百信银行股份   │
     │            │                                     │有限公司          │
     ▼            ▼                                     └──────────────────┘
┌──────────┐ ┌──────────────┐                     100% ┌──────────────────┐
│S佰胜投资管理PL│ │S佰兴投资管理CL│                     ───▶ │天津百度百众CL     │
└──────────┘ └──────────────┘                          └──────────────────┘
   50%       50%
    │         │                    100%  ┌──────────────────┐
    │         │                    ───▶  │北京柏兴管理咨询CL  │
    └────┬────┘                          └──────────────────┘
         ▼                         100%  ┌──────────────────┐
┌──────────────┐                   ───▶  │S佰致投资管理CL    │
│S佰毅投资管理PL│                          └──────────────────┘
└──────────────┘                   100%  ┌──────────────────┐
  0.017% ┌──────────────┐          ───▶  │上海百寿企业管理    │
  ───▶   │S佰宁投资PL    │                │咨询 CL           │
  9.09%  └──────────────┘                └──────────────────┘
  ───▶   ┌──────────────┐                            100% ┌──────────────────┐
         │S佰山投资管理PL│                            ───▶ │北京宏景天下投资CL  │
         └──────────────┘                                 └──────────────────┘
```

（注：宁波梅山保税港区简写 S
　　合伙企业（有限合伙）简写 PL
　　有限责任公司简写 CL）

百度公司对外投资情况

行业	投资公司
金融	聚宽、百信银行、曲速未来、重庆／上海小贷（小贷资格）、度小满理财（基金牌照）、百度钱包（第三方支付牌照）
房地产	链家、房司令
健康	健康之路、趣医网、眼专家、Quantapore、Genedock 聚道科技
共享经济	甘来、大道用车
企业服务	驭光科技、所问数据、TigerGraph、中国联通、个推、数美科技、Dynamic Yield、Falcon Computing Solutions、oTMS、猎豹移动、安全宝、米框科技、数美科技、所问数据、见微数据、Sensoro、百家云、720 云
内容	Taboola、百度文学、李叫兽科技、口袋宝宝、淘梦网、ZingFront 智线、快手、梨视频
文化娱乐	梯影传媒、蜻蜓 FM、何仙姑夫、人人视频、完美文学、基因互动、MoboPlayer、爱奇艺
教育	作业盒子、智课教育、万学教育、传课网
电商／O2O	蜜芽、美上门、优信二手车
物流	鲸仓科技、货车帮
硬件	艾洛克航空、云丁科技、极米科技、云丁科技、中国联通、芯仑光电、机器之心、小鱼在家、酷开、Vesper、禾赛科技
人工智能	KITI.AI、Xperception、8i、渡鸦科技、声智科技、合刃科技、阿丘科技
本地生活	去哪儿、YI Tunnel、婚礼云、美食达、百度糯米、美味不用等、斗米兼职、百度外卖
出行服务	易车网、蔚来汽车、中科慧眼、首汽约车、天天用车、乐车邦、智行者、博创联动、狮桥融资租赁
工具	红手指、魔图精灵、青果记账、华视互联

2. 阿里巴巴集团股份有限公司

2018 年全年营业收入 3 452 亿元，利润 696 亿元。2019 年《财富》中国 500 强企业排名第 24 位，2019 年《财富》世界 500 强排名第 182 位。

阿里巴巴集团简介

阿里巴巴网络技术有限公司（简称：阿里巴巴集团）是以曾担任英语教师的马云为首的 18 人于 1999 年在浙江杭州创立的，他们相信互联网能够创造公平的竞争环境，让小企业通过创新与科技扩展业务，并在参与国内或全球市场竞争时处于更有利的位置。

阿里巴巴集团经营多项业务，另外也从关联公司的业务和服务中取得经营商业生态系统上的支援。业务和关联公司的业务包括：淘宝网、天猫、聚划算、全球速卖通、阿里巴巴国际交易市场、1688、阿里妈妈、阿里云、蚂蚁金服、菜鸟网络等。

2014 年 9 月 19 日，阿里巴巴集团在纽约证券交易所正式挂牌上市，股票代码为 BABA，马云为创始人和董事局主席。

2016 年 4 月 6 日，阿里巴巴正式宣布已经成为全球最大的零售交易平台。

2016 年 8 月，阿里巴巴集团在"2016 中国企业 500 强"中排名第 148 位。

2017 年 1 月 19 日晚间，国际奥林匹克委员会与阿里巴巴集团在瑞士达沃斯联合宣布，双方达成期限直至 2028 年的长期合作。阿里巴巴将加入奥林匹克全球合作伙伴（The Olympic Partner、"TOP"）赞助计划，成为"云服务"及"电子商务平台服务"的官方合作伙伴，以及奥林匹克频道的创始合作伙伴。

2017 财年，阿里巴巴总营收 1 582.73 亿元人民币，净利润 578.71 亿元人民币。

2018 年 2 月 5 日，万达集团公告，阿里巴巴集团、文投控股股份有限公司与万达集团在北京签订战略投资协议，阿里巴巴、文投控股以每股 51.96 元收购万达集团持有的万达电影 12.77% 的股份。

2018 年 2 月 11 日，北京居然之家投资控股集团有限公司与阿里巴巴集团共同宣布达成新零售战略合作：阿里巴巴及关联投资方向居然之家投资 54.53 亿元人民币，持有其 15% 的股份。

2018 年 4 月 2 日，阿里巴巴以 95 亿美元对饿了么完成了全资收购。

2018 年 9 月 1 日，阿里巴巴与卢旺达政府合作推进 eWTP（世界电子贸易平台），帮助非洲建立数字经济生态体系。

2019 年 9 月 1 日，阿里巴巴集团公布 2024 财年结束之前的目标：通过旗下中国消费业务服务超过 10 亿年度活跃消费者并通过其平台创造超过人民币 10 万亿元的年度消费额。

2019 年 11 月 26 日，阿里巴巴集团香港联合交易所主板正式挂牌上市，总市值超过 4 万亿元。

2020 年 4 月 7 日，新冠肺炎疫情爆发，阿里巴巴集团启动"春雷计划 2020"，提出六大方面二十项扶助措施，提供资金及低息免息贷款、开放数字化服务能力，积极支持中小企业渡难关。

2021 年 1 月，阿里巴巴集团为阿里云的企业客户提供钉钉解决方案，包括更强的办公协作能力、阿里云的大数据分析和 AI 能力，进一步促进企业数字化转型。

2022 年 4 月，阿里巴巴集团加入倡导低碳技术专利共享的国际平台"低碳专利承诺"，并对外免费开放九项关键的数据中心低碳专利，以加速绿色科技的采用及加强协同创新。

2023 年 3 月 28 日，阿里巴巴宣布组织变革，阿里巴巴拆分为"1 个上市主体 +6 家业务集团 +N 个业务公司"，各个公司自负盈亏。

阿里巴巴融资历程（一）

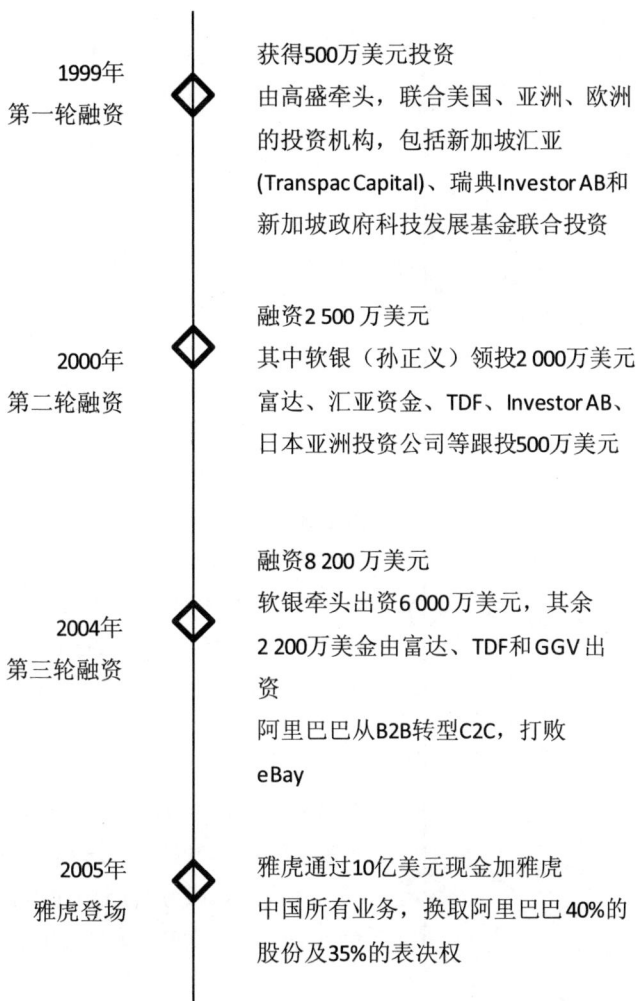

1999年
第一轮融资

获得500万美元投资
由高盛牵头，联合美国、亚洲、欧洲
的投资机构，包括新加坡汇亚
(Transpac Capital)、瑞典 Investor AB 和
新加坡政府科技发展基金联合投资

2000年
第二轮融资

融资2 500 万美元
其中软银（孙正义）领投2 000万美元
富达、汇亚资金、TDF、Investor AB、
日本亚洲投资公司等跟投500万美元

2004年
第三轮融资

融资8 200 万美元
软银牵头出资6 000万美元，其余
2 200万美金由富达、TDF和GGV出
资
阿里巴巴从B2B转型C2C，打败
eBay

2005年
雅虎登场

雅虎通过10亿美元现金加雅虎
中国所有业务，换取阿里巴巴40%的
股份及35%的表决权

阿里巴巴融资历程（二）

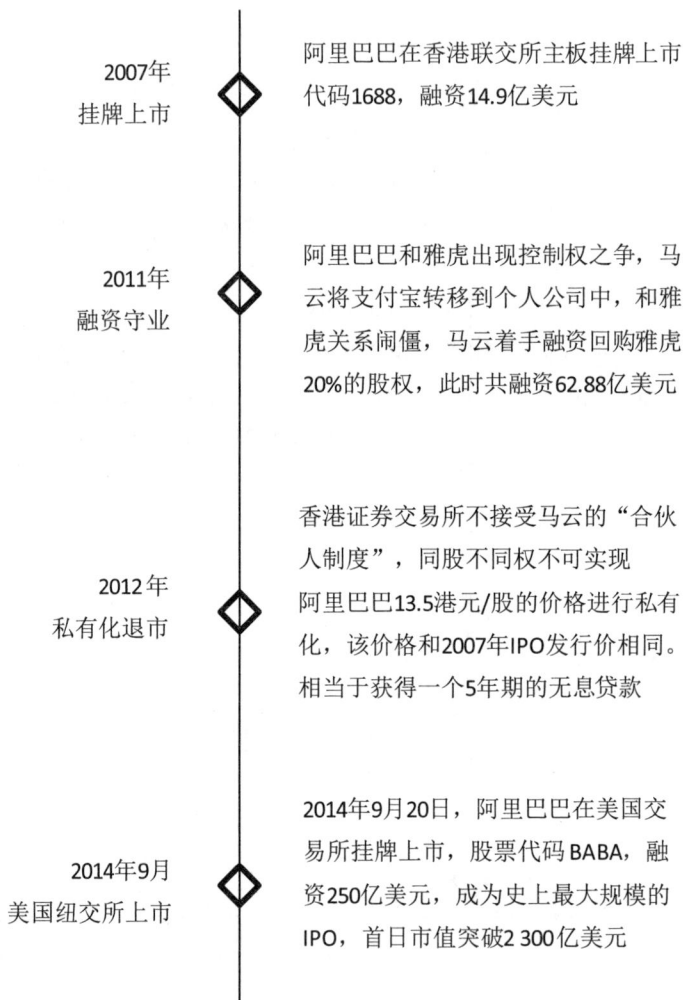

2007年
挂牌上市

阿里巴巴在香港联交所主板挂牌上市代码1688，融资14.9亿美元

2011年
融资守业

阿里巴巴和雅虎出现控制权之争，马云将支付宝转移到个人公司中，和雅虎关系闹僵，马云着手融资回购雅虎20%的股权，此时共融资62.88亿美元

2012年
私有化退市

香港证券交易所不接受马云的"合伙人制度"，同股不同权不可实现
阿里巴巴13.5港元/股的价格进行私有化，该价格和2007年IPO发行价相同。相当于获得一个5年期的无息贷款

2014年9月
美国纽交所上市

2014年9月20日，阿里巴巴在美国交易所挂牌上市，股票代码BABA，融资250亿美元，成为史上最大规模的IPO，首日市值突破2 300亿美元

阿里巴巴集团上市公司架构

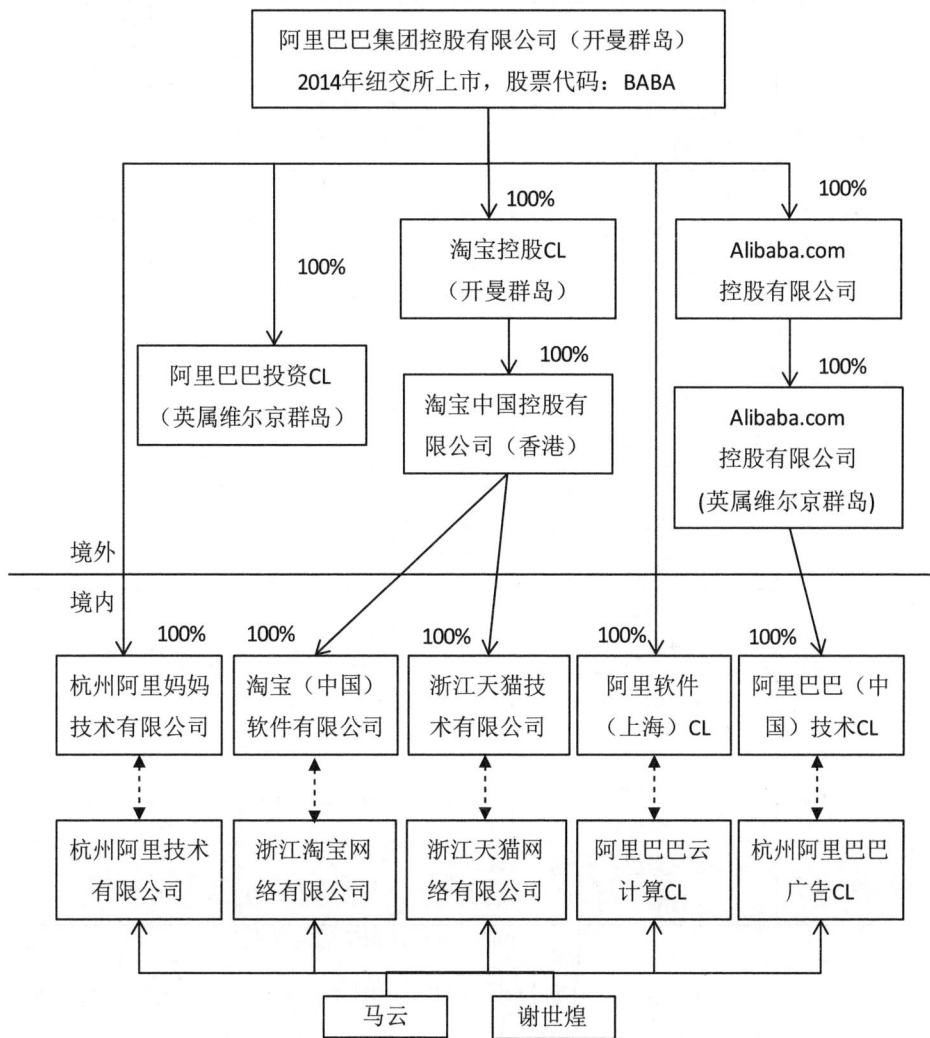

```
┌─────────────────────────────────────────┐
│      阿里巴巴集团控股有限公司（开曼群岛）        │
│   2014年纽交所上市，股票代码：BABA           │
└─────────────────────────────────────────┘
```

阿里巴巴集团控股有限公司（开曼群岛）2014年纽交所上市，股票代码：BABA

100%
淘宝控股CL（开曼群岛）

100%
Alibaba.com 控股有限公司

100%
阿里巴巴投资CL（英属维尔京群岛）

100%
淘宝中国控股有限公司（香港）

100%
Alibaba.com 控股有限公司 (英属维尔京群岛)

境外
境内

100% 杭州阿里妈妈技术有限公司
100% 淘宝（中国）软件有限公司
100% 浙江天猫技术有限公司
100% 阿里软件（上海）CL
100% 阿里巴巴（中国）技术CL

杭州阿里技术有限公司
浙江淘宝网络有限公司
浙江天猫网络有限公司
阿里巴巴云计算CL
杭州阿里巴巴广告CL

马云   谢世煌

（注：CL——有限公司缩写　　⟶　股权关系　　⟨----⟩　架构协议）

上市关联公司简要信息列表

成立时间	公司名称	法人代表	注册资本	分支机构数量	对外投资公司数量
2007/12/6	杭州阿里妈妈网络技术有限公司	朱顺炎	50万美元	1	3
2004/12/7	淘宝（中国）软件有限公司	张勇	37 500万美元	5	11
2010/10/25	浙江天猫技术有限公司	张勇	4 900万美元	—	18
2007/4/2	阿里软件（上海）有限公司	马云	800万美元	1	—
1999/9/9	阿里巴巴（中国）网络技术有限公司	戴珊	59 690万美元	75	70
2014/8/25	杭州阿里妈妈软件服务有限公司	张勇	200万元	—	—
2003/9/4	浙江淘宝网络有限公司	张勇	6 500万元	—	6
2011/3/28	浙江天猫网络有限公司	张勇	1 000万元	—	1
2008/4/8	阿里巴巴云计算有限公司	胡晓明	100 000万元	8	3
2006/12/7	杭州阿里巴巴广告有限公司	戴珊	1 000万元	—	2

　　阿里巴巴1999年成立，因此阿里巴巴（中国）网络技术有限公司是马云先生成立的第一家公司，同时上市关联公司中对外投资最多的公司。

　　阿里巴巴于2004年成立淘宝公司，于2010年从淘宝中剥离出优质资源成立天猫公司，开启了双十一的狂欢节日。2007年成立阿里妈妈公司，建立以数据驱动的全网营销解决方案。2008年成立云计算中心，为阿里巴巴集团提供云计算与大数据相关服务。

阿里巴巴集团控制权安排

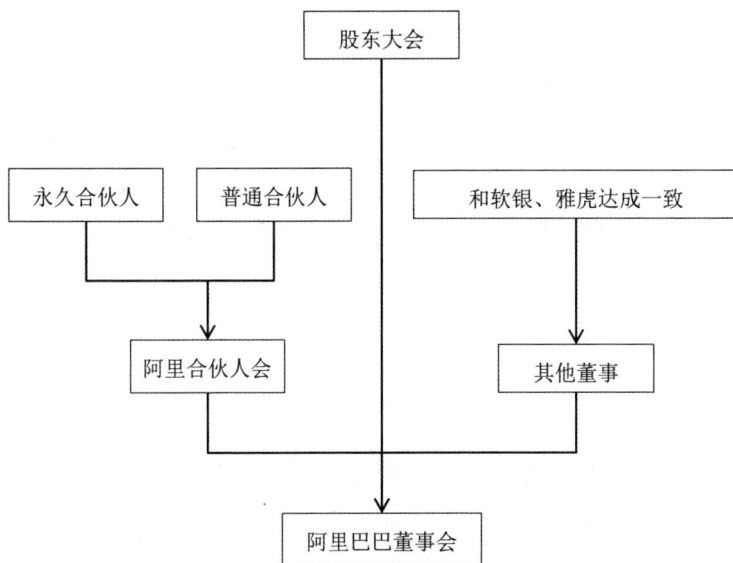

```
                        ┌──────────┐
                        │  股东大会  │
                        └──────────┘
                              │
  ┌─────────┐ ┌─────────┐  ┌──────────────────┐
  │ 永久合伙人 │ │ 普通合伙人 │  │ 和软银、雅虎达成一致 │
  └─────────┘ └─────────┘  └──────────────────┘
       │           │               │
       └───────────┤               │
                   ▼               ▼
            ┌────────────┐   ┌──────────┐
            │ 阿里合伙人会  │   │  其他董事  │
            └────────────┘   └──────────┘
                   │               │
                   └───────┬───────┘
                           ▼
                  ┌────────────────┐
                  │  阿里巴巴董事会   │
                  └────────────────┘
```

阿里没有采用 AB 股的形式，而是基于更长远的考虑，采用了独特的合伙人制度。阿里合伙人制度对公司的控制权做出了安排。

阿里合伙人会有一个特殊的权利：在董事会拥有提名过半董事的权利，如果提名的董事无法通过股东会表决，那么阿里合伙人有继续提名董事的权利，直到阿里提名的董事被股东大会通过，且阿里合伙人会提名的董事可以占有董事会过半的席位，从而保证了阿里合伙人会能够牢牢地掌控董事会。

百年传承机制

在日本和欧洲，企业的平均寿命是 12.5 年。40% 的公司不到 10 年便消失不见了，即便是大型公司，也很难维持 40 年以上。在美国，中小企业平均寿命不到 7 年，平均有 62% 的公司存活不到 5 年，寿命超过 20 年的公司只占公司总数的 10%，能存活 50 年以上的公司占比不到 2%。而中国中小企业平均寿命仅为 2.9 年，远远低于美国平均 7 年的寿命。

商业巨头也逃脱不了这种客观规律。20 世纪 70 年代的世界 500 强企业中，今天很多都已经陨落。要么被兼并，要么已经破产。接近 50% 的世界最大企业从原来的 500 强排名中退出。

进入 21 世纪，环境已经发生了很大的变化。这种变化一方面体现在不变的东西越来越少；另一方面表现在不变的时间越来越短。因此，环境变得越来越难以预测。20 世纪稳定和可预测的环境已经一去不复返，21 世纪的环境日趋变幻莫测。在变化成为常态的时代，只有企业自身也随着变化，才能适应外部环境的变化。所以企业在 21 世纪要习惯于变化。不习惯于变化，就会在激烈的竞争中被淘汰。

对于百年企业而言，什么是最重要的？我认为这个答案是"领导层的先进性、创新性、迭代性"。对于公司现阶段而言，公司的战略、商业模式、文化、市场营销、产品设计都是关键的要点。社会环境总是变化的，公司的关键要素也必须随之而变化，谁能够应对这些变化呢？有先进性、创新性、迭代性的领导层可以应对这些变化的问题。

创始人再将企业做大之后，在退休之际，有三个选择，第一是让自己的子女继承自己的位置，如李嘉诚让自己的长子李泽钜继续守护自己的商业帝国；第二个选择是让公司成为公众公司，通过上市的机制让公司延续；第三个选择是创造一种机制，这种机制能够挑选出优秀的团队，并让这个优秀的团队继续带领公司走得更远。

1990 年，上海证券交易所开业，至今三十多年，公司的机制及治理结构是否能够保证公司百年以上的发展，依然需要时间验证。但从资产并购、部分上市公司被强制退市情况来看，公众公司也同样无法保证 100% 企业的百年发展。

而第三种就是最佳的选择，设立一种机制。因而马云先生独创了合伙人机制，这个机制第二目的就是确保公司可以实现 102 年的持久发展。其中合伙人中分为"永久合伙人"和"湖畔合伙人"，认为"创始人不等于合伙人"，阿里巴巴的合伙人既是公司的运营者、业务的建设者、文化的传承者，同时又是公司股东。

这个合伙人机制有着严格的选拔、离任机制，从而确保了合伙人会成员的先进性、创新性和迭代性。无论环境是如何的变化，只要公司始终拥有最优秀的人才团队，那么这个团队就能够在商业环境中制胜。

"永久合伙人"就是指阿里巴巴基于合伙人的重大贡献，不受离职、退休的影响，不受合伙人委员除名限制，而设立的合伙人称号。当前阿里巴巴永久合伙人成员共两人——马云和蔡崇信。

而成为湖畔合伙人的条件为：

（1）人品无重大缺陷；

（2）在阿里工作满 5 年；

（3）对阿里的发展有积极贡献；

（4）高度认同阿里的使命、愿景和价值观，阿里企业文化传承者；

（5）考察期 1 年后需要获得合伙人委员会成员 75% 以上的票数通过。

这种合伙人机制，能够保证核心领导层的先进性、创新性和迭代性。把创始人继承的问题变成了合伙人会成员进退的问题，将一个大问题变成了一个可以解决的小问题。只要解决好合伙人会成员的利益、选拔、退出机制，那么就能解决公司领导层先进性、创新性和迭代性的问题，为百年机制打下了基础。

阿里巴巴集团对外投资情况

行业	投资公司
金 融	WeLend、蚂蚁金服、华泰证券
社 交	Tango、堆糖、来往
健 康	嘉和美康、Prenetics、阿里健康、史贝斯健身
共享经济	小鹏汽车、大搜车、快的打车、车来了、滴滴出行、神州优车、停简单
企业服务	石基信息、mariaDB、中国联通、龙图信息、Video++、数梦工场、Zstack、百胜软件、探迹科技、LEB 安全大师、万网、奥哲网络、探迹科技、钉钉
电 商	衣二三、壹玖壹玖、Tokopedia、Lazada Group、Paytm E-Commerce、魅力惠、如涵电商、赶街网、纽仕兰新云、小红书、宝宝树、好食期
新 零 售	企加云、大润发、东方股份、新华都、易果生鲜、联华超市、Bigbasket、银泰商业、丽人丽妆、24 季私享家、盒马生鲜、如涵服装、三禾服装、高鑫零售、居然之家、秉坤科技
互 联 网	虾米音乐、趣拍网、365 翻译、豌豆荚、分众传媒
物 流	菜鸟、百世物流、SingPost、快狗打车、日日顺物流、中通快递
硬 件	Lumus、WayRay、恒生电子、微鲸科技、乐鑫信息、中天微、中国铁塔
人工智能	商汤科技、Magic Leap、寒武纪、思必驰、魔点科技、叠境数字、先声互联、旷视科技
大数据 / 云服务	石基信息、华栖云、七牛云、阿里云、缔元信、驻云科技
文化娱乐	Nonolive世讯科技、TicketNEW、淘票票、大麦网、麦特文化、新片场、易传媒、SM 娱乐、新浪微博、简悦、华人文化
本地服务	饿了么、美味不用等、回收宝、Nestpick、大地影院、万达电影院线

3. 浙江蚂蚁小微金融服务集团股份有限公司

非上市公司，2019 年净利润预测约 180 亿元，营业收入及财报未公开披露。2019 年估值约 1 500 亿美元，在 2019 年《中国互联网企业 100 强》中排名第 5 位。

蚂蚁金服简介

蚂蚁金融服务集团（以下称"蚂蚁金服"）起步于 2004 年成立的支付宝。2013 年 3 月，支付宝的母公司宣布将以其为主体筹建小微金融服务集团（以下称"小微金服"），小微金融（筹）成为蚂蚁金服的前身。2014 年 10 月，蚂蚁金服正式成立。蚂蚁金服以"让信用等于财富"为愿景，致力于打造开放的生态系统，通过"互联网推进器计划"助力金融机构和合作伙伴加速迈向"互联网 +"，为小微企业和个人消费者提供普惠金融服务；依靠移动互联、大数据、云计算为基础，为中国践行普惠金融的重要实践。

蚂蚁金服旗下有支付宝、余额宝、招财宝、蚂蚁聚宝、网商银行、蚂蚁花呗、芝麻信用等子业务板块。

蚂蚁金服每天的支付笔数超过 8 000 万笔，其中移动支付的占比已经超过 50%，每天的移动支付笔数超过 4 500 万笔，移动端支付宝钱包的活跃用户数为 1.9 亿个。此外，围绕线下的消费与支付场景，支付宝钱包还推出"未来医院""未来商圈""未来出行"等计划，拓展不同应用场景。

蚂蚁金服致力于"为世界带来微小而美好的改变"。

蚂蚁金服集团的六个价值观对于我们如何经营业务、招揽人才、考核员工以及决定员工报酬扮演着重要的角色，该六个价值观如下。

客户第一：客户是衣食父母

团队合作：共享共担，非凡人平常心做非凡事

拥抱变化：迎接变化，勇于创新

诚信：诚实正直，言行坦荡

激情：乐观向上，永不言弃

敬业：专业执着，精益求精

蚂蚁金服融资历程

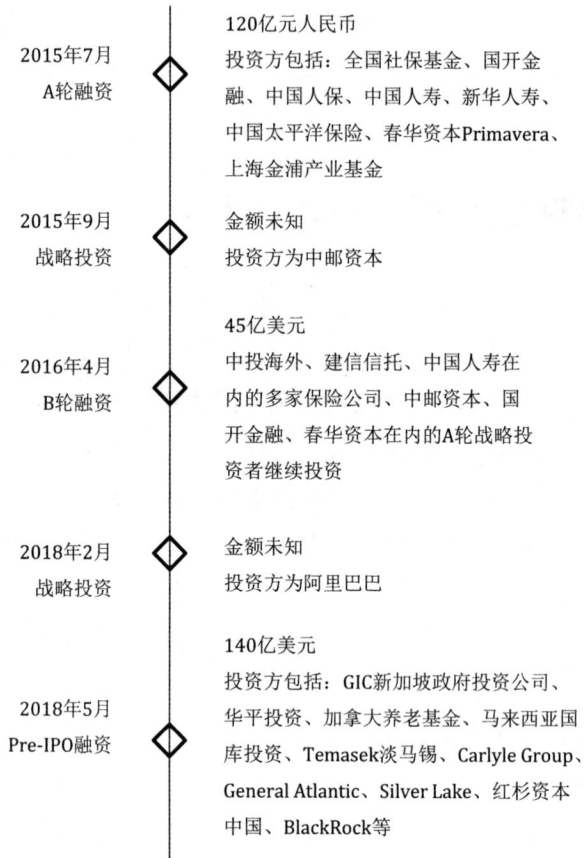

2015年7月
A轮融资

120亿元人民币
投资方包括：全国社保基金、国开金融、中国人保、中国人寿、新华人寿、中国太平洋保险、春华资本Primavera、上海金浦产业基金

2015年9月
战略投资

金额未知
投资方为中邮资本

2016年4月
B轮融资

45亿美元
中投海外、建信信托、中国人寿在内的多家保险公司、中邮资本、国开金融、春华资本在内的A轮战略投资者继续投资

2018年2月
战略投资

金额未知
投资方为阿里巴巴

2018年5月
Pre-IPO融资

140亿美元
投资方包括：GIC新加坡政府投资公司、华平投资、加拿大养老基金、马来西亚国库投资、Temasek淡马锡、Carlyle Group、General Atlantic、Silver Lake、红杉资本中国、BlackRock等

蚂蚁金服公司股权架构图

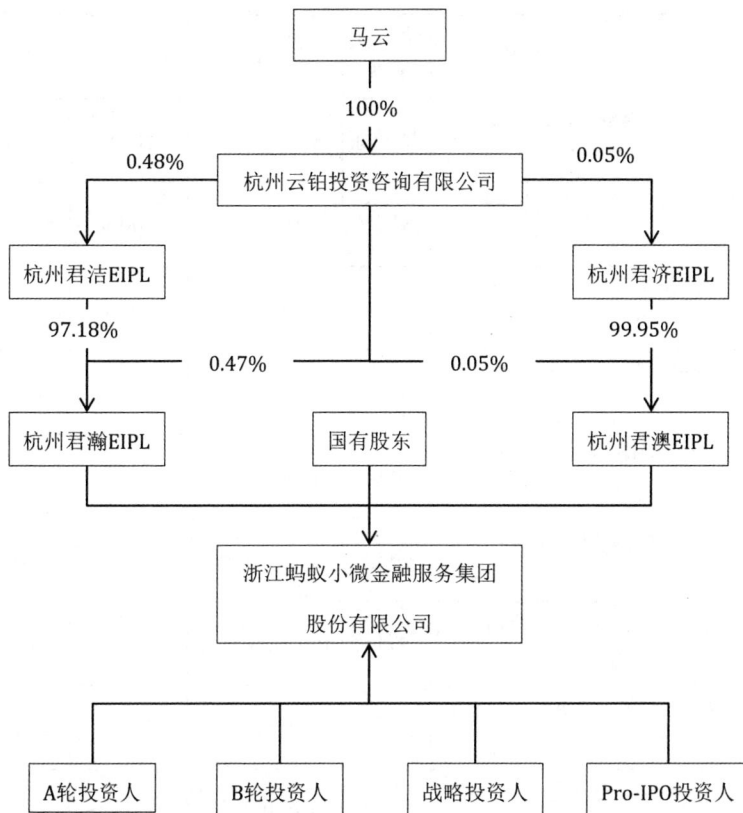

```
                        ┌──────────────┐
                        │     马云      │
                        └──────────────┘
                              │100%
                              ▼
         0.48%      ┌──────────────────────────┐      0.05%
    ┌───────────────│  杭州云铂投资咨询有限公司  │───────────────┐
    │               └──────────────────────────┘               │
    ▼                                                           ▼
┌──────────────┐                                       ┌──────────────┐
│ 杭州君洁EIPL  │                                       │ 杭州君济EIPL  │
└──────────────┘                                       └──────────────┘
    │97.18%              0.47%        0.05%                 │99.95%
    │         ┌──────────────┐   ┌──────────────┐          │
    ▼         ▼              ▼   ▼              ▼           ▼
┌──────────────┐        ┌──────────────┐        ┌──────────────┐
│ 杭州君瀚EIPL  │        │   国有股东    │        │ 杭州君澳EIPL  │
└──────────────┘        └──────────────┘        └──────────────┘
    │                          │                       │
    └──────────────────────────┼───────────────────────┘
                               ▼
                  ┌──────────────────────────┐
                  │  浙江蚂蚁小微金融服务集团  │
                  │       股份有限公司        │
                  └──────────────────────────┘
                               ▲
        ┌──────────────┬───────┴───────┬──────────────┐
        │              │               │              │
┌──────────────┐┌──────────────┐┌──────────────┐┌──────────────┐
│  A轮投资人   ││  B轮投资人   ││  战略投资人   ││ Pro-IPO投资人 │
└──────────────┘└──────────────┘└──────────────┘└──────────────┘
```

注：EIPL——股权投资合伙企业（有限合伙） PL——合伙企业（有限合伙）

杭州云铂 CL 是马云的个人独资公司，并成立了 4 个持股平台（有限合伙企业），并用云铂 CL 充当 4 家有限合伙企业的 GP，从而实现了对蚂蚁金服的掌控。

蚂蚁金服持股公司（部分）

序号	被投资企业名称	法定代表人	注册资本	出资比例	成立日期
1	杭州蚂蚁未来科技有限公司	井贤栋	5 100 万元	100%	2017/12/13
2	杭州灵芝信用管理有限公司	井贤栋	3 000 万元	100%	2017/11/20
3	蚂蚁会员（北京）网络技术服务有限公司	彭翼捷	100 万元	100%	2017/10/25
4	蚂蚁保保险代理有限公司	尹铭	5 000 万元	100%	2016/9/22
5	杭州蚂蚁金服信息技术有限公司	俞峰	1 000 万元	100%	2016/7/7
6	上海蚂蚁韵保保险代理有限公司	尹铭	5 000 万元	100%	2016/3/25
7	浙江网商银行股份有限公司	井贤栋	400 000 万元	30%	2015/5/28
8	蚂蚁达客（上海）股权众筹服务有限公司	祖国明	10 000 万元	100%	2015/5/19
9	北京蚂蚁云金融信息服务有限公司	程立	3 000 万元	100%	2015/1/15
10	云涌产业共赢（北京）创业投资有限公司	井贤栋	10 000 万元	100%	2015/1/15
11	芝麻信用管理有限公司	井贤栋	5 000 万元	100%	2015/1/8
12	浙江互联网金融资产交易中心股份有限公司	彭政纲	5 667 万元	—	2014/12/24
13	集分宝南京企业管理有限公司	井贤栋	1 000 万元	100%	2014/8/13
14	上海云鑫创业投资有限公司	井贤栋	45 178 万元	100%	2014/2/11

续表

序号	被投资企业名称	法定代表人	注册资本	出资比例	成立日期
15	商融（上海）商业保理有限公司	彭翼捷	30 000 万元	100%	2014/1/27
16	上海云钜创业投资有限公司	井贤栋	1 457 075 万元	100%	2013/12/30
17	众安在线财产保险股份有限公司	欧亚平	146 981 万元	—	2013/10/9
18	重庆市蚂蚁小微小额贷款有限公司	俞胜法	800 000 万元	100%	2013/8/5
19	商诚融资担保有限公司	俞胜法	60 000 万元	100%	2012/9/27
20	重庆市蚂蚁商诚小额贷款有限公司	俞胜法	400 000 万元	100%	2011/6/1
21	天津金融资产交易所有限责任公司	袁雷鸣	4 357 万元	19.72%	2010/5/21
22	杭州蚂蚁未来投资咨询有限公司	韩歆毅	2 400 万元	100%	2009/8/5
23	国泰财产保险有限责任公司	赵颖	163 265 万元	51.00%	2008/8/28
24	蚂蚁（杭州）基金销售有限公司	陈柏青	15 562 万元	68.83%	2007/8/6
25	支付宝（中国）网络技术有限公司	彭蕾	150 000 万元	100%	2004/12/8
26	天弘基金管理有限公司	井贤栋	51 430 万元	51.00%	2004/11/8
27	浙江融信网络技术有限公司	井贤栋	518 161 万元	100%	2003/7/16
28	信美人寿相互保险社	杨帆	100 000 万元	34.50%	—

蚂蚁金服对外投资情况

行业	投资公司
金融	本身持有大部分金融牌照及资质：含支付、担保、保理、投资、理财、基金销售、基金管理、小额贷款、网商银行、保险、股权众筹、金融信息、资产交易等
金融	Bkash（孟加拉支付宝）、万通保险、中和农信 Telenor Microfinance Bank（巴基斯坦支付宝）、维金、浙商银行、筑成金融、趣店
金融周边	雪球、恒生电子、朝阳永续、信美相互
共享	哈啰出行、猩便利、立刻出行、探物、内啥网、蘑菇租房、永安行低碳、大搜车
环境	北京环境交易所、上海申通地铁、metro 大都会、花生地铁、小码联城
O2O	海鸟窝、Zomato、八爪鱼
健康	卫宁健康
硬件	Orbbec
To B	噼里啪（财税服务）、校宝在线（教育 Saas）、人力窝（HR Saas）、雅座（餐饮 Saas）
本地服务	禧云国际、明觉科技、Zomato、百胜集团
内容	19pay

蚂蚁金服团队组成

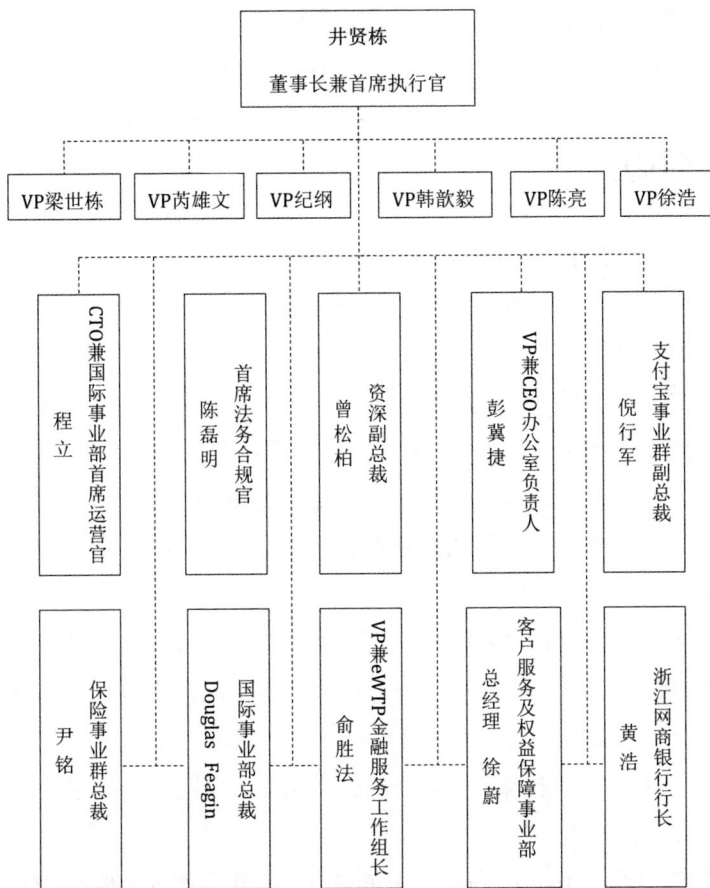

```
                    井贤栋
               董事长兼首席执行官
  ┌──────┬──────┬──────┬──────┬──────┬──────┐
VP梁世栋  VP芮雄文  VP纪纲   VP韩歆毅  VP陈亮  VP徐浩
```

CTO兼国际事业部首席运营官 程立	首席法务合规官 陈磊明	资深副总裁 曾松柏	VP兼CEO办公室负责人 彭冀捷	支付宝事业群副总裁 倪行军
保险事业群总裁 尹铭	国际事业部总裁 Douglas Feagin	VP兼eWTP金融服务工作组长 俞胜法	客户服务及权益保障事业部 总经理 徐蔚	浙江网商银行行长 黄浩

（注：VP——副总裁）

4. 腾讯控股股份有限公司

2018 年全年营业收入 3 126 亿元，利润 787 亿元。2019 年《财富》中国 500 强企业排名第 27 位，2019 年《财富》世界 500 强排名第 237 位。

腾讯控股简介

腾讯公司成立于 1998 年 11 月，由马化腾、张志东、许晨晔、陈一丹、曾李青五位创始人共同创立。是目前中国最大的互联网综合服务提供商之一，也是中国服务用户最多的互联网企业之一。

1999 年 2 月，腾讯公司即时通信服务（OICQ）开通，与无线寻呼、GSM 短消息、IP 电话网互联。标志着 QQ 正式诞生。

2003 年 9 月 9 日，在北京嘉里中心隆重宣布推出企业级实时通信产品"腾讯通"（RTX），标志着腾讯公司进军企业市场，作为中国第一家企业实时通信服务商。

2004 年 6 月 16 日，腾讯控股在香港联合交易所主板正式挂牌，股份代号 00700。是第一家在香港主板上市的中国互联网企业。是香港恒生指数成分股之一，董事会主席兼首席执行官是马化腾。

2016 年 8 月，腾讯控股有限公司在"2016 中国企业 500 强"中排名第 140 位。

2017 年 2 月，Brand Finance 发布 2017 年度全球 500 强品牌榜单，腾讯排名第 47。

2018 年 3 月 7 日，腾讯和联发科共同成立创新实验室，围绕手机游戏及其他互娱产品的开发与优化达成战略合作，共同探索 AI 在终端侧的应用。

2018 年 6 月 20 日，世界品牌实验室（World Brand Lab）在北京发布了 2018 年《中国 500 最具价值品牌》分析报告。腾讯（4 028.45 亿元）居第二位。

2018 年 7 月 19 日，2018 年《财富》世界 500 强排行榜发布，腾讯公司位列 331 位。

腾讯公司核心理念如下。

愿景：最受尊敬的互联网企业

使命：通过互联网服务提升人类生活品质

管理理念：关心员工成长

经营理念：一切以用户价值为依归

价值观：正直＋进取＋合作＋创新

腾讯公司融资历程

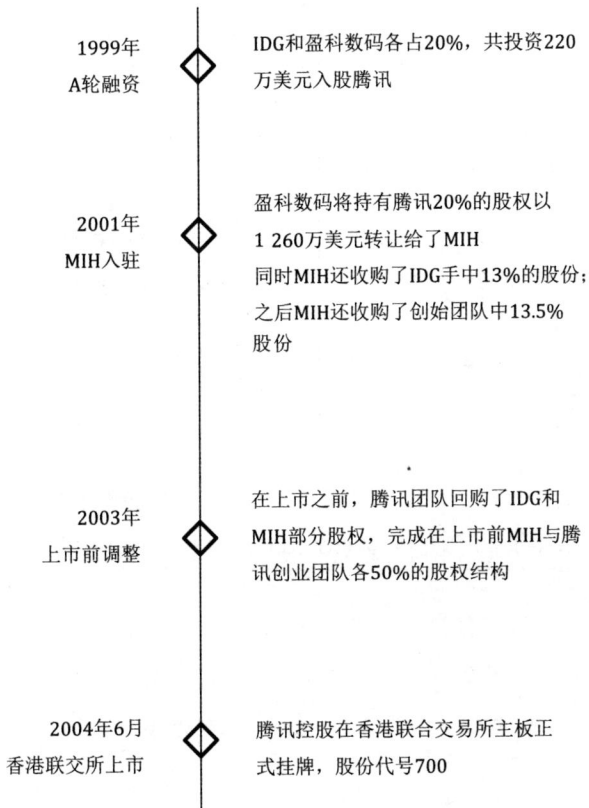

1999年 A轮融资	IDG和盈科数码各占20%，共投资220万美元入股腾讯
2001年 MIH入驻	盈科数码将持有腾讯20%的股权以1 260万美元转让给了MIH 同时MIH还收购了IDG手中13%的股份；之后MIH还收购了创始团队中13.5%股份
2003年 上市前调整	在上市之前，腾讯团队回购了IDG和MIH部分股权，完成在上市前MIH与腾讯创业团队各50%的股权结构
2004年6月 香港联交所上市	腾讯控股在香港联合交易所主板正式挂牌，股份代号700

腾讯控股上市公司架构

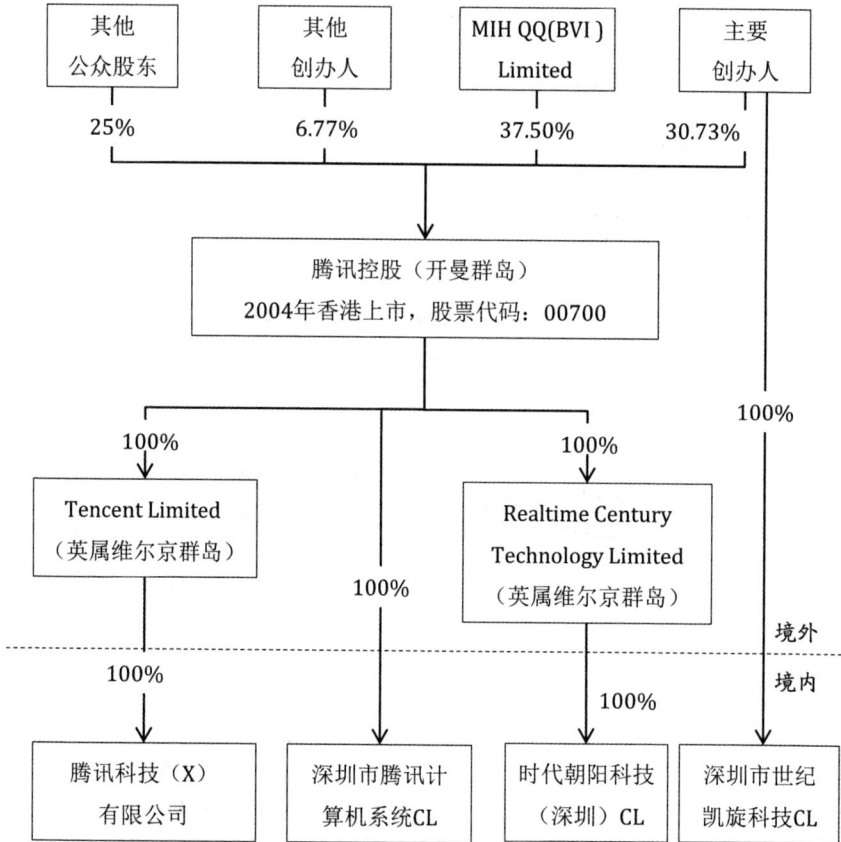

其他 公众股东	其他 创办人	MIH QQ(BVI) Limited	主要 创办人
25%	6.77%	37.50%	30.73%

腾讯控股（开曼群岛）
2004年香港上市，股票代码：00700

100%   100%   100%

Tencent Limited （英属维尔京群岛）		Realtime Century Technology Limited （英属维尔京群岛）

100%

境外
- -
境内

100%   100%   100%

腾讯科技（X） 有限公司	深圳市腾讯计 算机系统CL	时代朝阳科技 （深圳）CL	深圳市世纪 凯旋科技CL

（注：X——上海、深圳、成都、武汉；CL——有限公司；——▶：股权关系 ）

上市关联公司简要信息列表

成立时间	公司名称	法人代表	注册资本	分支机构数量	对外投资公司数量
1998/11/11	深圳市腾讯计算机系统有限公司	马化腾	6 500 万元	13	53
2000/2/24	腾讯科技（深圳）有限公司	马化腾	200 万美元	4	15
2008/7/23	腾讯科技（上海）有限公司	奚丹	500 万美元	—	4
2011/11/18	腾讯科技（武汉）有限公司	沈丹	3 000 万美元	—	—
2008/7/10	腾讯科技（成都）有限公司	奚丹	6 000 万美元	—	1
2004/2/8	时代朝阳科技（深圳）有限公司	马化腾	50 万美元	—	—
2004/1/13	深圳市世纪凯旋科技有限公司	马化腾	1 100 万元	3	31

　　马化腾先生最早在 1998 年成立了腾讯计算机系统有限公司，次年就诞生了 QQ；并在 2000 年成立的腾讯科技（深圳），2004 年成立了时代朝阳科技和世纪凯旋科技两家公司，后期分别在武汉、成都、上海成立了腾讯科技。

　　MIH 自持有腾讯股权之后，对腾讯及马化腾创业团队非常信任，对腾讯给予了足够的放权，并未干涉腾讯的具体事务及战略。腾讯对早期的 VC 也表示非常感谢。MIH 自腾讯上市后，没有卖出过一张股票，说明 MIH 对腾讯及腾讯的未来依旧非常看好。MIH 是最大的赢家，而错失投资腾讯机会各方资本，在谈到腾讯的时候无不心痛。

腾讯控股持股公司（部分）

序号	被投资企业名称	被投资法定代表人	注册资本	出资比例	成立日期
1	腾讯云科技有限公司	谢兰芳	5 000 万元	100%	2018/1/24
2	河北雄安新区腾讯计算机系统有限公司	沈丹	2 000 万元	90.00%	2017/9/26
3	腾讯医疗健康（深圳）有限公司	陈广域	500 万元	100%	2016/12/15
4	深圳市腾讯动漫有限公司	邹正宇	1 000 万元	100%	2016/9/19
5	武汉鲨鱼网络直播技术有限公司	赵国臣	111 万元	51.72%	2016/4/7
6	腾讯征信有限公司	马化腾	5 000 万元	95.00%	2015/3/17
7	上海腾讯影业文化传播有限公司	程武	1 000 万元	95.00%	2015/2/5
8	上海腾讯企鹅影视文化传播有限公司	孙忠怀	1 000 万元	95.00%	2015/2/5
9	深圳市腾讯创业基地发展有限公司	林松涛	5 000 万元	95.00%	2015/1/29
10	深圳市财付通网络金融小额贷款有限公司	马化腾	30 000 万元	95.00%	2013/10/28
11	众安在线财产保险股份有限公司	欧亚平	146 981 万元	—	2013/10/9
12	未来电视有限公司	李鸣	20 000 万元	19.90%	2011/12/2
13	星创互联（北京）科技有限公司	李波	50 万元	37.22%	2011/5/26
14	无锡买卖宝信息技术有限公司	张小玮	3 996 万元	—	2010/5/31

续表

序号	被投资企业名称	被投资法定代表人	注册资本	出资比例	成立日期
15	广州市擎天柱网络科技有限公司	魏坤松	3 186 万元	54.51%	2010/4/14
16	财付通支付科技有限公司	马化腾	100 000 万元	95.00%	2006/8/25
17	北京搜狗信息服务有限公司	周毅	2 000 万元	45.00%	2005/12/28
18	华谊兄弟传媒股份有限公司	王忠军	277 450 万元	7.94%	2004/11/19
19	腾讯征信有限公司	马化腾	5 000 万元	5.00%	2015/3/17
20	上海腾讯企鹅影视文化传播有限公司	孙忠怀	1 000 万元	5.00%	2015/2/5
21	北京有个节目文化传播有限公司	孙忠怀	7 万元	100%	2015/1/19
22	深圳市腾讯视频文化传播有限公司	孙忠怀	16 000 万元	—	2014/8/11
23	深圳市企鹅金融科技有限公司	唐毅斌	4 000 万元	71.00%	2014/6/4
24	深圳市财付通网络金融小额贷款有限公司	马化腾	30 000 万元	5.00%	2013/10/28
25	腾讯云计算（北京）有限责任公司	谢兰芳	14 250 万元	80.00%	2010/10/21
26	深圳市腾讯商业管理有限公司	金国权	1 000 万元	5.00%	2009/12/24
27	新丽传媒股份有限公司	曹华益	16 500 万元	—	2007/2/7
28	财付通支付科技有限公司	马化腾	100 000 万元	5.00%	2006/8/25

腾讯控股对外投资情况

行业	投资公司
金融	腾讯公司持有大部分金融牌照或资质，含银行、支付、小贷、保险、理财、基金等
金融	比特大陆、北京比特大陆、蚂蚁矿池、会分期、Airwallex、N26、iPayLinks、灿谷集团、NewsDog、中金公司、金证财富、联易融
文化娱乐视频、内容	猫饼、喜马拉雅、快手、肆客足球、小题影视、NewsDog、太阳猫TV、罐头视频、梨视频、多知网、门牙、壹心娱乐、哇唧唧哇、酷匠网、趣头条、有狐文化、新丽传媒、柠萌影业、斗鱼直播、虎牙直播、Gaana、幕星社、双羯影业、艺画开天、铁鳞社、灵龙文化、美丽阅读、十字星、猫眼电影、耀客传媒、稻来传媒、Wattpad、糖人动漫、徒子文化、丛潇动漫、芝士视频
游戏	Dream11、小象互娱、VSPN、木七七网络、颂歌网络、Kakao Games、盛大游戏、Skydance Media
大数据	互道、明略数据
人工智能	SoundHound、优必选、燧原科技、晶泰科技、云来
企业服务	东华软件、长亮科技、销售易、凌晨网络科技、SEE小电铺
O2O	易酒批、每日优鲜、科拓股份
电商	小红书、多抓鱼、惠下单、拼多多、微见、Camelia山茶花、万达商业、优必选、唯品会、大家车言论
教育	考虫、宝宝玩英语、洋葱数学、VIP陪练、面包小课
健康	Keep、恒好科技、妙手医生、医联、懒熊体育、体素科技
硬件	步步高集团、新乐视智家、工匠社、乐聚机器人
互联网	美团点评、织梦者、安畅网络、美行科技、好衣库、瓜子二手车、美团点评
本地服务	途虎养车网、永辉云创、海澜集团、每日优鲜便利购
出行汽车物流	人人车、运满满、Go-Jek、京东物流、蔚来汽车、Ola、Go-Jek

5. 今日头条 | 字节跳动有限公司

非上市公司，2019 年全年营业收入约 1 400 亿元，净利润未对外披露，2019 年估值约 750 亿美元。如果入选《财富》中国 500 强，可排名第 68 位，在 2019 年《中国互联网企业 100 强》中排名第 8 位。

今日头条公司简介

今日头条是北京字节跳动科技有限公司开发的一款基于数据挖掘的推荐引擎产品，为用户推荐信息，提供连接人与信息的服务的产品。由张一鸣于 2012 年 3 月创建，2012 年 8 月发布第一个版本。该公司推出了基于数据挖掘的推荐引擎产品"今日头条"和内涵段子、火山小视频、抖音、悟空问答等产品。

今日头条可以基于个性化推荐引擎技术，根据每个用户的兴趣、位置等多个维度进行个性化推荐，推荐内容不仅包括狭义上的新闻，还包括音乐、电影、游戏、购物等资讯。根据其社交行为、阅读行为、地理位置、职业、年龄等挖掘出兴趣。通过社交行为分析，5 秒计算出用户兴趣；通过用户行为分析，用户每次动作后，10 秒内更新用户模型。对每条信息提取几十个到几百个高维特征，并进行降维、相似计算、聚类等计算去除重复信息。

对信息进行机器分类、摘要抽取，LDA 主题分析、信息质量识别等处理。根据人的特征、环境特征、文章特征三者的匹配程度进行推荐；实时推荐，在 0.1 秒内计算推荐结果，3 秒完成文章提取、挖掘、消重、分类，5 秒计算出新用户兴趣分配，10 秒内更新用户模型；根据用户所在城市，自动识别本地新闻，精准推荐给当地居民；可根据用户年龄、性别、职业等特征，自动计算并推荐其感兴趣的资讯。

今日头条融资历程

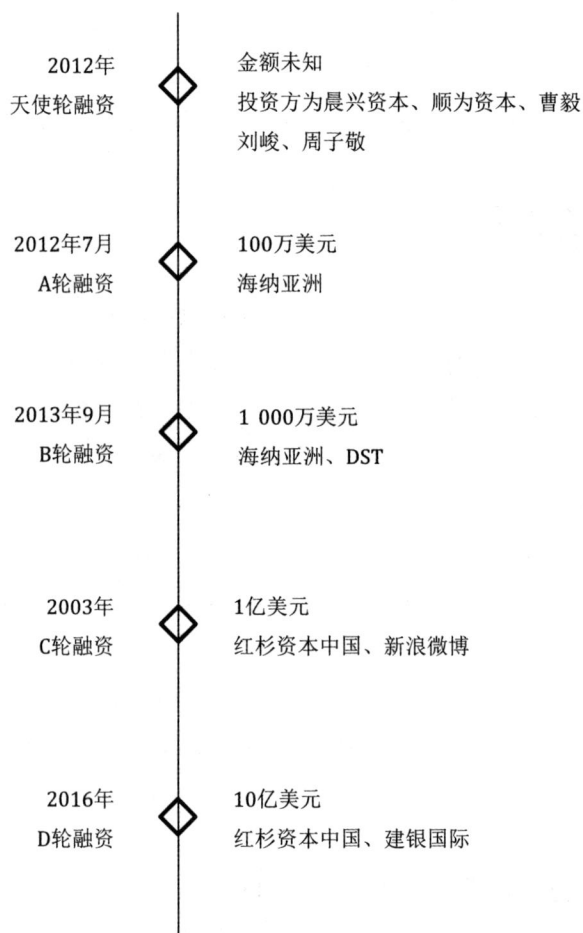

2012年
天使轮融资

金额未知
投资方为晨兴资本、顺为资本、曹毅
刘峻、周子敬

2012年7月
A轮融资

100万美元
海纳亚洲

2013年9月
B轮融资

1 000万美元
海纳亚洲、DST

2003年
C轮融资

1亿美元
红杉资本中国、新浪微博

2016年
D轮融资

10亿美元
红杉资本中国、建银国际

今日头条公司股权架构

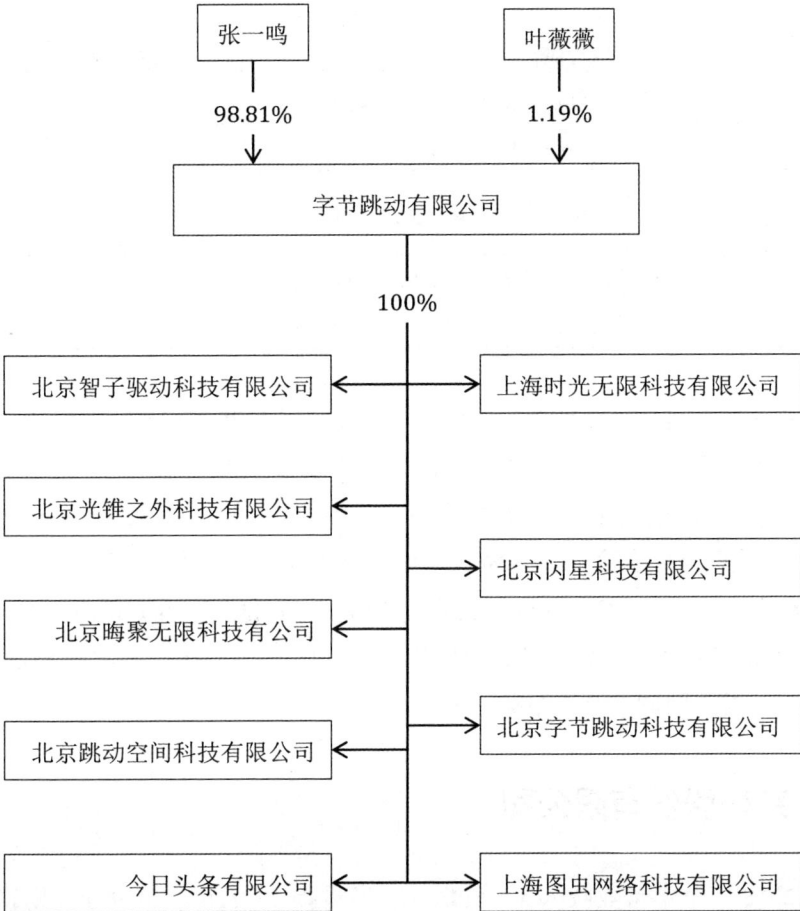

```
         张一鸣                    叶薇薇
           │                        │
        98.81%                    1.19%
           │                        │
      ┌────┴────────────────────────┴────┐
      │        字节跳动有限公司            │
      └───────────────┬───────────────────┘
                    100%
                      │
 ┌──────────────────┐ │ ┌──────────────────┐
 │北京智子驱动科技有限公司│◄─┼─►│上海时光无限科技有限公司│
 └──────────────────┘ │ └──────────────────┘
 ┌──────────────────┐ │
 │北京光锥之外科技有限公司│◄─┤
 └──────────────────┘ │ ┌──────────────────┐
                      ├─►│北京闪星科技有限公司  │
 ┌──────────────────┐ │ └──────────────────┘
 │北京晦聚无限科技有公司 │◄─┤
 └──────────────────┘ │ ┌──────────────────┐
 ┌──────────────────┐ ├─►│北京字节跳动科技有限公司│
 │北京跳动空间科技有限公司│◄─┤ └──────────────────┘
 └──────────────────┘ │
 ┌──────────────────┐ │ ┌──────────────────┐
 │  今日头条有限公司   │◄─┼─►│上海图虫网络科技有限公司│
 └──────────────────┘   └──────────────────┘
```

字节跳动有限公司下有 9 家全资子公司，全部为字节跳动有限公司 100% 持股。

今日头条对外投资情况

行业	投资公司
内容	声影动漫、半次元、Musical.ly、News Republic、DailyHunt、快看漫画、东方 IC、餐饮老板内参
视频	Live.me、Flipagram
内容视频衍生软硬技术	Faceu、维境视讯、机器之心
教育	Minerva、学霸君、晓羊教育、一起作业
工具	朝夕日历、石墨文档、Tower

据不完全统计，今日头条已经投资或并购超过 20 家公司，主要投资围绕内容和视频及衍生的软硬件技术。其中 live.me 为猎豹移动旗下的直播应用，Flipagram 为美国移动短视频公司。全资收购了估值 10 亿的 Musical.ly，之后将于将与抖音合并。斥资 8 660 万美元收购猎豹移动旗下新闻平台 News Republic；斥资 1 900 万美元加码印度内容聚合平台 Dailyhunt。

今日头条对教育和工具也有所投资，其中石墨文档和 Tower 都是 To B 产品，都为协同办公类服务。

6. 京东股份有限公司

2018 年全年营业收入 4 620 亿元，净亏损 24 亿元。2019 年《财富》中国 500 强企业排名第 17 位，2019 年《财富》世界 500 强排名第 139 位。

京东公司简介

京东 JD.COM 专业综合网上购物商城，销售超数万品牌，4 020 万种商品，囊括家电、手机、电脑、服装、居家、母婴、美妆、个护、食品、旅游等 13 个品类。京东 PLUS 会员，免费体验 30 天！京东秉承客户为先，

100％正品行货保障，提供全国联保，机打发票，专业配送，售后服务！

京东（股票代码：JD），中国自营式电商企业，创始人刘强东担任京东集团董事局主席兼首席执行官。旗下设有京东商城、京东金融、拍拍网、京东智能、O2O 及海外事业部等。2013 年正式获得虚拟运营商牌照。2014 年 5 月在美国纳斯达克证券交易所正式挂牌上市。2016 年 6 月与沃尔玛达成深度战略合作，1 号店并入京东。

1998 年 6 月 18 日，刘强东先生在中关村创业，成立京东公司。

2013 年 4 月 23 日，京东宣布注册用户正式突破 1 亿。

2013 年 7 月 30 日，京东 CEO 刘强东表示，京东已经成立了金融集团，除了针对自营平台的供应商，未来还会扩大到 POP 开放平台。

2014 年 5 月，京东集团在美国纳斯达克证券交易所正式挂牌上市。2015 年 7 月，京东凭借高成长性入选纳斯达克 100 指数和纳斯达克 100 平均加权指数。

2014 年，京东市场交易额达到 2 602 亿元，净收入达到 1 150 亿元。

2017 年 4 月 25 日，京东集团宣布正式组建京东物流子集团。2017 年 8 月 3 日，2017 年"中国互联网企业 100 强"榜单发布，京东排名第 4 位。

企业使命：科技引领生活

愿景：成为全球最值得信赖的企业

核心价值观：一体两翼"T"型文化价值观——正道成功、客户为先、只做第一。

"多"，为用户提供一站式综合购物平台。

"快"，自建物流实现极速配送服务。

"好"，坚持正品行货保证商品品质。

"省"，依靠低成本和高效率实现天天低价。

京东公司融资历程

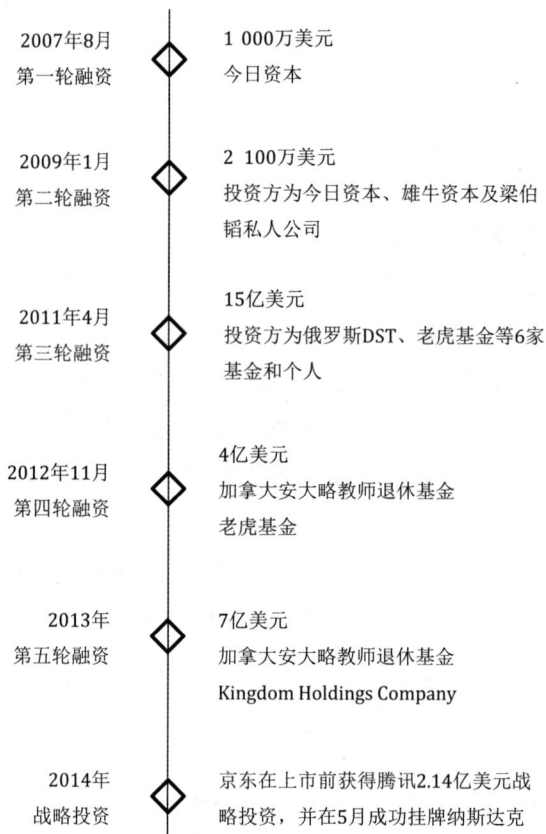

2007年8月 第一轮融资	1 000万美元 今日资本
2009年1月 第二轮融资	2 100万美元 投资方为今日资本、雄牛资本及梁伯韬私人公司
2011年4月 第三轮融资	15亿美元 投资方为俄罗斯DST、老虎基金等6家基金和个人
2012年11月 第四轮融资	4亿美元 加拿大安大略教师退休基金 老虎基金
2013年 第五轮融资	7亿美元 加拿大安大略教师退休基金 Kingdom Holdings Company
2014年 战略投资	京东在上市前获得腾讯2.14亿美元战略投资，并在5月成功挂牌纳斯达克

京东上市公司架构图

```
          ┌──────────────────────────────────────┐
          │      JD.com. Inc（开曼群岛）          │
          │  2014年纳斯达克上市，股票代码：JD     │
          └──────────────────────────────────────┘
   100%│                100%│                    │
      ▼                    ▼                    │
┌──────────────┐  ┌──────────────────────┐     │
│ 京东科技集团CL│  │ 京东电子商务（贸易）HCL│     │
└──────────────┘  └──────────────────────┘     │100%
  100%│     100%│           │100%              ▼
      ▼         ▼           │          ┌──────────────┐
┌──────────┐┌──────────┐    │          │京东香港国际CL │
│京东物流集 ││京东速递集 │    │          └──────────────┘
│团CL（开曼 ││团CL（开曼 │    │                │100%
│群岛）    ││群岛）    │    │                │
└──────────┘└──────────┘    │                │
  100%│       100%│         │                │
      ▼           ▼         │                │
┌──────────┐┌──────────┐    │                │
│京东电子商 ││京东电子商 │    │                │100%
│务（物流）││务（速递）│    │                │
│香港CL    ││香港CL    │    │                │
└──────────┘└──────────┘────────────────────境外
  100%│       100%│         │                境内
      ▼           ▼         ▼                ▼
┌──────────┐      │   ┌──────────┐   ┌──────────┐
│天津star   │      │   │上海晟达元 │   │北京京东   │
│East CL    │      │   │信息技术CL │   │世纪贸易CL │
└──────────┘      │   └──────────┘   └──────────┘
                  ▼        ▲               ▲
           ┌──────────┐    ┆               ┆
           │北京京邦达 │    ┆               ┆
           │贸易CL     │    ┆               ┆
           └──────────┘    ▼               ▼
                    ┌──────────┐   ┌──────────┐
                    │北京京东叁 │   │江苏圆周电 │
                    │佰陆拾度电 │   │子商务CL   │
                    │子商务CL   │   └──────────┘
                    └──────────┘
```

（注：HCL──香港有限公司；────▶ 股权关系；◀--▶ 架构协议 ）

139

上市关联公司简要信息列表

成立时间	公司名称	法人代表	注册资本	分支机构数量	对外投资公司数量
2012/8/14	北京京邦达贸易有限公司	张雾	100 000 万元	1042	63
2011/4/2	上海晟达元信息技术有限公司	张雾	5 000 万美元	1	2
2007/4/20	北京京东世纪贸易有限公司	刘强东	139 798 万美元	10	66
2007/4/4	北京京东叁佰陆拾度电子商务有限公司	刘强东	92 000 万元	6	15
2010/9/26	江苏圆周电子商务有限公司	张雾	2 200 万元	6	5

　　刘强东 1996 年走出人民大学校园。1998 年刘强东在北京中关村创办了京东公司，当时定位为传统渠道商，主要代理销售光磁产品，并在两年内成为全国最具影响力的光磁产品代理商。

　　2004 年京东公司拟在线下 IT 连锁店发展到数十家之后，刘强东开始探索线上线下销售相结合的商业模式，并创办了"京东多媒体网"。2005 年，刘强东决定关闭零售店面，转型为专业电子商务公司，也就是今天京东商城的原型。

　　自 2004 年到 2018 年以来，京东商城的销售体量增长了 1 万多倍，这离不开其烧钱的商业模式：依靠大规模融资、花巨资自建物流、大力扩张品类、大打"价格战"。因此也超越了比自己更加强大的竞争对手，如国美、苏宁、当当等。

　　2012 年 9 月，刘强东成立京东金融，现有股东 31 人，刘强东为最大股东，持股 16.67%。2018 年 2 月，刘强东成立京东云计算有限公司，持股 45%。在 2018 年 9 月，京东金融对外沟通渠道改名京东数科。2018 年 7 月，京东成立城市大数据研究院。

京东公司控制权安排

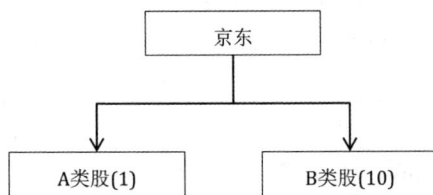

京东上市时，发行股票分为 A 类股票和 B 类股票，其中 B 类股票的表决权是 A 类股票的 10 倍，刘强东持有全部的 B 类股票，因此，其投票权合计为 83.70%，超过 2/3。在董事会层面，京东董事会另规定，如果董事会主席刘强东未出席的情况下，京东董事会无法召开。这些方式都确保了刘强东的控股地位。上市前后的股权及表决权比例如下。

（单位：百万元）

	上市前				上市后			
	普通股	占比	投票权	占比	A 类	B 类	合计	投票权
刘强东	463.35	18.80%	1 375	55.90%	9	556	566	83.7%
老虎基金	445.27	18.1%	445	18.1%	432		432	3.20%
黄河投资（腾讯）	351.68	14.30%	352	14.30%	490		490	3.70%
高瓴资本	318.96	13.00%	319	13.0%	309		309	2.30%
俄罗斯 DST	225.74	9.20%	226	9.20%	219		219	1.60%
今日资本	191.89	7.80%	192	7.80%	186		186	1.40%
红杉资本	39.82	1.60%	40	1.60%	40		40	0.30%

京东公司对外投资情况

行业	投资公司
金融	太平金融、安联财产保险、分期乐、提钱乐、桔子理财、网银在线
零售、电商	寺库、唯品会、万达商业、云来、淘当铺

续表

行业	投资公司
出行、汽车	Go-Jek、智行者、蔚来汽车
物流	达达 – 京东到家、通天晓、ShadowFax、工品汇、中国物流资产、福佑卡车
视频	一条视频
产品	Farfetch、沙米、穿衣助手
硬件	Townew 拓牛、雷鸟科技、新乐视智家、步步高集团、Misfit Wearables、有品 PICOOC、BroadLink
To B	甄云信息
本地服务	极客修、饿了么、途牛旅游网、到家美食会、今夜酒店特价
其他	中国联通、网易味央、易车网、七乐康、银隆新能源、Sleepace 享睡、ESR 易商红木

7. 小米集团股份有限公司

2018 年全年营业收入 1 749 亿元，利润 135 亿元。2019 年《财富》中国 500 强企业排名第 53 位，2019 年《财富》世界 500 强排名第 468 位。

小米集团简介

小米公司正式成立于 2010 年 4 月，是一家专注于高端智能手机、互联网电视以及智能家居生态链建设的创新型科技企业。

"让每个人都能享受科技的乐趣"是小米公司的愿景。小米公司应用了互联网开发模式开发产品的模式，用极客精神做产品，用互联网模式干掉中间环节，致力于让全球每个人，都能享用来自中国的优质科技产品。

小米公司自创办以来，保持了令世界惊讶的增长速度，小米公司在2012 年全年售出手机 719 万台，2013 年售出手机 1 870 万台，2014 年售出手机 6 112 万台，2018 年年售出手机突破 1 亿台。

小米公司在互联网电视机顶盒、互联网智能电视，以及家用智能路由器和智能家居产品等领域也颠覆了传统市场。截至 2016 年年底，小米公司旗下生态链企业已达 77 家，其中紫米科技的小米移动电源、华米科技的小米手环、智米科技的小米空气净化器、万魔声学的小米活塞耳机等产品均在短时间内迅速成为影响整个中国消费电子市场的明星产品。

2016 年 3 月 29 日，小米公司对小米生态链进行战略升级，推出全新品牌——MIJIA，中文名为"米家"。米家品牌名称取自小米智能家庭当中的"米"和"家"字，理念是"做生活中的艺术品"。小米生态链建设将秉承开放、不排他、非独家的合作策略，和业界合作伙伴一起推动智能生态链建设。

2018 年 2 月，《2018 年中国出海品牌 50 强报告》显示，小米在中国出海品牌中排名第四，仅次于联想、华为和阿里巴巴。

2018 年第一季度，小米在印度的市场份额已超过 30%，遥遥领先，成为第一名。目前，小米已进入 74 个国家和地区，2017 年底，在 15 个国家处于市场前 5 位。2018 年 7 月 9 日，正式登陆香港交易所主板。

小米文化：（1）小米没有森严的等级，每一位员工都是平等的，每一位同事都是自己的伙伴；（2）小米崇尚创新、快速的互联网文化，讨厌冗长的会议和流程，让每位员工在轻松的伙伴式工作氛围中发挥自己的创意；（3）小米相信用户就是驱动力，并坚持"为发烧而生"的产品理念。

小米集团融资历程

2011年7月 A轮融资	◇	4 100万美元 晨兴资本、顺为基金、启明创投 IDG资本
2011年11月 B轮融资	◇	9 000万美元 Temasek淡马锡、高通 QualcommVentures、晨兴资本、顺为 基金、IDG资本、启明创投
2012年6月 C轮融资	◇	2.16亿美元 DST、Temasek淡马锡
2013年9月 D轮融资	◇	1亿美元 DST
2014年12月 E轮融资	◇	11亿美元 GIC新加坡政府投资公司 全明星投资All-Stars Investment DST、厚朴基金、云锋基金
2018年7月 挂牌上市	◇	挂牌香港交易所主板 代码1810.HK

小米集团上市公司架构（一）

```
                        小米集团（开曼群岛）

  100%      100%        100%     100%      100%      100%
Alpha Nova  Quick      Xiaomi USA  Fast Pace  小米     小米
limited（开曼）Creation  Inc.（美国） Limited    香港     新加坡
            Limited（开曼）         (英属维京群岛)

  100%                 100%      100%
Ease Rich             Xiaomi     Fast Pace附           1%      99%
Technology            Technology 属公司
Limited(HK)           Inc.(美国)            100%
                                          小米印度科技

        北京田米科技（香港）CL                          境外附属公司
境外
─────────────────────────────────────────────────
境内
                                                   境内附属公司
        100%
                  小米通讯    100%
                                                   小米有品科技
           70%        100%
                                                   有品信息科技
北京田米科技  小米移动软件
                      100%

小米移动软件  小米移动软件    小米科技    北京瓦力文化
```

（注：CL——有限公司；　——→　股权关系；◄---▶　架构协议）

小米集团上市公司架构（二）

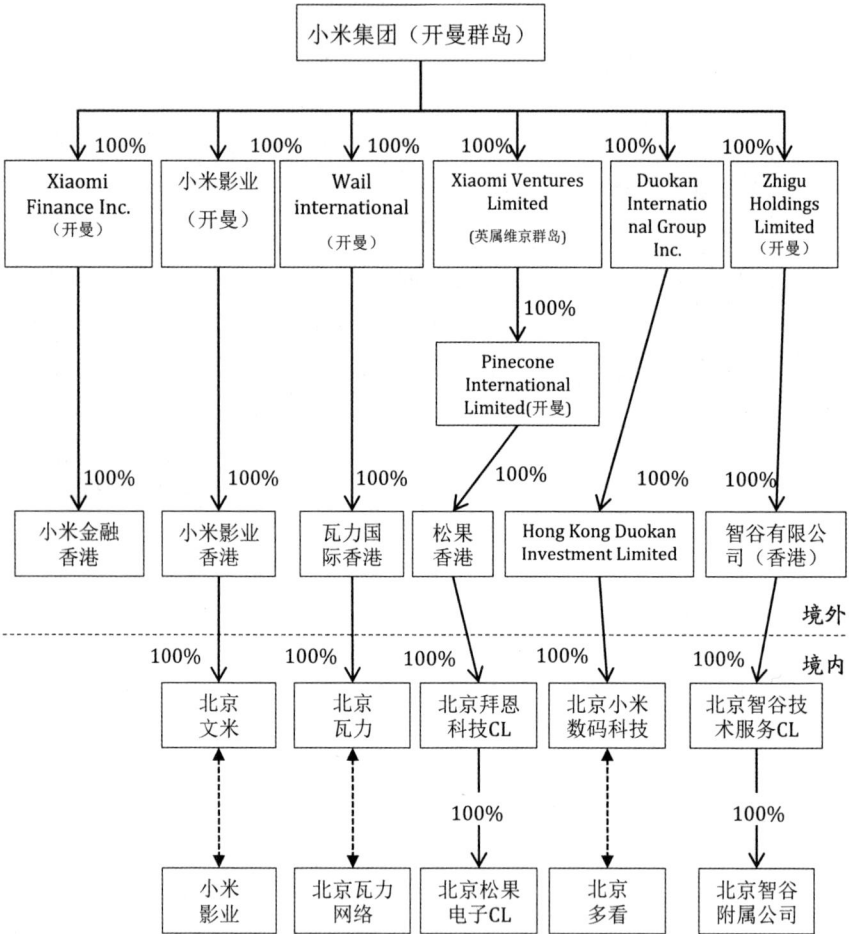

```
                    小米集团（开曼群岛）
                           │
   ┌──────┬──────┬──────┼──────┬──────┬──────┐
 100%   100%   100%   100%   100%   100%
   ▼      ▼      ▼      ▼      ▼      ▼
┌──────┐┌──────┐┌──────┐┌──────────┐┌──────┐┌──────┐
│Xiaomi││小米影业││ Wail ││  Xiaomi  ││Duokan││Zhigu │
│Finance││（开曼）││intern││ Ventures ││Intern││Holdings│
│ Inc. ││      ││ational││ Limited  ││ational││Limited│
│（开曼）││      ││      ││          ││Group ││（开曼）│
│      ││      ││（开曼）││(英属维京群岛)││ Inc. ││      │
└──────┘└──────┘└──────┘└──────────┘└──────┘└──────┘
                              │                   
                            100%                  
                              ▼                   
                        ┌──────────┐              
                        │ Pinecone │              
                        │Internatio│              
                        │nal       │              
                        │Limited(开曼)│            
                        └──────────┘              
  100%   100%   100%   100%        100%      100%
   ▼      ▼      ▼      ▼           ▼         ▼
┌──────┐┌──────┐┌──────┐┌────┐┌──────────┐┌──────┐
│小米金融││小米影业││瓦力国 ││松果 ││Hong Kong ││智谷有限公│
│香港   ││香港   ││际香港 ││香港 ││Duokan    ││司（香港）│
│      ││      ││      ││    ││Investment││      │
│      ││      ││      ││    ││Limited   ││      │
└──────┘└──────┘└──────┘└────┘└──────────┘└──────┘
```

境外
- -
境内

```
 100%   100%   100%        100%        100%
   ▼      ▼      ▼           ▼            ▼
┌────┐ ┌────┐ ┌──────┐ ┌──────┐ ┌──────────┐
│北京 │ │北京 │ │北京拜恩│ │北京小米│ │北京智谷技 │
│文米 │ │瓦力 │ │科技CL │ │数码科技│ │术服务CL  │
└────┘ └────┘ └──────┘ └──────┘ └──────────┘
  ↕      ↕       │          ↕          │
               100%                  100%
                 ▼                     ▼
┌────┐ ┌────┐ ┌──────┐ ┌────┐ ┌──────────┐
│小米 │ │北京瓦力│ │北京松果│ │北京 │ │北京智谷  │
│影业 │ │网络  │ │电子CL │ │多看 │ │附属公司  │
└────┘ └────┘ └──────┘ └────┘ └──────────┘
```

（注：CL——有限公司；──────▶ 股权关系；◀- - -▶ 架构协议）

小米集团上市金融公司架构（三）

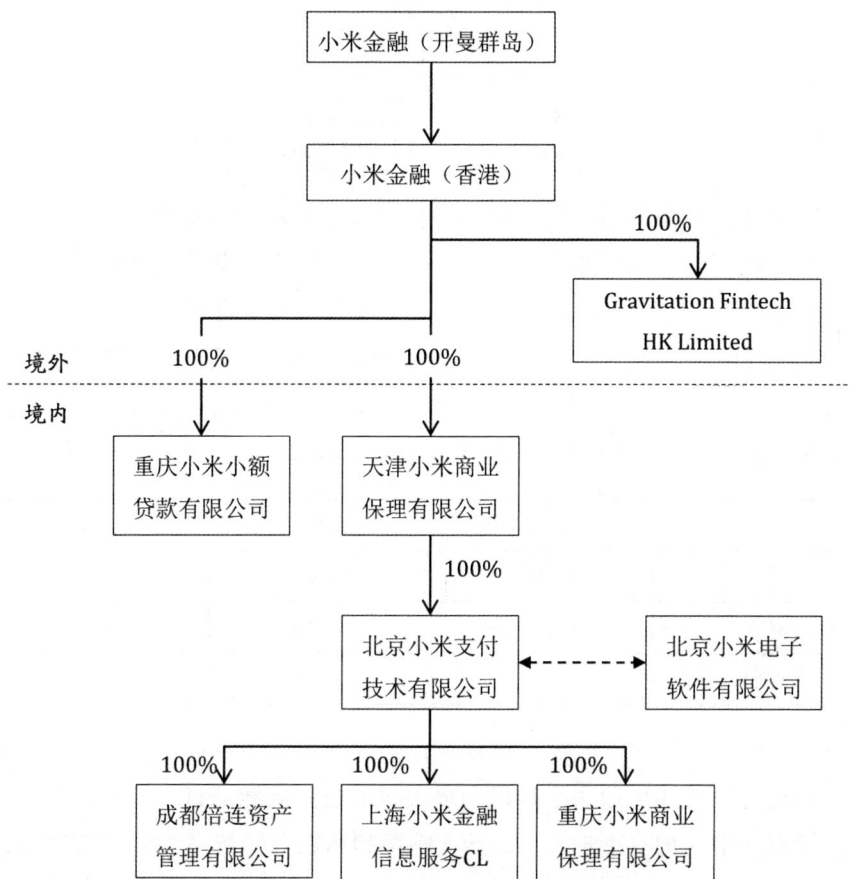

```
                    ┌─────────────────────┐
                    │ 小米金融（开曼群岛） │
                    └─────────────────────┘
                              │
                              ▼
                    ┌─────────────────────┐
                    │  小米金融（香港）    │
                    └─────────────────────┘
                              │         100%
                              │          ▼
                              │    ┌─────────────────────┐
                              │    │ Gravitation Fintech │
                              │    │   HK Limited        │
                              │    └─────────────────────┘
        100%              100%
```

境外
境内

重庆小米小额贷款有限公司	天津小米商业保理有限公司

100%

北京小米支付技术有限公司	◀- - -▶	北京小米电子软件有限公司

100%　　100%　　100%

成都倍连资产管理有限公司	上海小米金融信息服务CL	重庆小米商业保理有限公司

（注：CL──有限公司；───▶ 股权关系；◀- - -▶ 架构协议）

小米集团控制权安排

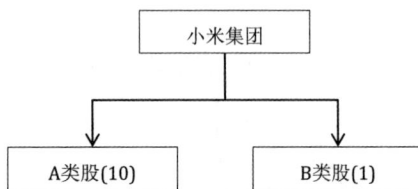

```
        小米集团
      ┌────┴────┐
      ↓         ↓
  A类股(10)   B类股(1)
```

2018 年，香港开始实施同股不同权制度，小米集团成为第一家应用香港同股不同权的公司。小米采用的 AB 股类别股份的模式，除有限保留事项外，A 类股票每股拥有 10 票投票权，B 类股份每股拥有票投票权。

有限保留事项为：（1）修订大纲或细则，包括修改任何类别股份所附的权利；（2）委任、选举或罢免任何独立非执行董事；（3）委任或撤换小米集团核数师；（4）小米集团主动清盘或解散。

股东	A 类股	B 类股	控制权比例
雷军	20.51%	10.9%	55.7%
林斌	11.46%	1.87%	30%
合计			85.7%

小米集团（开曼）组织章程规定，公司的重大事项经 3/4 表决权的股东同意通过，普通事项由半数以上表决权的股东同意通过。因此，雷军对该公司普通事项拥有决定权；创始人雷军和林斌合计超过 75% 的表决权，可以决定公司的重大事项。

小米集团主要公司布局

主要公司	投资情况	公司名称（部分）
小米科技有限责任公司	投资 14 家 参股 26 家 分支 20 家	直接投资：湖北小米长江产业基金合伙企业、重庆小米商业保理有限公司、珠海小米金融科技有限公司、成都西米互动科技有限公司、天津金星创业投资有限公司、深圳英鹏互娱科技有限公司、北京创派力量科技有限公司、江苏紫米电子技术有限公司、深圳英鹏信息技术股份有限公司、上海迈外迪网络科技有限公司、美的集团股份有限公司、广东小米科技有限责任公司 分支机构：仙桃分公司、上海分公司、西安分公司、天津分公司、重庆分公司……
小米通讯技术有限公司	投资 10 家 参股 18 家 分支 54 家	直接投资：北京小米智能科技有限公司、北京小米移动软件有限公司、西藏紫米通讯技术有限公司、小米科技（武汉）有限公司、小米之家商业有限公司、小米之家科技有限公司、广州小米通讯技术有限公司、广东小米科技有限责任公司、北京田米科技有限公司、珠海小米通讯技术有限公司 分支机构：江北第一分公司、沈阳第二分公司、昆山第一分公司、太原小店分公司……
北京小米保险经纪有限公司	分支 5 家	宁波分公司、福建分公司、浙江分公司、上海分公司、内蒙古分公司

此处"参股"是指间接持有其他公司的股权，后续类似表格中都将使用该简称。

8. 美团点评股份有限公司

2018 年全年营业收入 652 亿元，净亏损 1 154 亿元。2019 年《财富》中国 500 强企业排名第 140 位，在 2019 年《中国互联网企业 100 强》中排名第 7 位。

美团点评简介

美团点评是中国领先的生活服务电子商务平台，用科技连接消费者和商家，提供服务以满足人们日常"吃"的需求，并进一步扩展至多种生活和旅游服务。在到店、酒店和旅游服务中，美团点评将在线消费者引流至线下商家；在即时配送服务中，美团点评将商家提供的服务送达消费者。同时，美团点评庞大的实时配送网络和交通服务使这种连接成为可能。

2003 年，大众点评网创立；

2010 年，美团网创立；

2012 年，推出电影票线上预订服务；

2013 年，推出酒店预订及餐饮外卖服务；

2014 年，推出旅游门票预订服务；

2015 年，美团与大众点评进行战略性合并；

2016 年，推出面向商家的服务，如聚合支付系统及供应链解决方案；

2017 年，为 3.1 亿名交易用户及 440 万名活跃商家提供了服务；年度交易金额达 3 570 亿元人民币；平台交易笔数超过 58 亿；

2018 年，美团点评单日外卖交易笔数超过 2 100 万笔；收购中国领先的共享单车品牌摩拜单车，进一步增加我们向消费者提供的服务组合；

2018 年 9 月 20 日，美团点评登陆港交所，开盘大涨 5.7%，报 72.9 港元，市值 4 000 亿港元（约 510 亿美元）。

美团点评的使命："帮大家吃得更好，生活更好"。Eat Better：吃得更好是所有人的需求，因此美团点评终极目标是希望消费者吃得好一点。不仅在广度上去涵盖亿万人的需求，也致力于长久地帮大家吃得更美味、更便捷、更健康。因此餐饮是我们的重中之重，美团点评将做深做透做大餐饮的战略布局，从营销、配送、IT 系统、供应链等多角度全方位服务餐饮行业。

Live Better：消费者需要吃饭，需要看电影，需要旅游，需要住酒店，需要理发，需要各种各样的生活服务。美团点评将在更多的消费场景中为用户和商户创造价值，实现我们的企业使命：帮大家吃得更好，生活更好。

美团点评价值观：以客户为中心、正直诚信、合作共赢、追求卓越。

美团点评融资历程（一）

时间	融资轮次	金额	投资方
2010年9月	A轮融资	1 200万美元	红杉资本中国
2011年7月	B轮融资	5 000万美元	阿里巴巴、红杉资本中国、北极光创投、华登国际
2014年5月	C轮融资	3亿美元	GeneralAtlantic泛大西洋投资、红杉资本中国、阿里巴巴
2014年12月	D轮融资	7亿美元	投资方未知
2016年1月	E轮融资	33亿美元	腾讯、DST、挚信资本、红杉中国、高瓴资本、今日资本、中金公司、Temasek淡马锡、安大略省教师退休基金Ontario Teachers、Baillie Gifford

美团点评融资历程（二）

2016年7月 战略投资	◇	金额未知 华润创业联合基金
2017年10月 战略投资	◇	40亿美元 腾讯、红杉中国、Priceline The、Group、Coatue Management、老虎基金 挚信资本、GIC新加坡政府投资公司
2018年9月 战略投资	◇	15亿美元 Oppenheimer、腾讯产业共赢基金 Landsdowne、Dasarna、中国诚通
2018年9月 挂牌上市	◇	2018年9月20日，美团点评在在港交 所挂牌上市

美团点评上市公司架构（一）

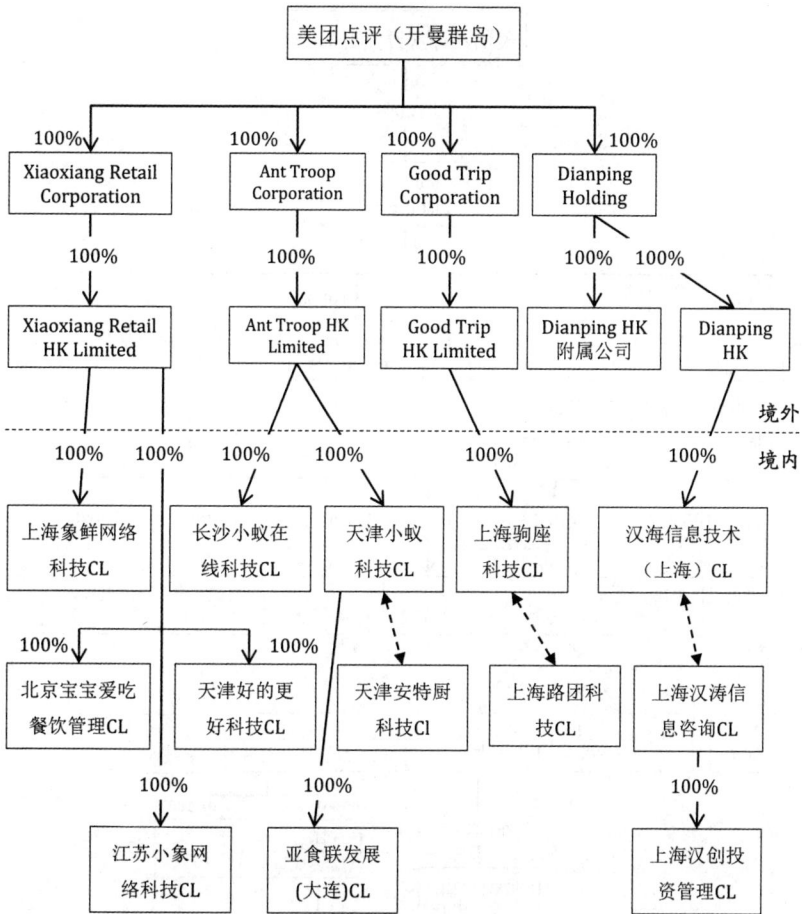

```
                    美团点评（开曼群岛）
        ┌──────────┬──────────┬──────────┐
    100%│      100%│      100%│      100%│
        ▼          ▼          ▼          ▼
   Xiaoxiang    Ant Troop   Good Trip   Dianping
   Retail       Corporation Corporation Holding
   Corporation
    100%│      100%│      100%│    100%│   100%│
        ▼          ▼          ▼        ▼       ▼
   Xiaoxiang    Ant Troop   Good Trip  Dianping  Dianping
   Retail HK    HK Limited  HK Limited HK 附属公司  HK
   Limited
```

境外
--- 境内

```
  100%  100%   100%   100%      100%              100%
   ▼      ▼      ▼      ▼         ▼                 ▼
上海象鲜网络  长沙小蚁在  天津小蚁   上海驹座      汉海信息技术
科技CL       线科技CL    科技CL     科技CL        （上海）CL

100%│              100%│
   ▼                  ▼
北京宝宝爱吃    天津好的更    天津安特厨    上海路团科    上海汉涛信
餐饮管理CL      好科技CL      科技CI        技CL          息咨询CL

  100%│            100%│                           100%│
     ▼                ▼                               ▼
  江苏小象网       亚食联发展                        上海汉创投
  络科技CL         (大连)CL                          资管理CL
```

（注：CL——有限公司；──→ 股权关系；◄---► 架构协议）

美团点评上市公司架构（二）

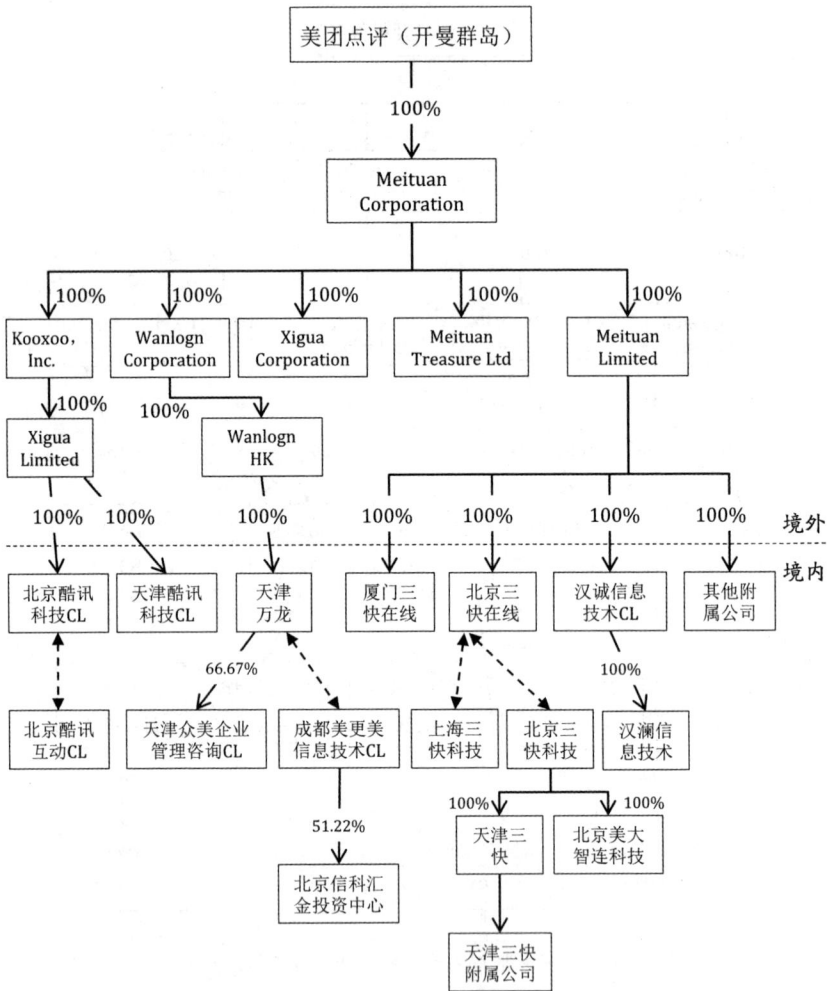

美团点评（开曼群岛）

100%

Meituan Corporation

100% | 100% | 100% | 100% | 100%

Kooxoo，Inc. | Wanlogn Corporation | Xigua Corporation | Meituan Treasure Ltd | Meituan Limited

100% Xigua Limited

100% Wanlogn HK

100% 北京酷讯科技CL

100% 天津酷讯科技CL

100% 天津万龙

100% 厦门三快在线

100% 北京三快在线

100% 汉诚信息技术CL

100% 其他附属公司

境外 / 境内

北京酷讯互动CL

66.67% 天津众美企业管理咨询CL

成都美更美信息技术CL

上海三快科技

北京三快科技

100% 汉澜信息技术

51.22% 北京信科汇金投资中心

100% 天津三快

100% 北京美大智连科技

天津三快附属公司

（注：CL——有限公司； ——➤ 股权关系；◄----➤ 架构协议）

美团点评上市公司架构（三）

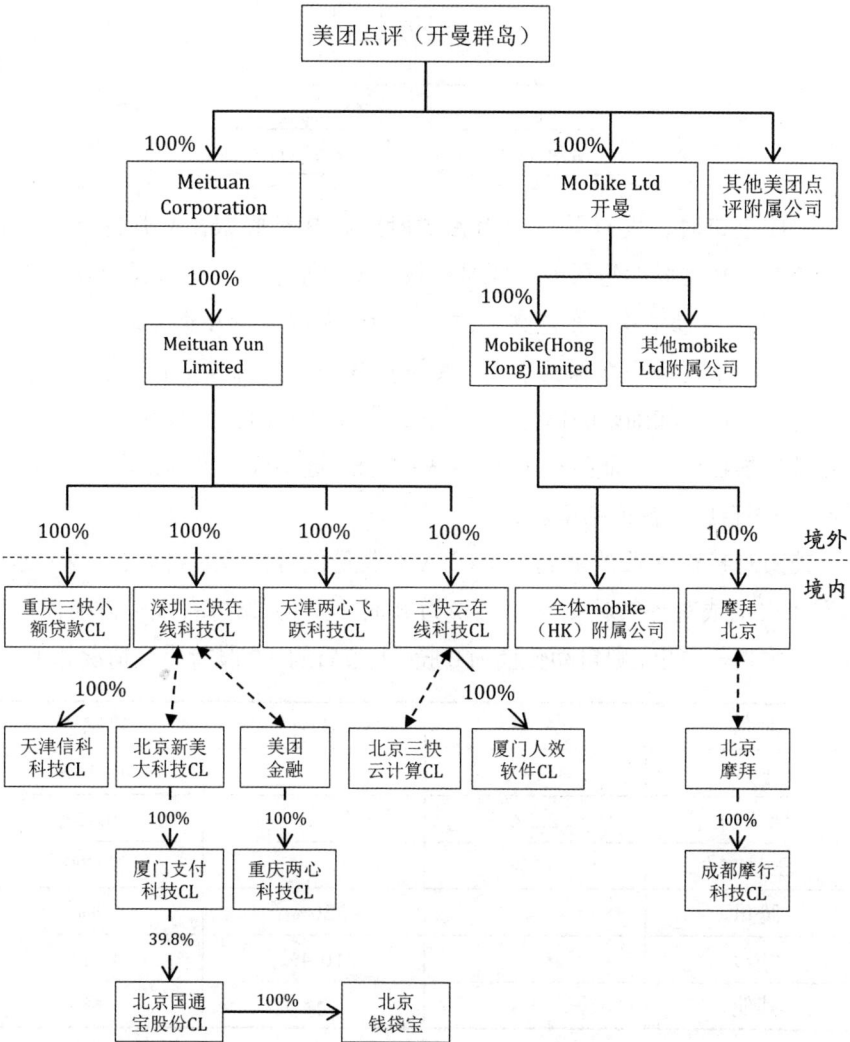

```
                        美团点评（开曼群岛）
                                │
            ┌───────────────────┼───────────────────────────┐
        100%│               100%│                           │
            ▼                   ▼                           ▼
      Meituan            Mobike Ltd               其他美团点
      Corporation        开曼                      评附属公司
            │                   │
        100%│            ┌──────┴──────┐
            ▼        100%│             │
      Meituan Yun        ▼             ▼
      Limited        Mobike(Hong   其他mobike
            │        Kong)limited  Ltd附属公司
            │                   │
   ┌────────┼────────┬────────┐ │          ┌─────────┐
100%│   100%│   100%│   100%│ │     100%│         │
```

100%	100%	100%	100%	100%	境外

境内

| 重庆三快小额贷款CL | 深圳三快在线科技CL | 天津两心飞跃科技CL | 三快云在线科技CL | 全体mobike（HK）附属公司 | 摩拜北京 |

100%

| 天津信科科技CL | 北京新美大科技CL | 美团金融 | 北京三快云计算CL | 厦门人效软件CL | 北京摩拜 |

100%

100%

| 厦门支付科技CL | 重庆两心科技CL |

100%

成都摩行科技CL

39.8%

北京国通宝股份CL ──100%──→ 北京钱袋宝

（注：CL——有限公司；──→　股权关系；◄---　架构协议）

美团点评控制权安排

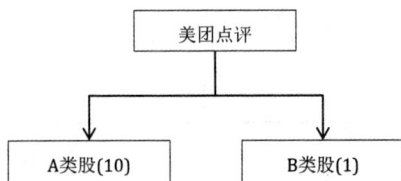

```
              ┌──────────┐
              │  美团点评  │
              └──────────┘
                ┌────┴────┐
                ↓         ↓
          ┌─────────┐ ┌─────────┐
          │ A类股(10) │ │ B类股(1) │
          └─────────┘ └─────────┘
```

美团上市时，发行股票分为 A 类股票和 B 类股票，A 类股票只有 10 票投票权，B 类股票每股有 1 票投票权。A 类股票的表决权是 B 类股票的 10 倍，王兴、穆荣均、王慧文三位联合创始人均持有 A 类股票。

但对于下述极少数保留事项，A 股和 B 股一样每股享有 1 票投票权：（1）对公司章程和细则的修订，包括修改股份类别附带的权利；（2）委任、选举或撤换任何独立非执行董事；（3）委任、选举或撤换本公司的核数师；（4）公司自愿清盘或结束。

美团对特权 A 股的限制：（1）A 类股份仅可由董事持有；（2）如果持有人去世或对外转让则自动转换为 B 股；（3）如持有人不再担任董事或无能力担任董事，则自动转换为 B 股。上市后的 AB 股持股权情况如下表。

股东	A 类	B 类	投票权
王兴	10.4%		47.14%
穆荣均	2.3%		10.43%
王慧文	0.7%		3.17%
腾讯		20%	9%
红杉		10.4%	4.71%
其他		★★	★★

美团点评公司对外投资情况

序号	产品名	投资轮次	投资时间	投资金额
1	领健	B+ 轮	2018/9/28	数千万元人民币
2	易酒批	D 轮	2018/9/20	2 亿美元

续表

序号	产品名	投资轮次	投资时间	投资金额
3	别样红云 PMS	被收购	2018/5/23	金额未知
4	屏芯科技	被收购	2018/5/16	金额未知
5	摩拜单车	被收购	2018/4/4	27 亿美元
6	星网锐捷	战略投资	2018/4/2	金额未知
7	K 米	B 轮	2018/3/29	1.2 亿元人民币
8	奥琦玮	C 轮	2018/3/28	2 亿元人民币
9	大家来	A 轮	2017/10/20	1 亿元人民币
10	美味生活	Pre-A 轮	2017/10/9	3 000 万元人民币
11	水滴互助	A 轮	2017/8/30	1.6 亿元人民币
12	掌上快销	B 轮	2017/7/1	金额未知
13	网易味央	A 轮	2017/4/28	1.6 亿元人民币
14	爱鲜蜂	D 轮	2016/11/4	1 000 万美元
15	易酒批	C 轮	2016/10/18	1 亿美元
16	钱袋宝	被收购	2016/9/26	金额未知
17	美甲帮	B 轮	2016/6/22	1 000 万美元
18	必去	A 轮	2016/6/3	1 000 万元人民币
19	餐饮老板内参	A 轮	2016/6/1	5 000 万元人民币
20	水滴互助	天使轮	2016/5/10	5 000 万元人民币
21	大众点评	被收购	2015/10/8	金额未知
22	美菜网	C 轮	2015/9/18	数千万美元
23	宅米	B 轮	2015/9/14	3 500 万美元
24	酷讯旅游	被收购	2015/8/19	1 000 万美元

9. 新浪股份有限公司

2018年全年营业收入21.1亿美元（约147亿元），利润为1.26亿美元（约8.8亿元）。在2019年《中国互联网企业100强》中排名第10位。

新浪公司简介

新浪公司是一家服务于中国及全球华人社群的领先网络媒体公司。新浪通过门户网站新浪网（SINA.com）、新浪移动（移动门户及移动应用）和社交媒体微博（Weibo.com）组成的数字媒体网络，帮助广大用户通过电脑和移动设备获得专业媒体和用户自生成的多媒体内容并与友人进行兴趣分享。

新浪网：新浪网通过旗下多家地区性网站提供针对当地用户的特色专业内容，并提供一系列增值服务。多年来，我们与数以千计的专业媒体合作建立了广泛的内容网络并积累了大量主流用户群体，其中包括众多高学历、白领专业人士。

新浪移动：我们通过移动应用，如新浪新闻、新浪财经、新浪体育、新浪娱乐和新浪博客等，以及移动门户（SINA.CN）的方式为移动用户提供定制的新闻资讯、娱乐和专业媒体内容。

新浪微博：微博是帮助人们创作、传播和发现中文内容的领先社交媒体平台。微博基于公开平台架构，提供简单、前所未有的方式使用户能够公开实时发表内容，与他人互动并与世界紧密相连。

新浪通过上述主营业务及其他业务线向广大用户提供一系列网络媒体和社交媒体服务，为企业和广告客户创立与其目标客户高效联系和沟通的丰富渠道。

2009年8月新浪上线微博平台。2011年3月新浪微博注册用户数达到1亿。

2014 年 4 月 17 日消息，新浪微博将登陆纳斯达克，交易代码为 WB。

2015 年 9 月微博日活跃用户数超过 1 亿。

2016 年 12 月新浪微博月活跃用户数突破 3 亿。

2018 年"中国互联网企业 100 强"榜单发布，新浪排名第六位。

品牌宣言：

创立之初："世界在你眼中"。

创业之中："你的网上新世界"。

发展阶段："奔腾不息"。

领先地位："一切由你开始"。

新浪上市公司架构

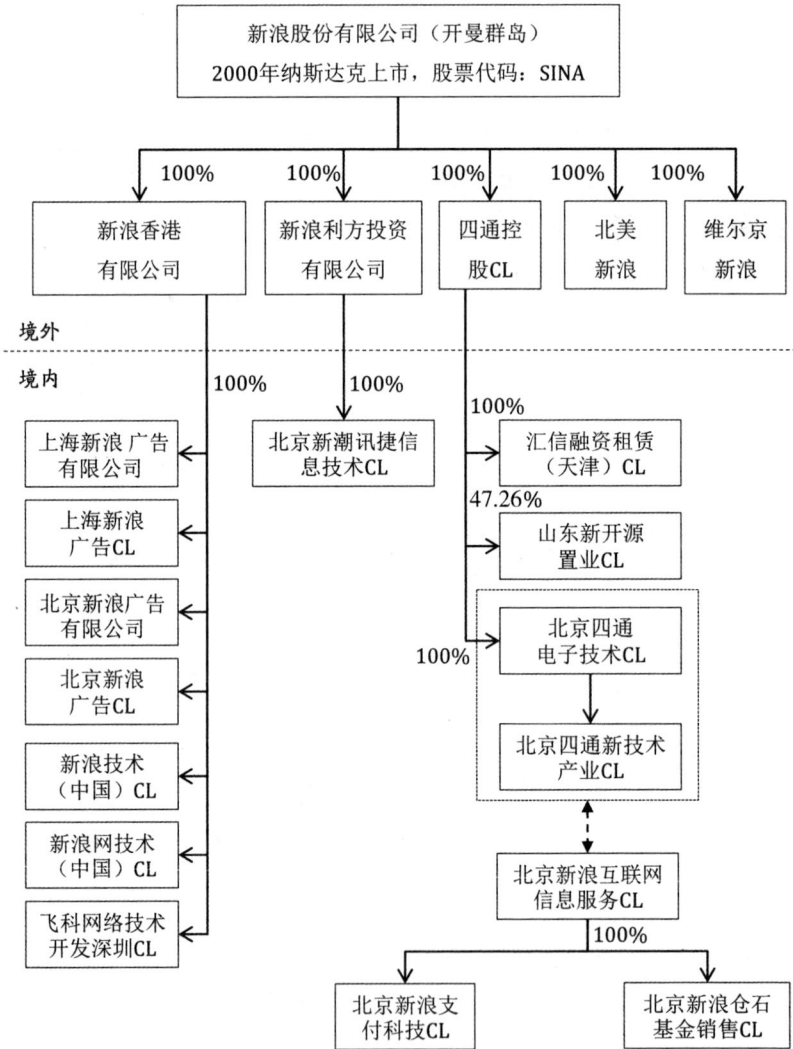

新浪股份有限公司（开曼群岛）
2000年纳斯达克上市，股票代码：SINA

| 100% | 100% | 100% | 100% | 100% |

新浪香港有限公司 ｜ 新浪利方投资有限公司 ｜ 四通控股CL ｜ 北美新浪 ｜ 维尔京新浪

境外
境内

100%　100%

上海新浪广告有限公司

上海新浪广告CL

北京新浪广告有限公司

北京新浪广告CL

新浪技术（中国）CL

新浪网技术（中国）CL

飞科网络技术开发深圳CL

北京新潮讯捷信息技术CL

100%　汇信融资租赁（天津）CL

47.26%　山东新开源置业CL

北京四通电子技术CL

100%　北京四通新技术产业CL

北京新浪互联网信息服务CL

100%

北京新浪支付科技CL ｜ 北京新浪仓石基金销售CL

（注：CL——有限公司；——→ 股权关系；◀----▶ 架构协议）

新浪公司主要公司布局

主要公司	投资情况	公司名称（部分）
北京新浪互联信息服务有限公司	投资 30 家 参股 34 家 分支 5 家	直接投资：北京国址地信息咨询有限责任公司、上海新浪金融投资管理有限公司、新浪影视文化发展有限公司、新浪体育有限公司、广西新浪信息服务有限公司、湖南新浪信息服务有限公司、北京新浪支付科技有限公司、北京新浪仓石基金销售有限公司、新浪新媒体咨询（上海）有限公司、河南播浪信息服务有限公司、四川新浪华文互联文化传播有限公司、辽宁新浪网络信息服务有限公司…… 分支机构：成都分公司、沈阳分公司、上海分公司、天津分公司、广州分公司……
上海新浪金融投资管理有限公司	投资 6 家	北京新海路科技有限公司、上海旷富科技有限公司、珠海车速通投资有限公司、兴民保险经纪有限公司、杭州微易信息科技有限公司、北京就帮我投资咨询有限公司
北京微梦创科网络技术有限公司	投资 6 家 分支 5 家	直接投资：北京新三优秀科技有限公司、西安新浪游戏开发信息科技有限公司、广州市安墨网络科技有限公司、北京微游互动网络科技有限公司、北京新浪阅读信息技术有限公司、非常英才（北京）科技发展有限公司 分支机构：成都分公司、沈阳分公司、上海分公司、西安分公司、广州分公司……

10. 拼多多股份有限公司

2018 年全年营业收入 131 亿元，净亏损 39 亿元。在 2019 年《中国互联网企业 100 强》中排名第 11 位。

拼多多简介

拼多多是隶属于上海寻梦信息技术有限公司的一家商家入驻模式的第三方移动电商平台，也是以人为先的新电商开创者。在以人为先的理念下，拼多多将娱乐与分享的理念融入电商运营中：用户发起邀请，在与朋友、家人、邻居等拼单成功后，能以更低的价格买到优质商品；同时拼多多也通过拼单了解消费者，通过机器算法进行精准推荐和匹配。

拼多多的核心竞争力在于创新的模式和优质低价的商品：拼单意味着用户和订单大量且迅速地涌入，而丰厚的订单使拼多多可以直接与供货厂商（或国外厂商的国内总代理）合作对话，省掉诸多中间环节，实现 C2B 模式，价格优势由此体现。

与其他电商自主搜索式购物场景完全不同，拼多多代表的是匹配场景，通过拼单了解人的消费习惯，通过人推荐物，再过渡到机器算法推荐。并且在购物行为中融入游戏的趣味，让原本单向、单调的"买买买"进化为多实惠、多乐趣的"拼拼拼"，令用户享受全新的购物体验。

拼多多通过人以群分与聚合性需求的模式创新，更容易实现反向定制（C2B），可以为生产侧带来极其宝贵和有效的信息。因此，拼多多在加强供给侧充分竞争的同时，还可以促进供给侧与需求侧的融通，进而有助于推动中国制造优化升级，推进供给侧结构性改革。

该企业所获荣誉：

年度流行应用——腾讯应用宝"2017 星 App 年榜"

2017 年度最佳电商 App——猎豹移动 & 猎豹大数据数往知来·2018 移动互联网峰会暨金豹奖颁奖盛典

最具投资价值奖——钛媒体 2017BTA Awards 年度创新评选

2017 中国年度最具创新力企业——2017 艾媒创新科技年度巅峰榜

零售榜样 TOP10——零兽头条 & 考拉先生 & 蓝莓会 & 科特勒咨询集团 "2017 中国零售榜样"评选

垂直电商市场风云应用——Talking Data 2017 年度应用风云榜

拼多多融资历程

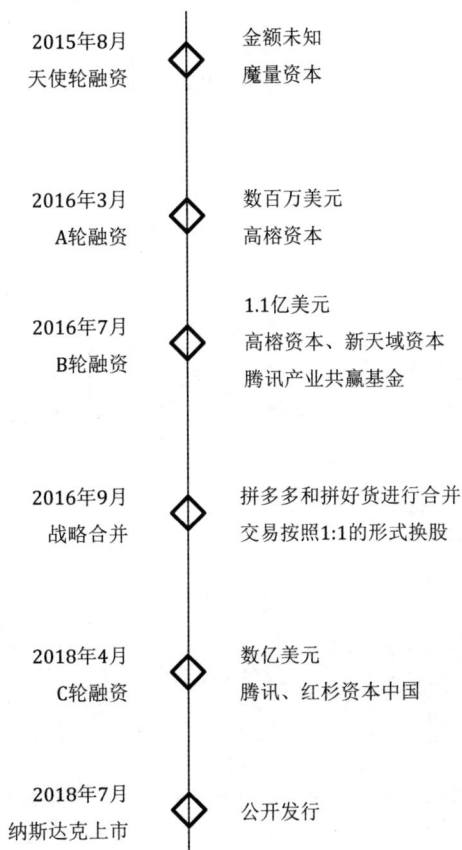

2015年8月 天使轮融资	◇	金额未知 魔量资本
2016年3月 A轮融资	◇	数百万美元 高榕资本
2016年7月 B轮融资	◇	1.1亿美元 高榕资本、新天域资本 腾讯产业共赢基金
2016年9月 战略合并	◇	拼多多和拼好货进行合并 交易按照1:1的形式换股
2018年4月 C轮融资	◇	数亿美元 腾讯、红杉资本中国
2018年7月 纳斯达克上市	◇	公开发行

拼多多上市公司架构

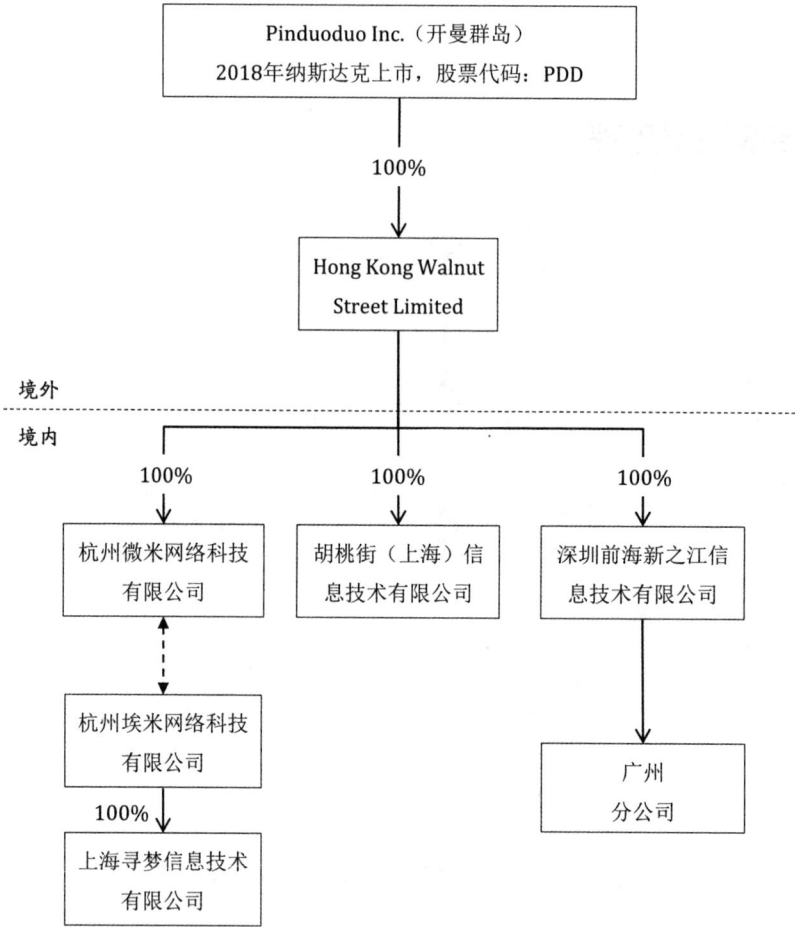

```
┌─────────────────────────────────────────┐
│     Pinduoduo Inc.（开曼群岛）            │
│  2018年纳斯达克上市，股票代码：PDD       │
└─────────────────────────────────────────┘
                    │ 100%
                    ▼
          ┌──────────────────────┐
          │  Hong Kong Walnut    │
          │   Street Limited     │
          └──────────────────────┘
```

境外
- -
境内

100%	100%	100%
杭州微米网络科技有限公司	胡桃街（上海）信息技术有限公司	深圳前海新之江信息技术有限公司
↑ (虚线)		↓
杭州埃米网络科技有限公司		广州分公司
100% ↓		
上海寻梦信息技术有限公司		

（注：CL——有限公司；——→ 股权关系；◄- - -► 架构协议）

上市关联公司简要信息列表

成立时间	公司名称	法人代表	注册资本	分支机构数量	对外投资公司数量
2015/5/28	杭州微米网络科技有限公司	孙沁	24 800 万美元	2	2
2018/1/25	胡桃街（上海）信息技术有限公司	孙沁	1 000 万美元	—	—
2018/4/25	深圳前海新之江信息技术有限公司	孙沁	8 000 万美元	1	—
2015/4/14	杭州埃米网络科技有限公司	孙沁	100 万元	—	3
2014/1/9	上海寻梦信息技术有限公司	孙沁	1 000 万元	2	—

拼多多主要公司布局

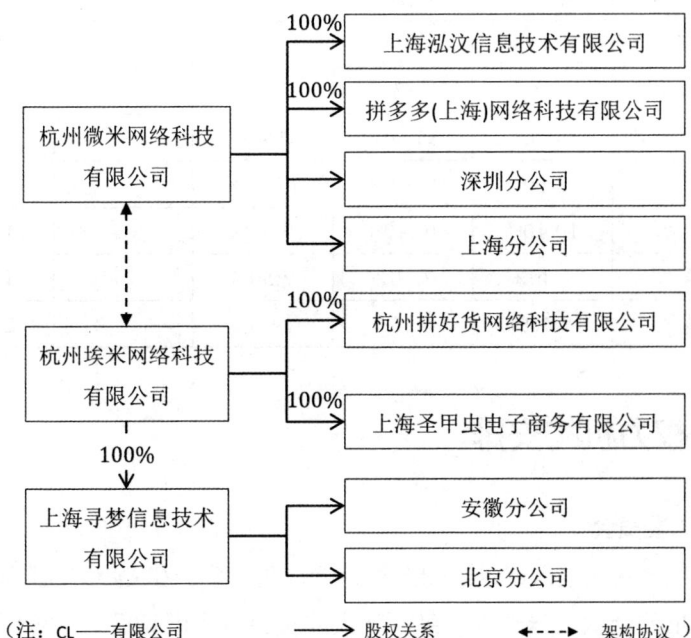

```
                                        100%    上海泓汶信息技术有限公司
                                        100%    拼多多(上海)网络科技有限公司
        杭州微米网络科技
        有限公司                                深圳分公司
                                                上海分公司

                                        100%    杭州拼好货网络科技有限公司
        杭州埃米网络科技
        有限公司
                                        100%    上海圣甲虫电子商务有限公司

                100%
        上海寻梦信息技术                        安徽分公司
        有限公司
                                                北京分公司
```

（注：CL——有限公司　　　→ 股权关系　　　◄---► 架构协议 ）

拼多多公司控制权安排

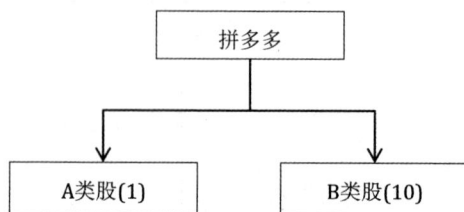

拼多多上市时，发行股票分为 A 类股票和 B 类股票，A 类股票只有 1 票投票权，B 类股票每股有 10 票投票权。B 类股票的表决权是 A 类股票的 10 倍，黄峥持有全部的 B 类股票，黄峥持股比例为 46.8%，拥有 89.8% 的表决权。

根据招股说明书，A 股在任何时候都不可以转换为 B 类股票，但 B 类股票可以转换为 A 股股票。上市前后的股权及表决权比例如下。

股东	上市前		上市后		
	占比	投票权	A 类	B 类	投票权
黄峥	50.70%	50.70%	—	46.80%	89.80%
沈南鹏	4.40%	4.40%	4.30%		0.8%
联合创始人等	★★	★★	★★		★★
董事和管理层	55.50%	55.50%	51.40%		90.60%
腾讯	18.50%	18.50%	17.80%		3.40%
高榕资本	10.10%	10.10%	9.30%		1.80%
红杉资本	7.40%	7.40%	7.50%		1.50%
其他	8.50%	8.50%	14.0%		2.30%

拼多多权力机构安排

合伙人委员会

□组织合伙人进入或退出的选举，组织执行董事和 CEO 的选举。

□新增的合伙人候选人，经合伙人委员会审查同意后，才可作为正式候选人参选。

□执行董事或首席执行官的人选，经合伙人委员会审核同意后，才可作为候选人供合伙人选择。

□合伙人委员会提名退出的合伙人名单。

□合伙人委员会可决定是否要求合伙人持有公司股份或持股比例的多少。

□在董事会决定总奖金额的基础上，由合伙人委员会决定合伙人的奖金分配。

□合伙人委员会可修改合伙人制度中的管理或技术条款。

合伙人委员会合伙人相关规定

□合伙人的基本条件：人品、价值观、业绩等方面应满足要求，且继续为公司工作至满 5 年。

□合伙人提名由现合伙人提出，经合伙人委员会审核同意后，作为正式候选人参选，由全体合伙人进行投票选举，获得 75% 以上票数的候选人当选增新合伙人。

□如合伙人委员会认为合伙人不符合标准，可由合伙人委员会提名，经合伙人过半数同意后，对合伙人进行除名。

□合伙人可自行退出。

□除永久合伙人外，其他合伙人到 60 岁或离职后不再担任合伙人。

□符合一定年龄和服务人要求退休的合伙人，由合伙委员会指定为荣誉合伙人。

□荣誉合伙人不得担任合伙人，但有权从奖金池的递延部分获得分配。

□合伙人委员会成员不超过 5 人，每届任期 3 年，可连任。

□合伙人委员会的初始成员包括黄峥和陈磊。

□合伙人委员会成员每 3 年进行一次选举，实际差额选举。由合伙人委员会提名比合伙人委员会成员多 3 人的候选人，由全体成员投票，得票多的人当选。

董事会

□召开股东大会，并在会议上进行汇报。

□宣布分红和配股。

□董事会批准股份的转让。

□行使本公司借款权利并抵押本公司财产。

□董事会批准每年高管的总奖金额。

□董事会决定合伙人和非合伙人间的奖金分配。

□董事会任命高级管理人员。

□拼多多董事会现由 6 名董事组成。

董事入选规则

□董事成员 3~9 人，分执行董事、董事、独立董事三种。

□如果董事不超过 5 人，则应有两名执行董事；如董事为 6~9 人，则应有 3 名执行董事。

□执行董事由拼多多合伙人决定。

□非执行董事可由股东大会决定更换。

提名和治理委员会

□选择并推荐董事会候选人，并由股东大会选举和任命。

□每年与董事会一起审查董事会的独立性、知识、技能、经验和多样性的构成。

□就董事会的会议次数和议事规则提出建议，并监督董事会运作。

□定期就有关公司治理法律法规变化想向董事会提供建议，并就公司治理的所有事项采取相应补救措施和建议。

拼多多合伙人委员会和阿里巴巴合伙人委员会区别

□阿里巴巴合伙人委员会可以提名过半的董事，并间接掌控董事会。拼多多可提名多名执行董事，并有权提名 CEO。两者直接控制的权力机构不同。

□阿里巴巴合伙人委员会当前有 36 人，拼多多合伙人委员会为 5 人，两者人数规模不同。

第十二章　行业 HOT 公司股权架构

1. 华为投资控股有限公司

2019 年全年营业收入 8 500 亿元，营业收入超过 BAT 总和，利润约765 亿元。在非上市民营企业中年营业收入排名第 1 位。2019 年《财富》世界 500 强排名第 61 位。

华为控股简介

华为是全球领先的 ICT（信息与通信）基础设施和智能终端提供商，致力于把数字世界带入每个人、每个家庭、每个组织，构建万物互联的智能世界。我们在通信网络、IT、智能终端和云服务等领域为客户提供有竞争力、安全可信赖的产品、解决方案与服务，与生态伙伴开放合作，持续为客户创造价值，释放个人潜能，丰富家庭生活，激发组织创新。华为坚持围绕客户需求持续创新，加大基础研究投入，厚积薄发，推动世界进步。华为成立于 1987 年，是一家由员工持有全部股份的民营企业，目前有 18万员工，业务遍及 170 多个国家和地区。

为世界带来了什么？

（1）为客户创造价值

华为和运营商一起，在全球建设了 1 500 多张网络，帮助世界超过三分之一的人口实现连接。华为携手合作伙伴，为政府及公共事业机构，金融、能源、交通、制造等企业客户，提供开放、灵活、安全的端管云协同 ICT

基础设施平台，推动行业数字化转型；为云服务客户提供稳定可靠、安全可信和可持续演进的云服务。华为智能终端和智能手机，正在帮助人们享受高品质的数字工作、生活和娱乐体验。

（2）推动产业良性发展

华为主张开放、合作、共赢，与客户合作伙伴及友商合作创新、扩大产业价值，形成健康良性的产业生态系统。华为加入 360 多个标准组织、产业联盟和开源社区，积极参与和支持主流标准的制定、构建共赢的生态圈。我们面向云计算、NFV/SDN、5G 等新兴热点领域，与产业伙伴分工协作，推动产业持续良性发展。

（3）促进经济增长

华为不仅为所在国家带来直接的税收贡献，促进当地就业，形成产业链带动效应，更重要的是通过创新的 ICT 解决方案打造数字化引擎，推动各行各业数字化转型，促进经济增长，提升人们的生活质量与福祉。

（4）推动社会可持续发展

作为负责任的企业公民，华为致力于消除全球数字鸿沟，在珠峰南坡和北极圈内，在西非埃博拉疫区、日本海啸核泄漏、中国汶川大地震等重大灾难现场，都有华为人的身影；推进绿色、低碳的环保理念，从产品规划、设计、研发、制造、交付以及运维，华为向客户提供领先的节能环保产品和解决方案；华为"未来种子"项目已经覆盖 108 个国家和地区，帮助培养本地 ICT 人才，推动知识迁移，提升人们对于 ICT 行业的了解和兴趣，并鼓励各国家及地区参与到建设数字化社区的工作中。

为奋斗者提供舞台。华为坚持"以奋斗者为本"，以责任贡献来评价员工和选拔干部，为员工提供了全球化发展平台、与世界对话的机会，使大量年轻人有机会担当重任，快速成长，也使得十几万员工通过个人的努力，收获了合理的回报与值得回味的人生经历。

坚持什么价值主张？

华为 30 年坚持聚焦在主航道，抵制一切诱惑；坚持不走捷径，拒绝机会主义，踏踏实实，长期投入，厚积薄发；坚持以客户为中心，以奋斗者为本，长期艰苦奋斗，坚持自我批判。

我们不会辜负时代慷慨赋予我们的历史性机遇，为构建万物互联的智能世界，一往无前。

随着 ICT 技术的加速融合，以云计算、大数据为特征的技术正在成为引领和促进 ICT 行业创新和发展的核心技术。新的技术创新，不仅在全方位地重构 CT 产业，而且通过 IT 和 CT 产业融合带来巨大的商业发展机遇。为适应这一革命性变化，华为围绕客户需求和技术领先持续创新，与业界伙伴开放合作，聚焦构筑面向未来的信息管道，致力于共建更美好的全连接世界，持续为客户和全社会创造价值。我们力争成为运营商客户面向未来转型的战略合作伙伴，成为领先的企业 ICT 基础设施提供商，成为消费者喜爱和信赖的、全球领先的智能终端品牌。

以客户为中心，基于客户需求和技术领先持续创新，构建共赢生态。价值主张：（1）无处不在的宽带；（2）敏捷创新；（3）机制体验。

华为公司部分产品

产品类型	具体项目
C 端产品	手机、笔记本、平板、穿戴设备、智能家居、配件等
软件应用	EMUI 产品、云空间、应用市场、天际通、开发者联盟、PC 软件、Huawei Pay
企业用户产品、解决方案及服务	交换机、路由器、WLAN、服务器 云数据中心、企业网络、企业无线 培训与认证、全生命周期服务、探索技术服务、行业服务解决方案
运营商用户产品节解决方案	无线网络、固定网络、云核心网、电信软件 业务云化、设备云化、网络云化、最大化网络价值 咨询服务、系统集成服务、管理服务、培训服务
华为云	弹性云服务器、关系型数据库、软件开发云 电商行业企业自建解决方案、游戏行业解决方案、高性能计算解决方案、SAP 解决方案

华为公司股权架构

根据工商注册显示，华为控股有限公司直接对外投资 19 家公司，间接参股企业 61 家。

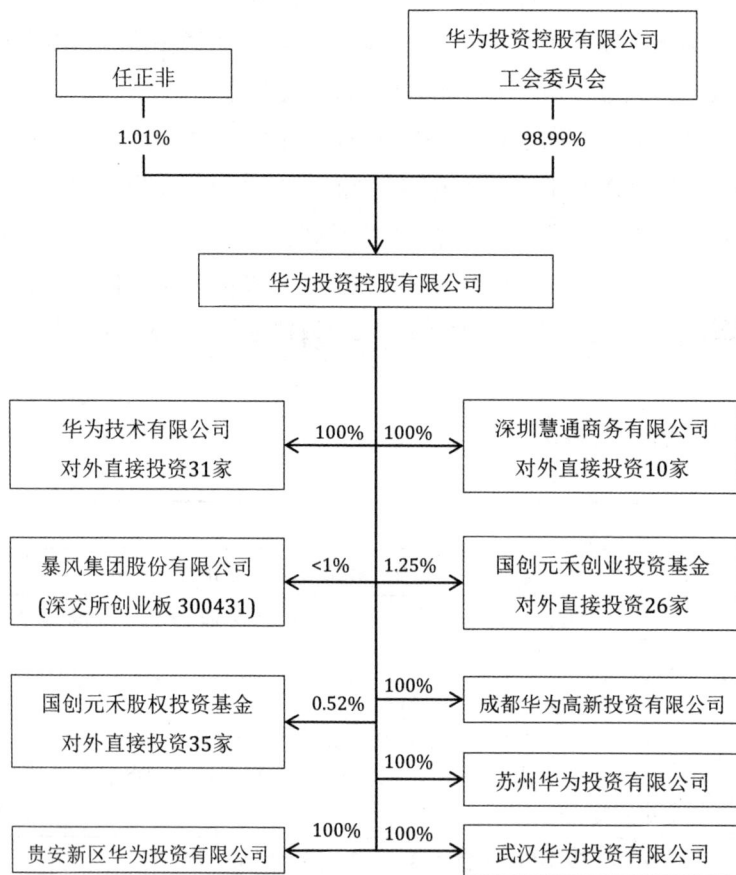

（注：CL——有限公司；——→ 股权关系；◄---► 架构协议）

华为公司权力机构及控制权安排

公司治理概述

股东会是公司权力机构，对公司增资、利润分配、选举董事／监事等重大事项做出决策。公司股东由任正非和华为工会两名股东组成。

□董事会是公司战略、经营管理和客户满意度的最高责任机构，承担带领公司前进的使命，行使公司战略与经营管理决策权，确保客户与股东的利益得到维护。

□公司董事会及董事会常务委员会由轮值董事长主持，轮值董事长在当值期间是公司最高领导者。

□监事会主要职责包括董事／高级管理人员履职监督、公司经营和财务状况监督、合规监督。

持股员工代表会

□工会履行股东职责、行使股东权利的机构是持股员工代表会。持股员工代表会由全体持股员工代表组成，代表全体持股员工行使有关权利。

□持股员工代表和候补持股员工代表由在职持股员工选举产生，任期5年。持股员工代表缺位时，由候补持股员工代表依次递补。

内部控制

□华为基于组织架构和运作模式设计并实施了内部控制（简称"内控"）体系，发布的内控管理制度及内控框架适用于公司所有流程（包括业务和财务）、子公司以及业务单元。该内控体系基于 COSO 模型而设计，包括控制环境、风险评估、控制活动、信息与沟通、监督五大部分，同时涵盖了财务报告内控体系，以确保财务报告的真实、完整、准确。

董事会

□当前华为董事会成员共17名，由持股员工代表会选举产生并经股东会表决通过。董事缺位时，由候补董事依次递补。

董事会权利范围

（1）制订公司治理方案。

（2）审议公司注册资本增加或减少方案、利润分配方案及弥补亏损方案。

（3）审议公司股权激励计划、非股权的长期激励计划。

（4）审议或批准公司进入或退出产业领域，批准公司战略规划。

（5）批准事关公司的重大风险和重大危机的管理方案，管理重大突发事件。

（6）批准重大的组织变革与调整、管理机制建设和业务变革。

（7）批准重大的财经政策、财务规划与商业交易。

（8）批准公司年度预算方案、年度经营报告及年度审计报告。

（9）批准内控与合规体系的建设。

（10）批准公司高级管理人员的任免、薪酬、长期激励。

（11）批准公司层面的重大人力资源政策及规划。

控制权安排

□董事会有绝大多数事项的决定权，其中第（2）（3）（4）只有审议权，其他都是决定权。第（1）条，董事会只有制订权。

□任正非在股东会上拥有一票否决权，因此理论上任正非可以决定任何一名董事的任命，间接表示任正非拥有 100% 控制董事会的权利，而董事会基本可以决定公司的绝大多数事项。

□任正非在股东大会上拥有一票否决权，因此像以上（2）（3）（4）的最终决定，都需要任正非同意，因此任正非对股东会有足够的影响力。

□概括而言，任正非可以 100% 掌控董事会及轮值 CEO；在股东会层面，任正非对股东会有足够的影响力，因此是较为安全的控制权设计方案。但对于如何传承到下一代，这是个新问题。

华为主要公司布局

主要公司	参股数量	公司名称
华为技术有限公司	分支 28 家	东莞分公司、哈尔滨分公司、海口分公司、重庆分公司、上海分公司、大连办事处、长沙研究所、西安研究所……
	投资 31 家	上海海思技术有限公司、东莞华为服务有限公司、海思光电子有限公司、华为数字技术（苏州）有限公司、杭州华为企业通信技术有限公司、华为技术服务有限公司……
深圳慧通商务有限公司	投资 10 家	杭州安朴酒店管理有限公司、深圳慧通互联科技有限公司、深圳市华宜贷小额贷款有限公司、华宜互联信息服务有限公司、华宜互联信息服务有限公司……

续表

主要公司	参股数量	公司名称
国创元禾创业投资基金	投资 26 家	苏州金沙江朝华创业投资、苏州极客帮创业、苏州戈壁智盈创而言投资、苏州五岳天下创业投资、苏州金沙江联合二期股权投资、苏州启明融合创业投资、苏州方广创业投资……
深圳市华为技术服务有限公司	投资 5 家	长沙市力凯通信技术服务有限公司、广州市力凯通信技术服务有限公司、南京市力凯通信技术服务有限公司、成都华为通信技术有限公司、山东华为通信技术有限责任公司
公开投资事件	投资 2 家	昆仑万维（300418.SZ） 趣游网

2. 贵阳南明老干妈风味食品有限责任公司

非上市公司，中国名牌产品，2014 年以 160.59 亿元的品牌价值入选中国最有价值的品牌 500 强榜单。

老干妈公司简介

"老干妈"是公司创始人陶华碧女士白手起家创造的品牌。1996 年，陶华碧董事长在贵阳龙洞堡创办工厂生产风味豆豉产品，通过近 20 年的发展，"老干妈"已经成为海内外华人中脍炙人口的辣椒调味品品牌。

自贵阳南明老干妈风味食品有限责任公司成立以来，在贵州省、市、区各级党委、政府的支持和帮助下，在企业创始人陶华碧女士的带领下，全体老干妈企业的所有员工秉承着一种"诚信为本，务实进取"的企业精神，通过九年的艰苦创业，企业已经发展成为全国知名企业、国家级农业产业化经营重点龙头企业。老干妈公司已形成日产量 120 万瓶辣椒制品的生产能力，主要生产风味豆豉、油辣椒、鲜牛肉末、水豆豉、风味腐乳等 20 多个系列产品，是目前国内生产及销售量最大的辣椒制品生产企业。

经营理念

质量和食品安全方针：质量第一、安全第一、顾客至上、持续改进。

环境方针：节能降耗、预防污染、绿色企业、清洁生产、遵纪守法、持续改善、人与自然、共同成长。

公司理念："创民族品牌，立千秋大业"，"诚信经营，质量第一"。

1988 年所获荣誉

被南明区授予"先进纳税户"称号。

被南明区地方税务局授予"先进纳税大户"称号。

系列产品被贵阳市政府评定为"贵阳市名牌产品"。

被贵阳市政府授予"质量管理先进企业"称号。

被贵阳市技术监督局评为"贯彻实施技术监督法规先进企业"。

产品"老干妈风味豆豉"被评为"贵州省名牌产品"。

老干妈公司股权架构

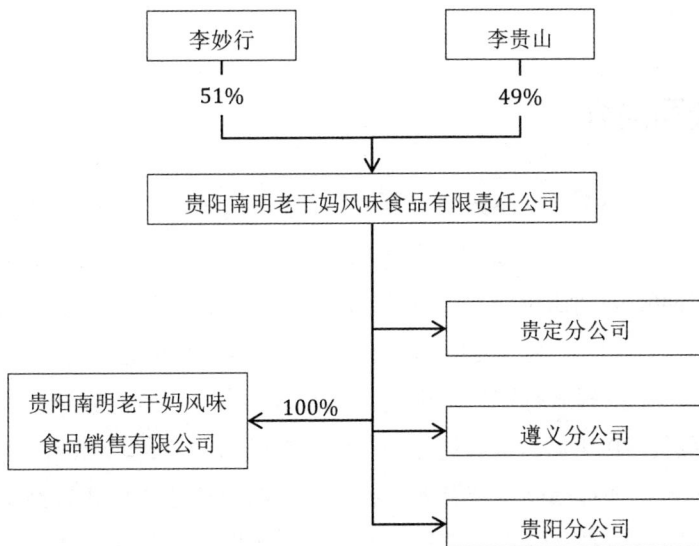

老干妈公司经营范围为：风味食品系列、豆豉、豆腐乳、火锅底料，经营本企业自产的粮油食品的出口业务、蔬菜制品、辣椒制品的生产、销售及从事行业相关的设备、仪器、原材料的进口业务。

老干妈公司的股权架构极其简单，有 1 家全资控股销售公司，3 家分公司。现有股东为陶华碧的两个儿子，陶华碧于 2014 年做好了交接股份及职位的决定。

老干妈产品畅销国内外，网上流传老干妈甚至成为某些监狱里面的"钞票"。老干妈对上市不感兴趣，认为上市是欺骗人家的钱，终会害人害己。因此可以看出这是一家民风极其淳朴的公司，其商业模式及创始人的风格决定了内部不需要太复杂的治理及管理方式。老干妈凭借着自身一步一个脚印，成为行业内的知名品牌，为行业树立了一个极好的榜样。

3. 携程国际股份有限公司

2018 年全年营业收入 310 亿元，利润 11 亿元。2019 年《财富》中国 500 强企业排名第 277 位。在 2019 年《中国互联网企业 100 强》中排名第 16 位。

携程公司简介

携程旅行网创立于 1999 年，总部设在中国上海，员工超过 3 万人，目前公司已在北京、广州、深圳、成都、杭州、南京、厦门、重庆、青岛、武汉、三亚、南通等 95 个境内城市，新加坡、首尔、香港等 22 个境外城市设立分支机构，在中国南通、苏格兰爱丁堡设立服务联络中心。

2010 年，携程旅行网战略投资台湾易游网和香港永安旅游，实现海峡两岸的互通。2014 年，投资途风旅行网，将触角延伸及北美洲。

2015 年，携程战略投资艺龙旅行网，并与百度达成股权置换交易完成对去哪儿网的控股，同年，携程首次被评为中国最大旅游集团，并跻身中国互联网企业十强。

2016 年 1 月，携程战略投资印度最大旅游企业 MakeMyTrip，并在新加坡成立了东南亚区域总部。同年 10 月，携程加大对北美洲地区的投入，与纵横、海鸥、途风达成合作。11 月，携程投资英国机票搜索平台 Skyscanner（天巡），完成了对海外机票市场的布局。自此，携程完成全球化的相关业务布局。

作为中国领先的综合性旅行服务公司，携程成功整合了高科技产业与传统旅行业，向超过 3 亿会员提供集无线应用、酒店预订、机票预订、旅游度假、商旅管理及旅游资讯在内的全方位旅行服务，被誉为互联网和传统旅游无缝结合的典范。

凭借稳定的业务发展和优异的盈利能力，CTRIP 于 2003 年 12 月在美国纳斯达克成功上市，上市当天创纳市 3 年来开盘当日涨幅最高纪录，目前市值超过 230 亿美元。

今日的携程，在线旅行服务市场居领先地位，连续 4 年被评为中国第一旅游集团，目前是全球市值第二的在线旅行服务公司。

经营理念：秉承"以客户为中心"的原则，以团队间紧密无缝的合作机制，以一丝不苟的敬业精神、真实诚信的合作理念，建立多赢的伙伴式合作体系，从而共同创造最大价值。

携程公司融资历程

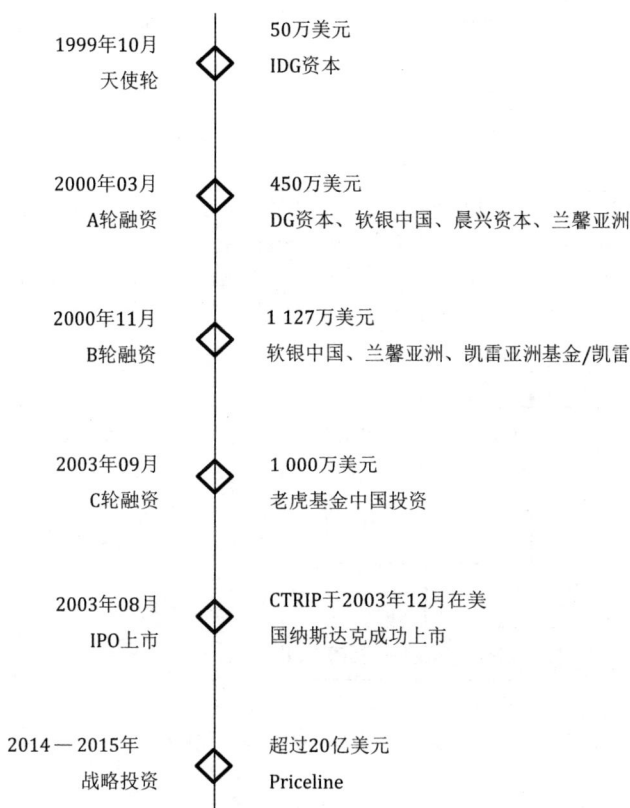

1999年10月 天使轮	50万美元 IDG资本
2000年03月 A轮融资	450万美元 DG资本、软银中国、晨兴资本、兰馨亚洲
2000年11月 B轮融资	1 127万美元 软银中国、兰馨亚洲、凯雷亚洲基金/凯雷
2003年09月 C轮融资	1 000万美元 老虎基金中国投资
2003年08月 IPO上市	CTRIP于2003年12月在美 国纳斯达克成功上市
2014—2015年 战略投资	超过20亿美元 Priceline

携程上市公司架构

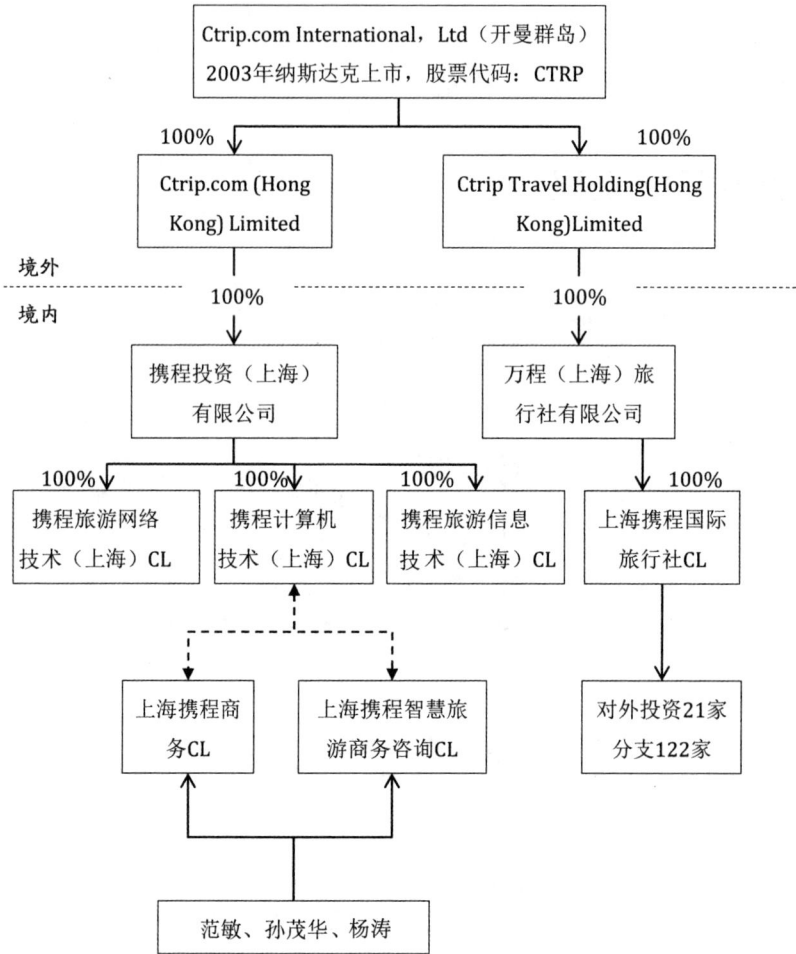

```
┌─────────────────────────────────────────────┐
│  Ctrip.com International，Ltd（开曼群岛）        │
│  2003年纳斯达克上市，股票代码：CTRP             │
└─────────────────────────────────────────────┘
      100% │                          │ 100%
           ▼                          ▼
┌──────────────────┐      ┌──────────────────┐
│ Ctrip.com (Hong   │      │ Ctrip Travel Holding(Hong │
│ Kong) Limited     │      │ Kong)Limited      │
└──────────────────┘      └──────────────────┘
```

境外
- -
境内

```
      100% │                          │ 100%
           ▼                          ▼
┌──────────────────┐      ┌──────────────────┐
│ 携程投资（上海）    │      │ 万程（上海）旅       │
│ 有限公司          │      │ 行社有限公司        │
└──────────────────┘      └──────────────────┘
```

```
100%│   100%│      100%│              │100%
    ▼       ▼          ▼              ▼
┌─────────┐┌─────────┐┌─────────┐  ┌─────────┐
│携程旅游网络││携程计算机 ││携程旅游信息│  │上海携程国际│
│技术（上海）CL││技术（上海）CL││技术（上海）CL│  │旅行社CL   │
└─────────┘└─────────┘└─────────┘  └─────────┘
```

```
┌─────────┐  ┌─────────┐          ┌─────────┐
│上海携程商 │  │上海携程智慧旅│          │对外投资21家│
│务CL      │  │游商务咨询CL │          │分支122家  │
└─────────┘  └─────────┘          └─────────┘
      ▲           ▲
      │           │
      └─────┬─────┘
            │
      ┌─────────────────┐
      │ 范敏、孙茂华、杨涛  │
      └─────────────────┘
```

（注：CL——有限公司； ──▶ 股权关系；◀- - -▶ 架构协议）

上市关联公司简要信息列表

成立时间	公司名称	法人代表	注册资本	分支机构数量	对外投资公司数量
2016/11/25	携程投资（上海）有限公司	冯雁	31 817 万美元	—	3
2005/4/14	携程旅游网络技术（上海）有限公司	范敏	1 000 万美元	1	16
1994/1/19	携程计算机技术（上海）有限公司	范敏	800 万美元	20	13
2003/3/13	携程旅游信息技术（上海）有限公司	范敏	26 017 万美元	3	3
2000/7/18	上海携程商务有限公司	范敏	3 000 万元	2	10
2010/10/28	上海携程智慧旅游商务咨询有限公司	范敏	500 万元	—	—
2002/5/16	上海携程国际旅行社有限公司	范敏	5 000 万元	122	21

携程公司对外投资情况

行业	投资公司
旅游	途家、大鱼自助游、VaShare、唐人接、同程旅游
民宿酒店	有家民宿、罗望、久栖连锁客栈、旅悦
制造业	Boom Supersonic
餐饮	美味不用等
社交网站、服务、电商	Trip.com、海那边、天巡、
出行	摩拜单车、小马购车、东方航空
医疗	智特生物

携程主要公司布局

主要公司	参股数量	公司名称
携程计算机技术（上海）有限公司	投资 13 家分支 20 家	上海携程小额贷款、上海翠泉酒店、上海携程资产管理、携程保险代理…… 黄埔分公司、长宁分公司、沈阳分公司、杭州办事处、厦门分公司……
携程旅游信息技术（上海）有限公司	投资 3 家分支 3 家	上海励程信息技术、上海携程小额贷款、上海首旅酒店集团；虹漕路分公司、昆山分公司、长宁分公司
携程旅游网络技术（上海）有限公司	投资 16 家分支 1 家	天津携程商业保理、上海尚诚消费金融、有我在、上海携程小额贷款、携领投资管理、上海携程金融信息…… 昆山分公司
上海携程商务有限公司	投资 10 家分支 2 家	携程金融科技、上海诗程文化、北京十一贝科技、携程保险代理…… 长宁分公司、虹漕路营业部
上海携程国际旅行社有限公司	投资 21 家分支 122 家	同程控股、爱玩信息、南京携程国际旅行社、山东好客旅游投资、丽江携程…… 嘉定天祝路营业部、黄兴路营业部、江月路营业部、徐汇东泉路营业部……

4. 新华网股份有限公司

2018 年全年营业收入 15.69 亿元，利润为 2.85 亿元人民币。2019 年年底，公司市值约 100 亿元人民币。

新华网简介

新华网是国家通讯社新华社主办的综合新闻信息服务门户网站，是中国最具影响力的网络媒体和具有全球影响力的中文网站。作为新华社全媒体新闻信息产品的主要传播平台，拥有 31 个地方频道以及英、法、俄、日、韩、德、葡等多种语言频道，日均多语种、多终端发稿达 1.5 万条，重大新闻首发率和转载率遥遥领先国内其他网络媒体。新华网是全球网民了解中国的最重要窗口，致力于为全球网民提供最权威最及时的新闻信息服务，用户遍及 200 多个国家和地区，桌面端日均页面浏览量超过 1.2 亿次，移动端日均覆盖人群超过 3 亿。

据 Alexa 排名显示，新华网在全球网站中综合排名第 70 位，大幅领先美联社、路透社、法新社等通讯社主办的网站，国内综合排名第 11 位，稳居新闻门户网站首位。在中央网信办主管的《网络传播》杂志发布的中央重点新闻网站传播力榜单中，连续 9 个月稳居 PC 端传播力排名首位，远超同类网站。

新华网的网络平台价值和品牌影响力得到各界广泛认可，俄罗斯总理梅德韦杰夫、以色列总理内塔尼亚胡、哈萨克斯坦总统纳扎尔巴耶夫等有影响力的大国政要也通过新华网与全球网民在线交流。

新华网拥有众多中国新闻奖和中国互联网站获奖作品和品牌栏目，在 2015 年和 2016 年的中国新闻奖评选中，新华网申报参评的《国际传播：习近平的大外交》《网页设计：简政放权——持续改革再发力》《政府敢啃"硬骨头"，市场才能有"肉"吃》和《新闻名专栏：数据新闻》获一等奖，获奖层级和数量均居中国网络媒体首位。此外，新华网还是"中国优秀文化网站""中国网站最具影响力品牌""中国新媒体年度十大品牌""中国新媒体创新年度品牌"等业内重要奖项的获得者。新华网承建了中国政府网、中国文明网、中国网信网等 20 多家政务网站，运营着中国最大规模的政务网站集群及用户规模超过 1 500 万人的微信公众号。

作为互联网新闻传播的国家队、主力军，新华网将不断创新传播理念和发展模式，传播中国声音，讲好中国故事，加快建设成为具有广泛国际影响的一流新闻网站和有强大实力的互联网文化企业。

新华网公司十大股东

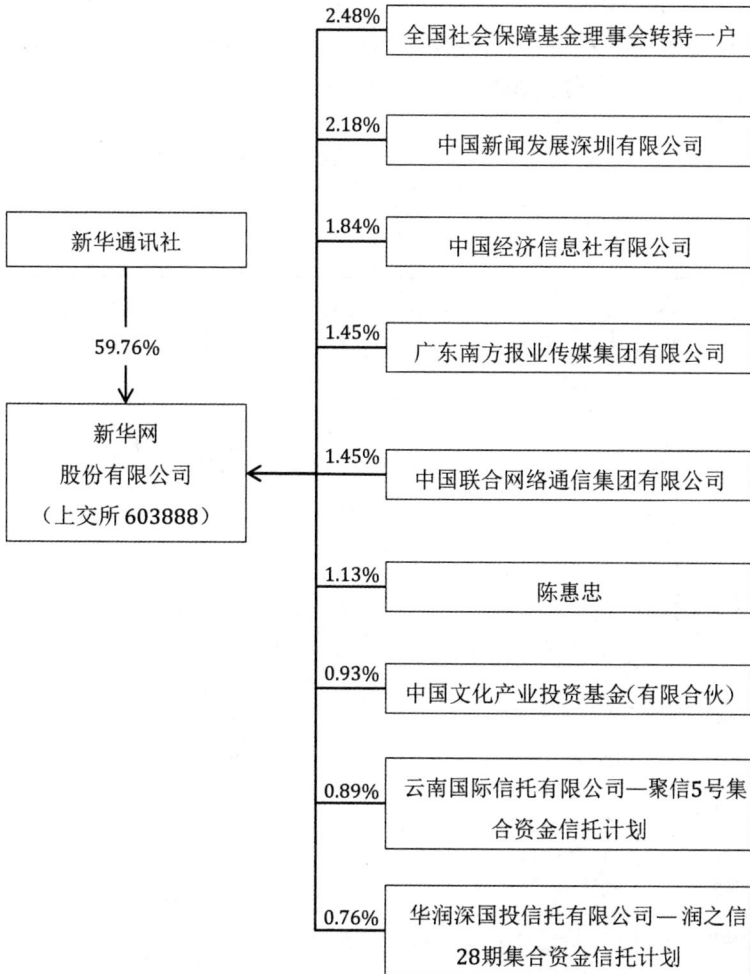

2.48%	全国社会保障基金理事会转持一户
2.18%	中国新闻发展深圳有限公司
1.84%	中国经济信息社有限公司
1.45%	广东南方报业传媒集团有限公司
1.45%	中国联合网络通信集团有限公司
1.13%	陈惠忠
0.93%	中国文化产业投资基金(有限合伙)
0.89%	云南国际信托有限公司—聚信5号集合资金信托计划
0.76%	华润深国投信托有限公司—润之信28期集合资金信托计划

新华通讯社

59.76%

新华网
股份有限公司
(上交所603888)

（注：——→ 股权关系 ）

185

新华网公司架构

根据工商注册显示，新华网股份有限公司直接对外投资 13 家公司，直属分支机构 35 家，分公司主要分布在中国各个省市。

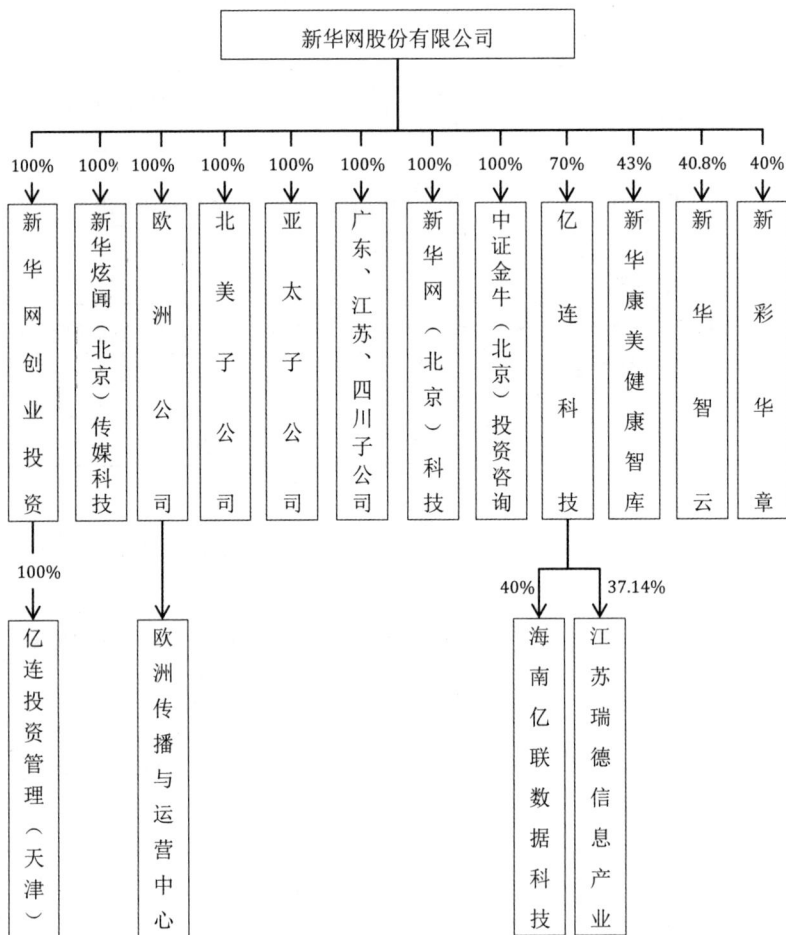

```
                        新华网股份有限公司

  100%  100%  100%  100%  100%  100%  100%  100%  70%   43%   40.8%  40%

  新华   新华   欧     北     亚     广东   新华   中证   亿     新华   新华   新彩
  网     炫闻   洲     美     太     、     网     金牛   连     康美   智     华
  创     （北   公     子     子     江苏   （北   （北   科     健康   云     章
  业     京）   司     公     公     、     京）   京）   技     智库
  投     传媒         司     司     四川   科技   投资
  资     科技                      子公           咨询
                                  司
   │                 │                          │
  100%               │                   40%         37.14%
   ↓                 ↓                    ↓            ↓
  亿                欧洲                 海南          江苏
  连                传播                 亿            瑞德
  投                与                   联            信息
  资                运营                 数据          产业
  管                中心                 科技
  理
  （天
  津）
```

（注：——→ 股权关系 ）

186

5. 芜湖顺荣三七互娱网络科技股份有限公司

2018 年全年营业收入为 76.33 亿元，利润为 15.36 亿元人民币。2019 年年底，公司总市值约 400 亿元人民币。深交所上市公司，股票代码：002555。

三七互娱简介

三七互娱成立于 2011 年，是全球 TOP25 游戏企业，中国互联网 20 强企业。

三七互娱前身是芜湖顺荣汽车部件股份有限公司。三七互娱乐于 2015 年通过资本运作完成上市（股票代码：002555），凭借优异业绩被纳入中证沪深 300 指数、明晟 MSCI 指数、高盛"新漂亮 50"名单，是国内 A 股优秀的社会公众公司。三七互娱的发行与研发总部设在广州，并在北京、上海、安徽、江苏、湖北，以及东南亚、日韩及欧美等地设有子公司或办事处等分支机构。

旗下拥有 37 手游、37 游戏、37GAMES 等全球知名的专业游戏运营平台，以及极光网络、墨鹍科技等国内顶尖的游戏研发团队；聚集了来自全国各地的网络精英及高素质管理人才，形成了投入、精细、分享、创新的企业价值观。

作为全球领先的游戏运营商、研发商，三七互娱以"传承中华文化精髓"为理念，积极推动国产游戏的全球化发展，同时积极布局影视、音乐、动漫、VR、文化健康产业及互联网少儿教育等领域。

此外，三七互娱积极开展互联网企业党建工作，深入学习贯彻习近平新时代中国特色社会主义思想和党的十九大精神。为践行企业社会责任，三七互娱还成立了广东省游心公益基金会，累计捐赠超 1 000 万元，用于边远地区高中教育等公益事业。

作为全球领先的游戏运营商、研发商，三七互娱以"传承中华文化精髓"为理念，积极推动国产游戏的全球化发展。旗下拥有 37 手游、37 游戏、37GAMES 等全球知名的专业游戏运营平台，以及极光网络、墨鹍科技等全球顶尖的游戏研发团队。

作为中国十佳手游平台，37 手游致力于打造精品手游，满足最广大玩家的喜好。旗下产品涵盖角色扮演、战争策略、模拟经营、益智休闲等多种游戏类型。

三七互娱公司股权架构

芜湖顺荣汽车部件股份有限公司成立于 1995 年，在公司上市之前，公司的股权架构如下。

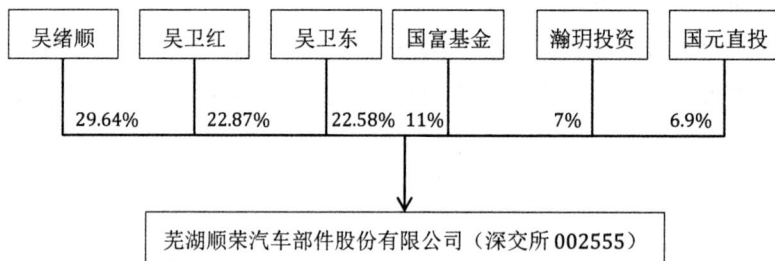

吴绪顺	吴卫红	吴卫东	国富基金	瀚玥投资	国元直投
29.64%	22.87%	22.58%	11%	7%	6.9%

芜湖顺荣汽车部件股份有限公司（深交所 002555）

2014 年 12 月，芜湖顺荣汽车部件股份有限公司收购了三七互娱 60% 的股份，2015 年 1 月，芜湖顺荣汽车部件股份有限公司的名称改为芜湖顺荣三七互娱网络科技股份有限公司。2015 年 12 月收购了剩余的 40% 的股权，这样三七互娱完成了整体上市。

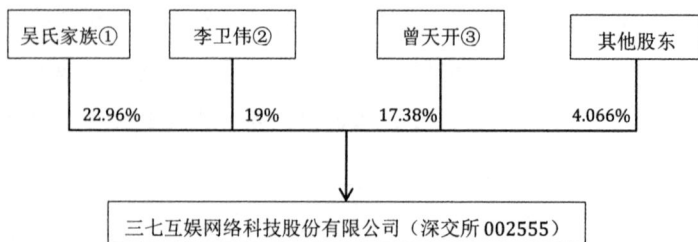

吴氏家族①	李卫伟②	曾天开③	其他股东
22.96%	19%	17.38%	4.066%

三七互娱网络科技股份有限公司（深交所 002555）

注：①：顺荣汽车业务原有实际股东，姓氏为吴的股东简称"吴氏家族"；

②和③：三七互娱游戏业务的创始人。

三七互娱公司架构

根据工商注册显示，三七互娱直接对外投资 9 家公司，间接持股公司 51 家。

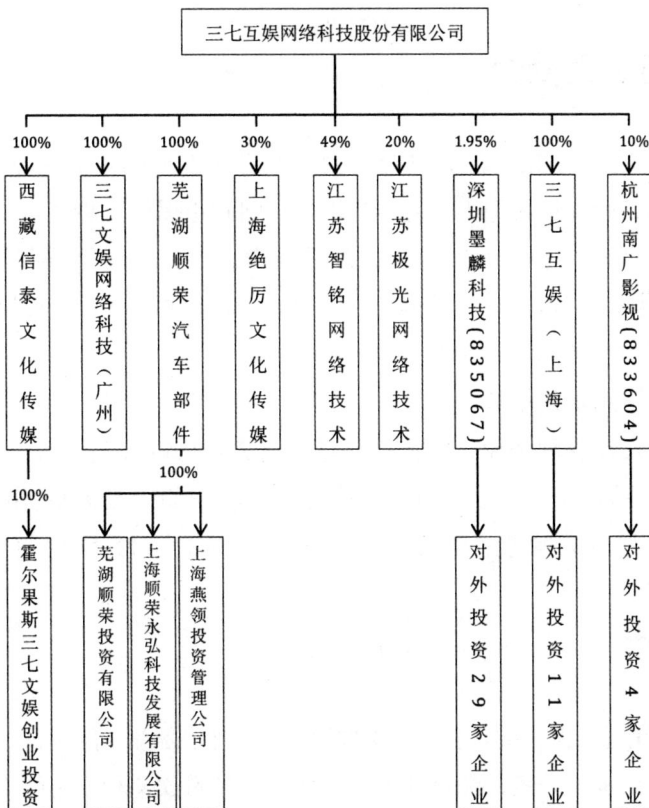

6. 上海二三四五网络控股集团股份有限公司

2018 年全年营业收入为 37.76 亿元，利润为 13.67 亿元人民币。2019 年底，公司总市值约 170 亿元人民币。深交所上市公司，股票代码：002195。

二三四五公司简介

2345 网址导航始建于 2005 年 9 月。宗旨是方便网友们快速找到自己需要的网站，而不用去记太多复杂的网址；同时也提供多种搜索引擎入口、实用查询、天气预报、团购导航、影视大全、地方导航等服务。于 2005 年 9 月正式上线，迅速成为国内第二大网址导航网站。2345 网址导航收录了网民需要的各类网站，提供实用查询、邮箱登录、天气预报、搜索引擎、在线收藏等常用网络服务。

作为一家互联网企业，该公司一直坚信"新科技改变生活"的理念，基于互联网平台，布局"互联网＋金融创新"战略。旗下业务涵盖网络科技、金融科技、星球联盟等三大板块。该公司于 2007 年 12 月 12 日在深交所中小板 A 股上市。

经营理念：坦诚、热情、共创、分享。

人才理念：诚实、用心、专业。

人才价值观：做人要诚实，做事要踏实；工作有激情，能投入，敢担当；能抓住重点，执行力强，注重细节；有强烈的学习欲望和学习能力。

公司的产品如下表所示。

事业群	产品或项目
互联网事业群	互联网运营中心：2345 导航、2345 游戏、2345 天气、2345 影视大全
	桌面软件事业部：2345 加速浏览器、2345 好压、2345 看图王、2345 王牌输入法、2345 安全卫士
	移动事业部：2345 王牌手机助手、2345 天气王、2345 手机浏览器
	王牌联盟事业部：2345 王牌技术员联盟、2345 王牌手机联盟

续表

事业群	产品或项目
互联网金融事业群	汽车金融事业部：2345 车贷王；商业金融事业部：2345 商贷王；消费金融事业部
新科技研究院	大数据研究中心、区块链研究中心、机器学习研究中心

二三四五公司股权架构

上海海隆软件股份有限公司成立于 1989 年，在公司上市之前，公司的股权架构如下。

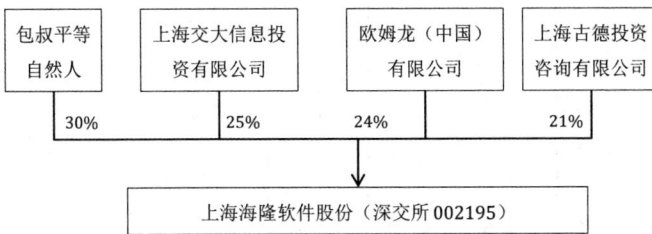

包叔平等自然人	上海交大信息投资有限公司	欧姆龙（中国）有限公司	上海古德投资咨询有限公司
30%	25%	24%	21%

上海海隆软件股份（深交所 002195）

2015 年 3 月，上海海隆软件股份有限公司的名称改为上海二三四五网络控股集团股份有限公司。此时二三四五最大的五名股东如下：

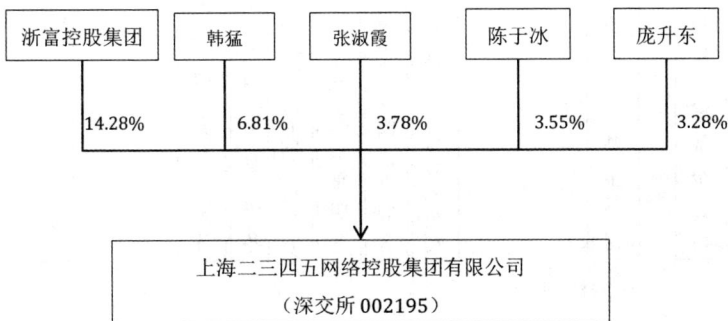

浙富控股集团	韩猛	张淑霞	陈于冰	庞升东
14.28%	6.81%	3.78%	3.55%	3.28%

上海二三四五网络控股集团有限公司
（深交所 002195）

二三四五公司架构

根据工商注册显示，二三四五股份有限公司直接对外投资 10 家公司。

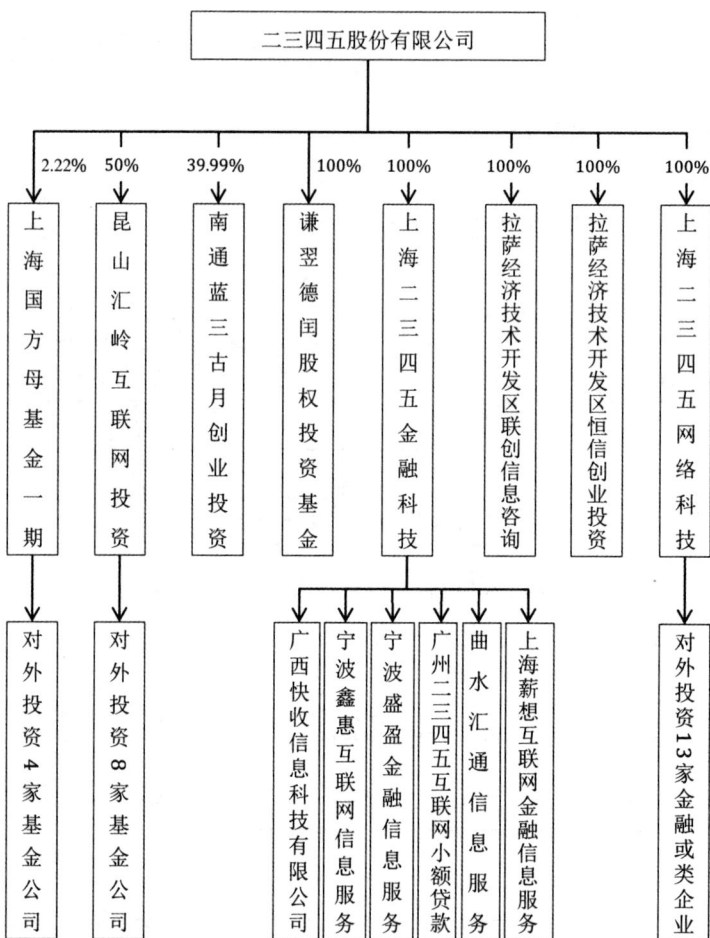

```
                        ┌─────────────────────────┐
                        │   二三四五股份有限公司   │
                        └─────────────────────────┘
```

2.22%	50%	39.99%	100%	100%	100%	100%	100%
上海国方母基金一期	昆山汇岭互联网投资	南通蓝三古月创业投资	谦翌德闰股权投资基金	上海二三四五金融科技	拉萨经济技术开发区联创信息咨询	拉萨经济技术开发区恒信创业投资	上海二三四五网络科技
对外投资 4 家基金公司	对外投资 8 家基金公司			广西快收信息科技有限公司 / 宁波鑫惠互联网信息服务 / 宁波盛盈金融信息服务 / 广州二三四五互联网小额贷款 / 曲水汇通信息服务 / 上海薪想互联网金融信息服务			对外投资 13 家金融或类企业

（注：──► 股权关系 ）

二三四五公司组织架构

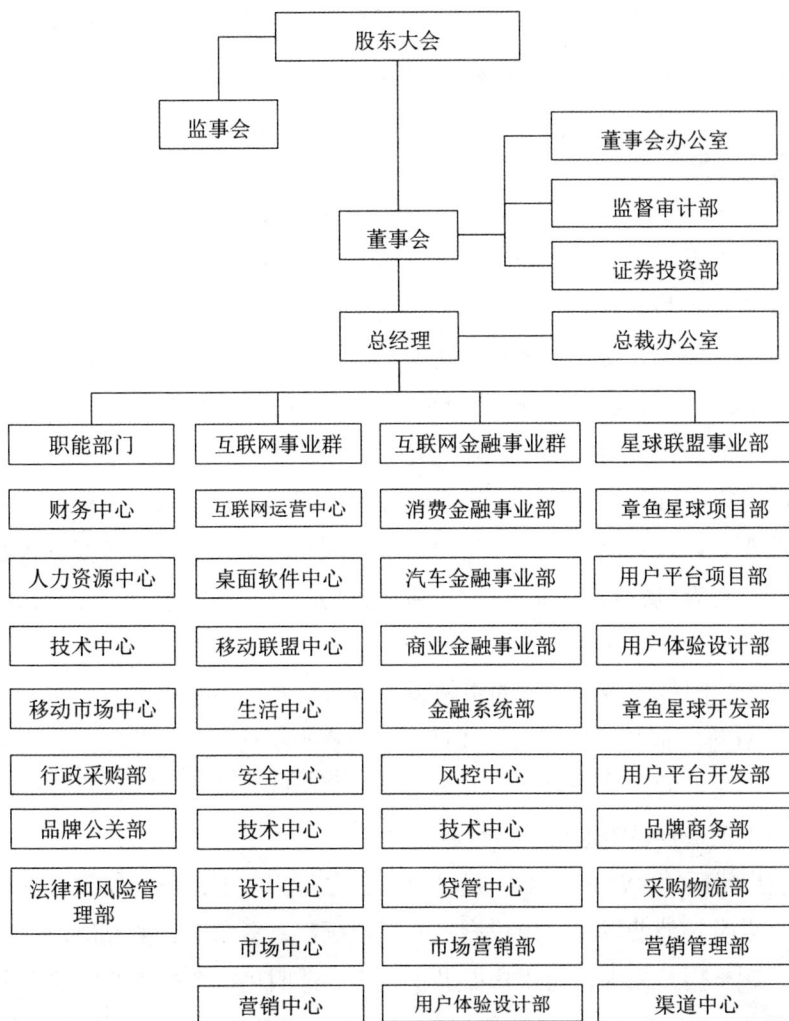

```
                        股东大会
          ┌───────────────┤
        监事会                                    ┌──── 董事会办公室
                                                  │
                                                  ├──── 监督审计部
                                  董事会 ──────────┤
                                                  └──── 证券投资部

                                  总经理 ──────────── 总裁办公室
```

职能部门	互联网事业群	互联网金融事业群	星球联盟事业部
财务中心	互联网运营中心	消费金融事业部	章鱼星球项目部
人力资源中心	桌面软件中心	汽车金融事业部	用户平台项目部
技术中心	移动联盟中心	商业金融事业部	用户体验设计部
移动市场中心	生活中心	金融系统部	章鱼星球开发部
行政采购部	安全中心	风控中心	用户平台开发部
品牌公关部	技术中心	技术中心	品牌商务部
法律和风险管理部	设计中心	贷管中心	采购物流部
	市场中心	市场营销部	营销管理部
	营销中心	用户体验设计部	渠道中心

7. 趣店股份有限公司

2018 年全年营业收入 76.9 亿元人民币，利润 26.8 亿元人民币，互联网金融代表企业之一。在 2019 年年底，公司总市值约 13 亿美元。

趣店简介

趣店集团（NYSE:QD）是一家定位于服务金融机构的科技公司。通过大数据驱动科技创新，为金融机构创造价值，为亿万优质但无法从传统渠道获得服务的用户提供正规化、透明化、个性化的消费金融产品与服务。自 2014 年 4 月成立以来，已累计服务数千万用户。2017 年 10 月 18 日，趣店集团成功在美国纽约证券交易所挂牌上市。

趣店集团目前拥有处理上亿级别行为数据的分析能力，依托纯线上自动化模型，以及对消费场景、用户需求的深刻洞察，能够多角度、多方位识别用户行为、解析用户需求，帮助金融机构降低获客成本、提高运营效率、丰富消费场景、提升用户体验。

作为中国科技金融领域的引领者，趣店集团将不断加大在大数据、云计算、AI 等方面的研发投入，通过开放自身数据技术与运营能力，为金融机构提供更好的服务，满足人们日益增长的美好生活需要，在践行普惠金融、助推消费升级的道路上愈行愈坚。

趣店集团（NYSE：QD）通过分析上亿行为数据，依托纯线上自动化模型，以及对消费场景、用户需求的深刻洞察，多角度、多方位识别用户行为、解析用户需求，为用户提供正规化、透明化、个性化的消费金融产品和服务。趣店从 3C 电子产品起步，逐步拓展到运动、箱包、美妆、手表、珠宝等多个品类，以及以二手手机为主的业务"二手优选"、手机租赁业务"趣先享"等，满足用户不同消费场景下的多元化需求。目前趣店已与多家知名品牌如 OPPO、vivo、联想、戴尔等公司达成长期战略合作。

公司价值观：客户至上、快、团结、创造、拥抱变化、公平。

公司愿景：通过大数据驱动科技创新，成为中国消费者寻求消费金融服务的首选。

公司使命：为金融机构创造价值，让人人都能享用个性化的消费金融服务。

趣店融资历程

2014年3月 天使轮	◇	100万元人民币 吴世春、李想、陈华、李树斌、鲍岳桥
2014年7月 A轮融资	◇	100万美元 投资方为蓝驰创投
2014年8月 B轮融资	◇	2 500万美元 源码资本、Golden Summit、蓝驰创投
2014年12月 C轮融资	◇	1亿美元 投资方未知
2015年04月 D轮融资	◇	1亿美元 昆仑万维领投、蓝驰创投、源码资本老股东跟投
2015年8月 E轮融资	◇	2亿美元 蚂蚁金服、昆仑万维、蓝驰创投、源码资本
2016年7月 Pre-IPO融资	◇	30亿元人民币 凤凰祥瑞、联络互动
2016年10月 战略投资	◇	3.75亿美元 国盛金控

趣店上市公司架构

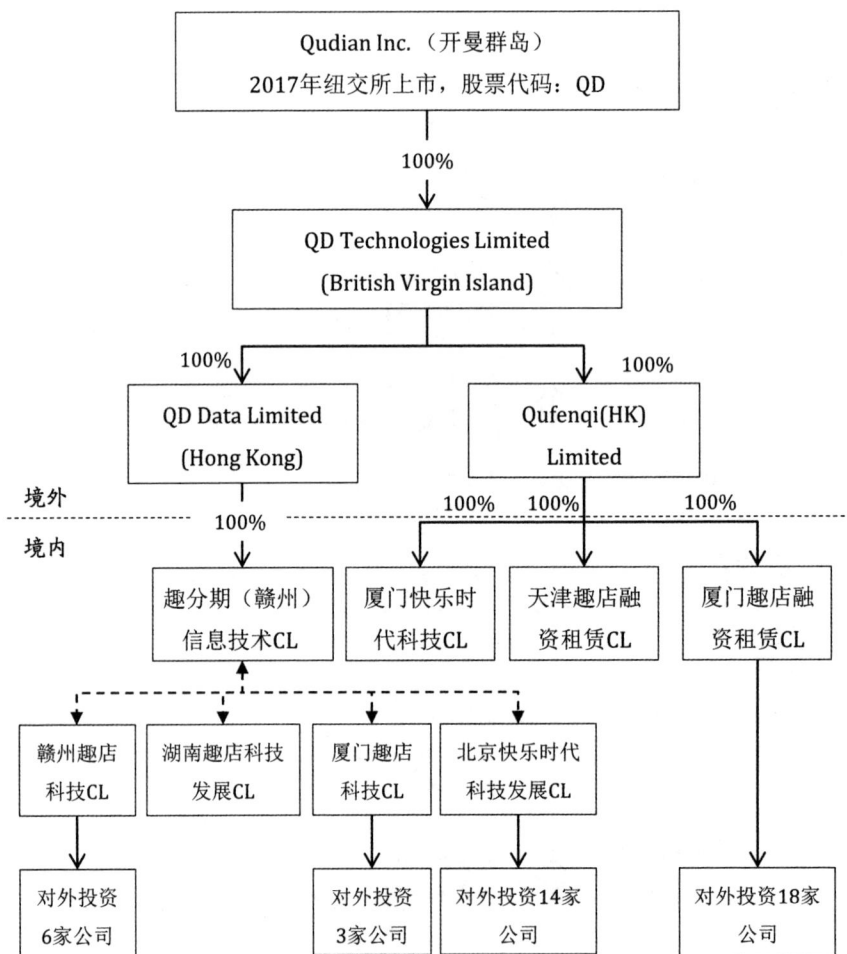

```
┌─────────────────────────────────────────────┐
│        Qudian Inc.（开曼群岛）               │
│   2017年纽交所上市，股票代码：QD             │
└─────────────────────────────────────────────┘
                    │ 100%
┌─────────────────────────────────────────────┐
│         QD Technologies Limited              │
│         (British Virgin Island)              │
└─────────────────────────────────────────────┘
     │ 100%                          │ 100%
┌──────────────────┐         ┌──────────────────┐
│  QD Data Limited │         │  Qufenqi(HK)     │
│   (Hong Kong)    │         │   Limited        │
└──────────────────┘         └──────────────────┘
```

境外
- -
境内

趣分期（赣州）信息技术CL	厦门快乐时代科技CL	天津趣店融资租赁CL	厦门趣店融资租赁CL

赣州趣店科技CL	湖南趣店科技发展CL	厦门趣店科技CL	北京快乐时代科技发展CL	
对外投资6家公司		对外投资3家公司	对外投资14家公司	对外投资18家公司

（注：CL——有限公司；——▶ 股权关系；◀---▶ 架构协议）

上市关联公司简要信息列表

成立时间	公司名称	法人代表	注册资本	分支机构数量	对外投资公司数量
2016/9/5	趣分期（赣州）信息技术有限公司	罗敏	25 000 万美元	—	—
2018/9/5	厦门快乐时代科技有限公司	吕连柱	1 000 万美元	—	—
2018/1/19	天津趣店融资租赁有限公司	吕连柱	1 000 万美元	—	—
2017/4/21	厦门趣店融资租赁有限公司	罗敏	30 000 万美元	29	18
2016/11/25	赣州趣店科技有限公司	罗敏	1 000 万元	—	6
2016/11/2	湖南趣店科技发展有限公司	罗敏	1 000 万元	—	—
2017/4/1	厦门趣店科技有限公司	罗敏	1 000 万元	—	3
2014/4/9	北京快乐时代科技发展有限公司	罗敏	2 388.59 万元	—	14

　　创始人罗敏于 2014 年 4 月成立了北京快乐时代科技发展有限公司，这是趣分期产品诞生的第一家公司，公司以校园消费金融起步，后期转型为白领消费金融，品牌由趣分期转变为趣店。2015 年，获得蚂蚁金融 E 轮融资，并和蚂蚁金服达成战略合作，趣店进一步占领市场。2017 年，公司成功在纽交所上市。公司在消费金融的基础上，瞄准了汽车消费金融领域，遂在 2017 年成立厦门趣店融资租赁有限公司，并通过该公司成立了多家分支机构和直属子公司，为扩大汽车金融市场做好准备。

趣店主要公司布局

主要公司	参股数量	公司名称
厦门趣店融资租赁有限公司	分支 29 家	宁夏分公司、沈阳分公司、济南分公司、温州分公司、昆明分公司、惠州分公司、同安分公司、青岛分公司、长沙分公司、宁波分公司、东莞分公司、西安分公司……
厦门趣店融资租赁有限公司	投资 18 家	重庆大白汽车租赁有限公司、厦门趣店汽车销售服务有限公司、甘肃趣店汽车租赁有限公司、贵阳趣店汽车租赁有限公司……
赣州趣店科技有限公司	投资 6 家	赣州趣店商贸发展有限公司、新疆趣店科技发展有限公司、赣州来分期科技发展有限公司、厦门趣店商业保理有限公司、江西春眠科技发展有限公司、厦门均达网络科技有限公司
厦门趣店科技有限公司	投资 3 家	厦门趣店文化科技有限公司、厦门欢乐分享信息咨询合伙企业（有限合伙）、西藏乐时代科技发展有限公司
北京快乐时代科技发展有限公司	投资 14 家	趣分期（北京）信息技术有限公司、赣州快乐生活网络小额贷款有限公司、湖南快乐时代科技发展有限公司、赣州快乐时代电子商务有限公司、赣州趣校园科技发展有限公司、赣州快乐分期科技发展有限公司、赣州快乐分期网络服务有限公司……

8. 哔哩哔哩股份有限公司

2018 年全年营收 41.3 亿元，净亏损 1.5 亿元。2019 年年底，公司市值约 50 亿美元。

bilibili 简介

2013 年 5 月 2 日，上海幻电信息科技有限公司成立。

哔哩哔哩（bilibili）是中国领先的年轻人文化社区，该网站于 2009 年 6 月 26 日创建，被粉丝们亲切的称为"B 站"。根据数据公司 Quest Mobile 发布的《移动互联网 2017 年 Q2 夏季报告》，B 站位列 24 岁及以下年轻用户偏爱的十大 App 榜首。同时，在百度发布的 2016 热搜榜中，B 站在 00 后十大新鲜关注 App 中排名第一。

B 站的特色是悬浮于视频上方的实时评论功能，爱好者称其为"弹幕"，这种独特的视频体验让基于互联网的弹幕能够超越时空限制，构建出一种奇妙的共时性的关系，形成一种虚拟的部落式观影氛围，让 B 站成为极具互动分享和二次创造的文化社区。B 站目前也是众多网络热门词汇的发源地之一。

目前 B 站活跃用户超过 1.5 亿，每天视频播放量超过 1 亿，原创投稿总数超过 1 000 万。B 站 75% 的用户年龄在 24 岁以下。

B 站拥有动画、番剧、国创、音乐、舞蹈、游戏、科技、生活、鬼畜、娱乐、时尚等多个内容分区。70% 的内容来自用户自制或原创视频，目前拥有超过 100 万的活跃视频创作者（up 主）。

B 站在今年 3 月成立了"国创"（国产原创）专区，致力于国产原创动画的推广与生态维护。截至目前，国产原创动画播放量累计达到 4.4 亿次。

站点目前开设有动画、番剧、国创、音乐、舞蹈、游戏、科技、生活、鬼畜、时尚、广告、娱乐、影视、放映厅 14 个板块。

bilibili 融资历程

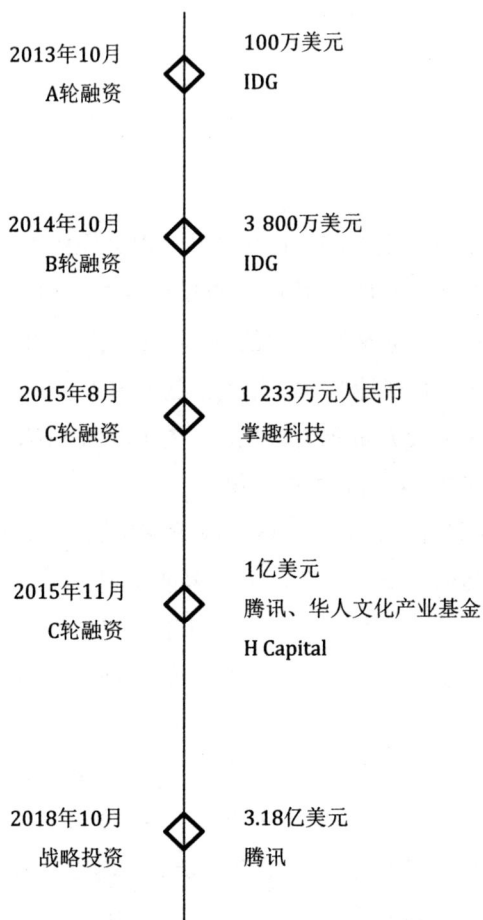

2013年10月 A轮融资	◇	100万美元 IDG
2014年10月 B轮融资	◇	3 800万美元 IDG
2015年8月 C轮融资	◇	1 233万元人民币 掌趣科技
2015年11月 C轮融资	◇	1亿美元 腾讯、华人文化产业基金 H Capital
2018年10月 战略投资	◇	3.18亿美元 腾讯

bilibili 上市公司架构

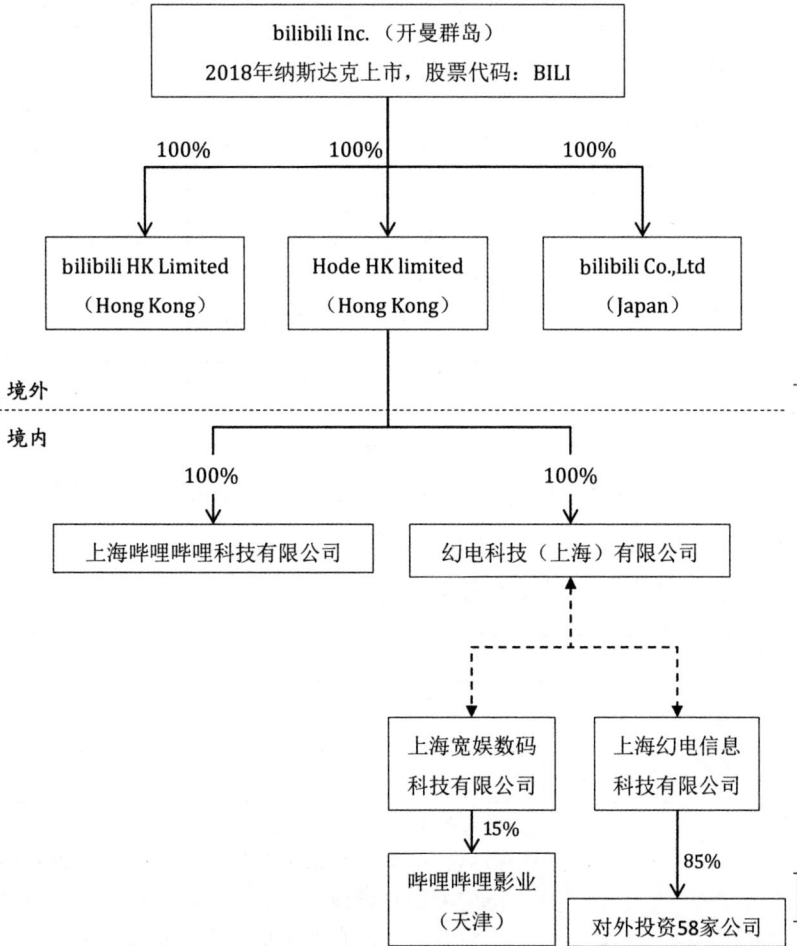

```
                    ┌─────────────────────────────────┐
                    │   bilibili Inc.（开曼群岛）        │
                    │ 2018年纳斯达克上市，股票代码：BILI  │
                    └─────────────────────────────────┘
         100%              100%              100%

  ┌──────────────┐  ┌──────────────┐  ┌──────────────┐
  │ bilibili HK  │  │ Hode HK      │  │ bilibili     │
  │ Limited      │  │ limited      │  │ Co.,Ltd      │
  │（Hong Kong）  │  │（Hong Kong） │  │（Japan）      │
  └──────────────┘  └──────────────┘  └──────────────┘
```

境外
- -
境内

```
         100%                      100%

  ┌────────────────────┐   ┌────────────────────┐
  │ 上海哔哩哔哩科技有限公司 │   │ 幻电科技（上海）有限公司 │
  └────────────────────┘   └────────────────────┘

            ┌──────────────┐   ┌──────────────┐
            │ 上海宽娱数码    │   │ 上海幻电信息    │
            │ 科技有限公司    │   │ 科技有限公司    │
            └──────────────┘   └──────────────┘
                 │ 15%             │ 85%
            ┌──────────────┐   ┌──────────────┐
            │ 哔哩哔哩影业    │   │ 对外投资58家公司 │
            │（天津）        │   └──────────────┘
            └──────────────┘
```

（注：CL——有限公司； ⟶ 股权关系；◀- - - 架构协议）

上市关联公司简要信息列表

成立时间	公司名称	法人代表	注册资本	分支机构数量	对外投资公司数量
2016/12/30	上海哔哩哔哩科技有限公司	陈睿	20 000 万美元	—	1
2014/9/11	幻电科技（上海）有限公司	陈睿	5 000 万美元	—	—
2005/8/12	上海宽娱数码科技有限公司	陈睿	2 100 万美元	5	1
2013/5/2	上海幻电信息科技有限公司	徐逸	1 099.35 万元	1	58
2015/11/23	哔哩哔哩影业（天津）有限公司	李旎	1 000 万元	—	—

　　上海幻电信息科技有限公司是 bilibili 的第一家公司，也是当前对外进行公司布局和投资重要主体公司，幻电信息科技成立于 2013 年 5 月，并于 2015 年 10 月获得 IDG 100 万美元的投资。主要对外投资情况如下。

主要公司	投资情况	公司名称（部分）
上海宽娱数码科技有限公司	分支 5 家投资 1 家	徐州分公司、休宁办事处、北京办事处、杭州分公司、南京办事处；哔哩哔哩影业（天津）有限公司
上海幻电信息科技有限公司	投资 58 家	哆啦哔梦（上海）文化传播、潮漫艾（上海）文化传播、御宅（北京）科技、上海萌鲸网络科技、上海幻骊信息科技、上海兽耳网络科技、厦门优他动漫科技、上海有度文化传媒、北京氪金科技、北京鲜漫文化创意、天津悦响文化传播、北京创艺天地科技……

9．蔚来汽车股份有限公司

蔚来汽车在 2016 年、2017 年和 2018 年，净亏损分别为 25.73 亿元、50.21 亿元和 96 亿元人民币，合计在两年半的时间内公司亏损 171 亿元人民币。上市初期，公司市值约 80 亿美元。

蔚来汽车简介

2015 年 5 月 7 日，上海蔚来汽车有限公司成立。

蔚来，寓意"Blue Sky Coming"，我们的标志由此而诞生。标志的上下两部分分别象征我们的愿景和行动：上半部分代表天空，象征开放、未来与目标；下半部分代表延伸向地平线的路面，象征方向、行动与向前的动力。蔚来已来，我们致力于创造更美好、更可持续的明天。

汽车行业正在发生深刻改变。我们相信需要改变的不仅是产品和技术，真正变革的方向是如何创造用户拥有汽车的感动。我们将重新定义服务用户的所有过程，为用户提供超越期待的全程愉悦体验。我们相信，更好的汽车拥有体验，将会让越来越多的用户愿意拥有一辆电动汽车，我们所期盼的蔚蓝天空就会到来。

2014 年 11 月，蔚来由李斌、刘强东、李想、腾讯、高瓴资本、顺为资本等深刻理解用户的顶尖互联网企业与企业家联合发起创立，并获得淡马锡、百度资本、红杉、厚朴、联想集团、华平、TPG、GIC、IDG、愉悦资本等数十家知名机构投资。

蔚来是立足全球的初创品牌，已在圣何塞、慕尼黑、伦敦、上海等 13 地设立了研发、设计、生产和商务机构，汇聚了数千名世界顶级的汽车、软件和用户体验的行业人才。

2016 年 11 月 21 日，蔚来在伦敦发布了英文品牌"NIO"、全新 LOGO、全球最快电动汽车 EP9。2017 年 4 月 19 日，蔚来携 11 辆车亮相 2017 上海国际车展，这是蔚来品牌的中国首秀。量产车蔚来 ES8 首次揭开面纱，旗舰超跑蔚来 EP9 开启预售。ES8 是一款高性能 7 座纯电动 SUV，计划 2017 年内正式发布，2018 正式开始交付。

2018 年 9 月 12 日，蔚来汽车在美国纽交所成功上市。

蔚来汽车融资历程

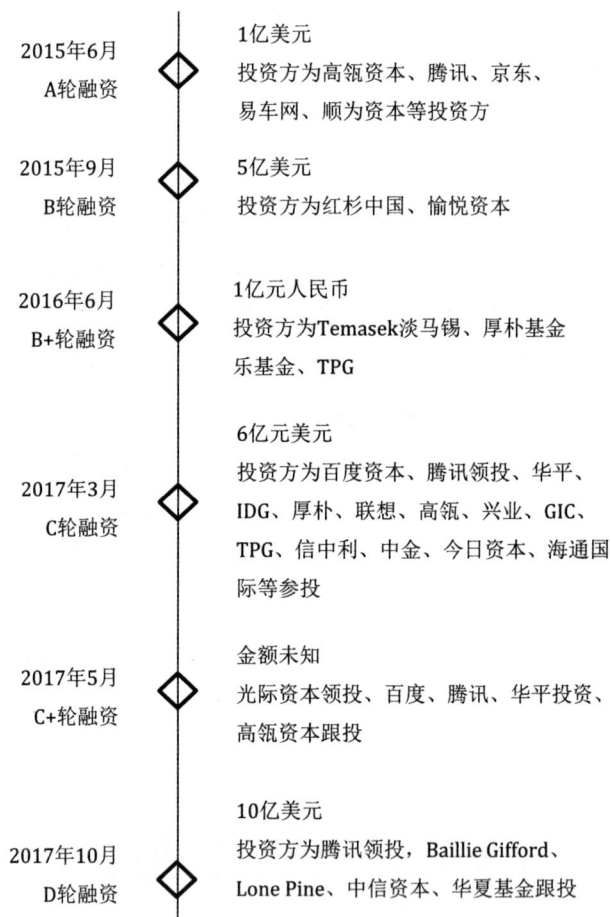

2015年6月
A轮融资

1亿美元
投资方为高瓴资本、腾讯、京东、
易车网、顺为资本等投资方

2015年9月
B轮融资

5亿美元
投资方为红杉中国、愉悦资本

2016年6月
B+轮融资

1亿元人民币
投资方为Temasek淡马锡、厚朴基金
乐基金、TPG

2017年3月
C轮融资

6亿元美元
投资方为百度资本、腾讯领投、华平、
IDG、厚朴、联想、高瓴、兴业、GIC、
TPG、信中利、中金、今日资本、海通国
际等参投

2017年5月
C+轮融资

金额未知
光际资本领投、百度、腾讯、华平投资、
高瓴资本跟投

2017年10月
D轮融资

10亿美元
投资方为腾讯领投，Baillie Gifford、
Lone Pine、中信资本、华夏基金跟投

蔚来汽车上市公司股权架构

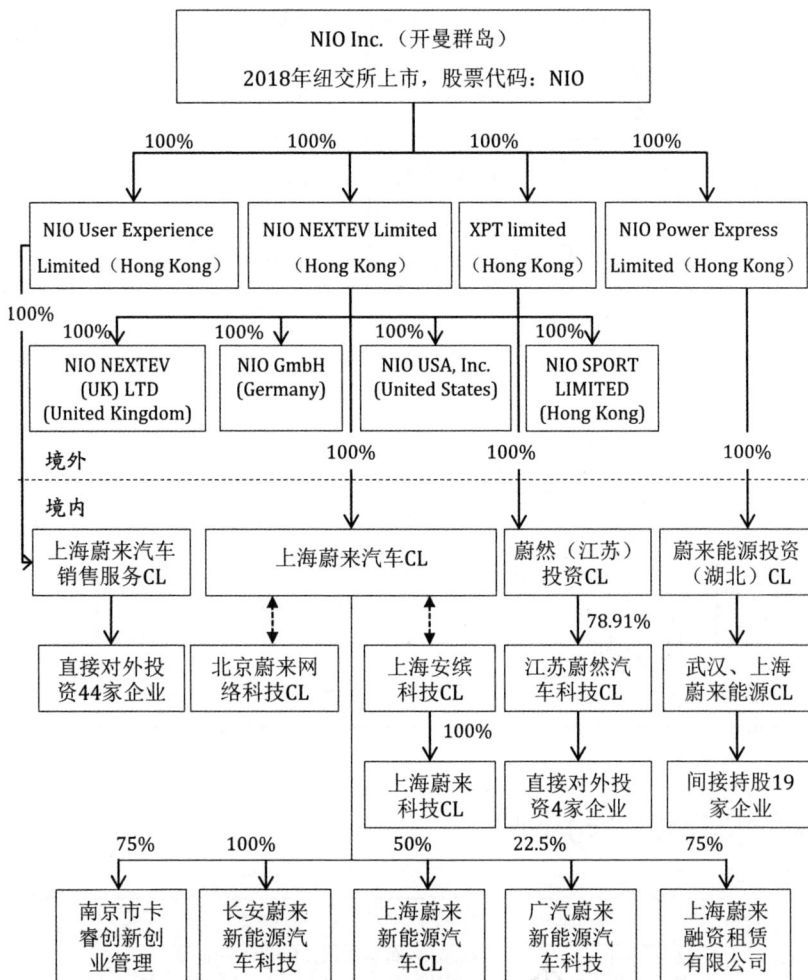

```
                    ┌─────────────────────────────────┐
                    │    NIO Inc.（开曼群岛）          │
                    │  2018年纽交所上市，股票代码：NIO │
                    └─────────────────────────────────┘
```

100%　　　　100%　　　　　100%　　　　　100%

| NIO User Experience Limited（Hong Kong） | NIO NEXTEV Limited（Hong Kong） | XPT limited（Hong Kong） | NIO Power Express Limited（Hong Kong） |

100%

100%　　　　100%　　　　　100%　　　　100%

| NIO NEXTEV (UK) LTD (United Kingdom) | NIO GmbH (Germany) | NIO USA, Inc. (United States) | NIO SPORT LIMITED (Hong Kong) |

境外

- -

境内

100%　　　　　100%　　　　　100%

| 上海蔚来汽车销售服务CL | 上海蔚来汽车CL | 蔚然（江苏）投资CL | 蔚来能源投资（湖北）CL |

78.91%

| 直接对外投资44家企业 | 北京蔚来网络科技CL | 上海安缤科技CL | 江苏蔚然汽车科技CL | 武汉、上海蔚来能源CL |

100%

| 上海蔚来科技CL | 直接对外投资4家企业 | 间接持股19家企业 |

75%　　　　100%　　　　50%　　　　22.5%　　　　75%

| 南京市卡睿创新创业管理 | 长安蔚来新能源汽车科技 | 上海蔚来新能源汽车CL | 广汽蔚来新能源汽车科技 | 上海蔚来融资租赁有限公司 |

（注：CL——有限公司；——➤ 股权关系；◄---➤ 架构协议）

上市关联公司简要信息列表

成立时间	公司名称	法人代表	注册资本	分支机构数量	对外投资公司数量
2017/3/24	上海蔚来汽车销售服务有限公司	秦力洪	10 000 万美元	–	44
2015/5/7	上海蔚来汽车有限公司	秦力洪	200 000 万美元	2	5
2016/5/16	蔚然（江苏）投资有限公司	郑显聪	25 000 万美元	–	1
2017/4/10	蔚来能源投资（湖北）有限公司	沈斐	7 000 万美元	–	2
2017/7/5	北京蔚来网络科技有限公司	秦力洪	1 000 万元	–	–
2018/4/13	上海安缤科技有限公司	秦力洪	3 000 万元	–	1
2018/5/4	江苏蔚然汽车科技有限公司	郑显聪	27 373 万美元	–	4
2017/5/27	武汉蔚来能源有限公司	秦力洪	78 400 万元		18

蔚来汽车主要公司布局

主要公司	投资情况	公司名称（部分）
上海蔚来汽车销售服务有限公司	投资 44 家	佛山子公司、南昌子公司、贵阳子公司、银川子公司、太原子公司……
江苏蔚然汽车科技有限公司	投资 4 家	蔚隆（南京）汽车智能科技、蔚然（南京）储能技术、蔚然（南京）动力科技、上海蔚兰动力科技
武汉蔚来能源有限公司	投资 18 家	郑州子公司、天津子公司、重庆子公司、西安子公司、苏州子公司、合肥子公司……

蔚来汽车控制权安排

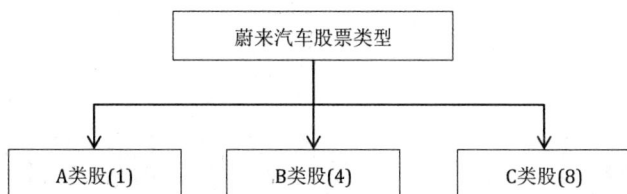

```
            蔚来汽车股票类型
   ┌──────────────┼──────────────┐
   ↓              ↓              ↓
A类股(1)       .B类股(4)        C类股(8)
```

　　蔚来汽车上市的时候，公司的股票分为三种类型，即极少采用的 ABC 股票，A 类股票每股可以投 1 票，B 类股票每股可以投 4 票，C 类股票每股可以投 8 票。每类股票除了表决权和转换权不同以外，其他方向享有同等的权利。

　　持有 C 类股票的只有创始人李斌一人，持股比例为 14.5%，因此对应的控制权约 48.3%；持有 B 类股票的只有腾讯 1 家，持股比例为 12.9%，对已经拥有的表决权约 21.5%。其他公司核心员工及投资者持有的都为 A 类股票。

　　因此，控制权具体如下图所示。

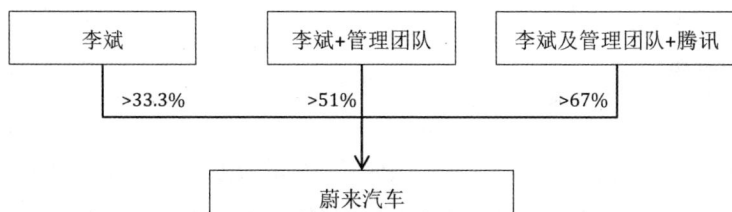

```
  ┌─────────┐   ┌──────────────┐   ┌────────────────────┐
  │  李斌   │   │ 李斌+管理团队 │   │ 李斌及管理团队+腾讯 │
  └─────────┘   └──────────────┘   └────────────────────┘
     >33.3%          >51%                  >67%
                      ↓
              ┌──────────────┐
              │   蔚来汽车   │
              └──────────────┘
```

　　a. 李斌个人控制权比例超过 1/3。

　　b. 创始人李斌 + 管理团队，其控制权超过 51%。

　　c. 创始人李斌 + 管理团队 + 腾讯公司，其控制权超过 67%。

第十三章　民营金融集团
公司股权架构

1. 海航集团有限公司

海航集团金融系持股情况如下。

银行	证券	保险	信托	期货	基金	融资租赁	合计
8家	4家	4家	1家	1家	1家	3家	22家

海航集团简介

自 1993 年创业至今，海航集团经历 25 年的发展，从单一的地方航空运输企业发展成为跨国企业集团。海航集团以航空旅游、航空物流为核心发展方向，以航空租赁、航空技术为辅助支撑平台，夯实航空主业可持续发展的根基，致力于打造现代航空服务综合运营商。

海航集团在陈峰董事长为核心的董事会带领下，不断进取，开拓创新，始终将履行企业社会责任作为企业发展战略之一，秉承"为社会做点事，为他人做点事"企业文化理念。海航集团以公益为核心，造福社会、造福人民，在全球范围内开展扶危济困、生态环保、文化教育、生命关爱等逾 100 项慈善公益活动，多次荣获"中华慈善奖"，并获得联合国颁发的"南南奖—企业社会责任奖"。

公司业务数据：

□年旅客运输量近 1 亿人次。

□年度总收入近 7 000 亿元人民币。

□总资产逾 10 000 亿元人民币。

□拥有飞机逾 1 250 架（海航集团实际运营机队总规模 740 余架，租赁近 550 架）。

□国内外通航城市数量 270 余个。

□国内外航线数量近 1 200 条。

□管理运营及合作机场数量 13 家。

□运营及投资国内外酒店 8 000 余家。

□商业门店逾 1 600 家。

□境外员工近 290 000 人。

□提供就业岗位逾 430 000 个。

□旅游门店逾 280 家。

□运营各类船舶近 50 艘。

2015 年 12 月海航集团获大公国际资信评估有限公司"AAA"最高信用评级。

2016 年 7 月海航集团荣膺 2016《财富》世界 500 强第 353 位。

公司股权架构

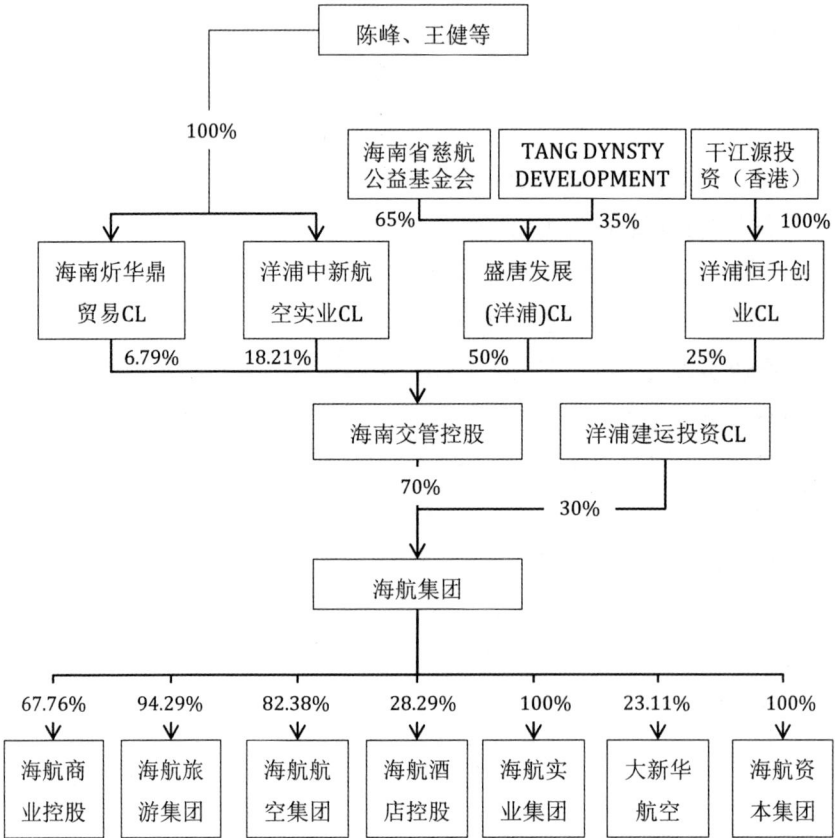

```
                    ┌─────────────────────┐
                    │    陈峰、王健等       │
                    └─────────────────────┘
          ┌──────────────┴────┐
          │                   │
        100%       ┌──────────┬──────────┬──────────┐
                   │          │          │          │
          ┌────────┴───┐ ┌────────────┐ ┌──────────┐ ┌──────────┐
          │ 海南省慈航  │ │TANG DYNSTY │ │干江源投   │
          │ 公益基金会  │ │DEVELOPMENT │ │资（香港） │
          └────────────┘ └────────────┘ └──────────┘
            65%              35%           100%
   ┌──────────┐ ┌──────────┐ ┌──────────┐ ┌──────────┐
   │海南炘华鼎 │ │洋浦中新航 │ │盛唐发展   │ │洋浦恒升创 │
   │贸易CL     │ │空实业CL   │ │(洋浦)CL   │ │业CL       │
   └──────────┘ └──────────┘ └──────────┘ └──────────┘
      6.79%      18.21%        50%           25%
              ┌──────────┐    ┌──────────────┐
              │海南交管控股│    │洋浦建运投资CL │
              └──────────┘    └──────────────┘
                  70%            30%
              ┌──────────┐
              │ 海航集团  │
              └──────────┘
```

67.76% 94.29% 82.38% 28.29% 100% 23.11% 100%

| 海航商业控股 | 海航旅游集团 | 海航航空集团 | 海航酒店控股 | 海航实业集团 | 大新华航空 | 海航资本集团 |

（注：CL——有限公司； ──→ 股权关系 ）

持股金融公司

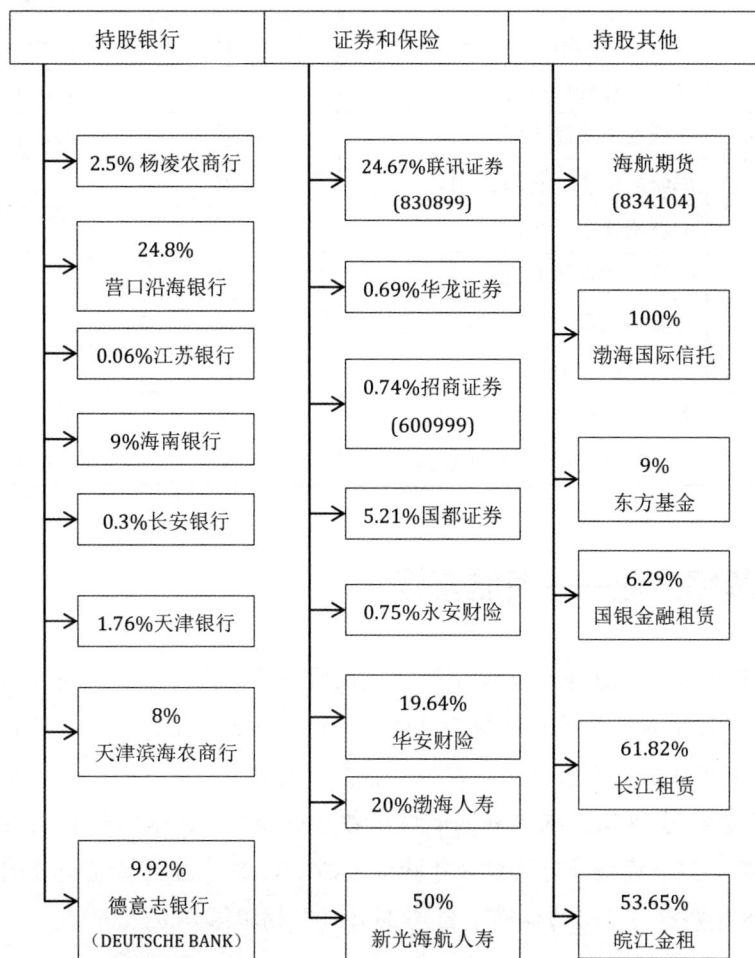

持股银行	证券和保险	持股其他
2.5% 杨凌农商行	24.67%联讯证券 (830899)	海航期货 (834104)
24.8% 营口沿海银行	0.69%华龙证券	100% 渤海国际信托
0.06%江苏银行	0.74%招商证券 (600999)	9% 东方基金
9%海南银行	5.21%国都证券	6.29% 国银金融租赁
0.3%长安银行	0.75%永安财险	61.82% 长江租赁
1.76%天津银行	19.64% 华安财险	53.65% 皖江金租
8% 天津滨海农商行	20%渤海人寿	
9.92% 德意志银行 （DEUTSCHE BANK）	50% 新光海航人寿	

（注：——→ 股权关系 ）

海航集团主要公司布局

序号	主要公司	投资	参股
1	海航集团有限公司	59 家	1 570 家
2	海航商业控股有限公司	27 家	136 家
3	海航旅游集团有限公司	53 家	272 家
4	海航航空集团有限公司	42 家	73 家
5	海航酒店控股集团	19 家	19 家
6	海航实业集团有限公司	33 家	452 家
7	海航机场集团有限公司	30 家	60 家
8	大新华航空有限公司	5 家	43 家
9	海航资本集团有限公司	63 家	383 家
10	海航基础控股集团有限公司	26 家	196 家

海航集团产业——海航航旅

海航航旅依托旗下全球航空产业链优质资源，构建起以航空客运、航空货运、通用航空为核心，覆盖维修、培训、地服、航食、酒店和旅游等上下游的现代航空服务体系，致力于服务人民对美好生活的向往。旗下参控股航空公司 18 家，国内外通航城市数量近 300 个，国内外航线数量逾 2 600 条。旗下海南航空连续 8 年获评 SKYTRAX 全球五星航空公司，并于 2018 年跻身"全球最佳航空公司 TOP10"榜单第 8 位。

海航集团产业——海航物流

海航物流依托集团在航空货运及机场等业务上的资源优势和核心能力，聚焦以航空货运为核心的商贸物流业、航空基地临空产业园为主的基础设施投资建设、机场管理三大业态，致力于发展成为全国领先的航空物流现代服务企业。旗下管理运营及合作机场数量为 16 家。旗下海口美兰国际机场为全球第八家、国内首家（除港澳台地区）SKYTRAX 五星级机场。

海航集团产业——海航资本

海航资本围绕航空产业链的运营需求，充分发挥航空租赁与航空主业的规模效应与集群优势，建立领先的航空租赁服务平台。旗下渤海金控为全球第三大飞机租赁业务集团。

海航集团产业——海航科技

海航科技围绕集团在新时代下的发展机遇、转型挑战与战略使命，致力于推动航旅、物流相关产业的数字化转型与企业的核心能力提升。旗下英迈为全球领先的技术与供应链服务商。

2. 安邦保险集团股份有限公司

安邦保险集团金融系持股情况

银行	证券	保险	信托	期货	基金	融资租赁	合计
8家	—	10家	1家	—	—	1家	20家

安邦保险集团简介

安邦保险集团股份有限公司（以下简称"安邦保险"）是中国保险行业综合性集团公司之一，目前拥有财产险、寿险、健康险、资产管理、保险代理销售、保险经纪等多种业务，包括安邦财产保险股份有限公司、安邦人寿保险股份有限公司、和谐健康保险股份有限公司及安邦资产管理有限责任公司等多家子公司。总资产约为 19 710 亿人民币。安邦在全球聘用了 3 万多名员工，拥有超过 3 500 万客户和遍布全球的服务网络。

安邦保险一直秉承"一个客户，综合服务"的服务理念和"凭借智慧，遵循规律；随需而变，马上就办；简单高效，团队合作；互联支持，共赢未来"的经营理念，始终坚持"以创新求发展"的经营思路、"客户第一、速度第一"的业务方针、"以国际化为标准"的企业理念，积极引入国际化专业管理团队，谋求企业长期、稳定、和谐的发展。安邦保险集团化的发展将充分发挥综合运营的平台化优势，整合多种资源，为客户提供更专业、更全面、更多层次的全方位金融服务。

公司战略："人"字战略。

大脑：保险、银行、资产管理是我们的大脑，金融是我们的核心战略，想做这三个行业的都可以来到我们的"脑部"。

左手：五个手指是五个经营策略，第一个是个人金融全面解决方案，为个人客户提供全球的金融解决方案；第二个是法人企业金融全面解决方案，为法人企业提供全球的金融解决方案；第三个是互联网金融；第四个是健康医疗；第五个是养生养老。

右手：五个手指是五个投资战略：生命科技帮助我们拥有健康的身体，所以生命科技是我们的第一个投资战略。有了健康的身体，就需要安家立业、有房子住，不动产是我们的第二个投资战略。人出行需要有汽车，所以我们投资汽车和基础设施，这是我们的第三个投资战略。我们的第四个投资战略是能源和资源，第五个是互联网投资。

两只脚：一只脚就是互联网，另一只脚是全球化。

中间的躯干：人才，能支撑我们持续前进的是人才。

安邦保险集团公司股权架构

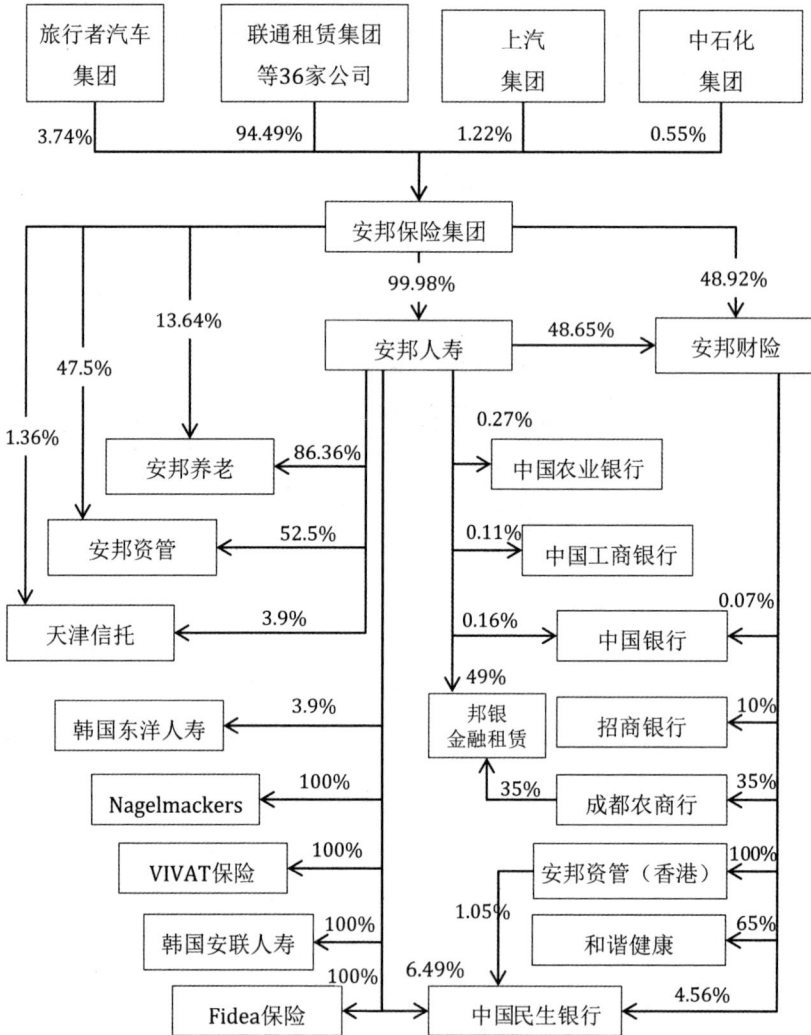

旅行者汽车集团	联通租赁集团等36家公司	上汽集团	中石化集团
3.74%	94.49%	1.22%	0.55%

安邦保险集团

99.98% → 安邦人寿　　48.92%

13.64%

47.5%

48.65% → 安邦财险

1.36%

安邦养老　86.36%

0.27% → 中国农业银行

安邦资管　52.5%

0.11% → 中国工商银行

天津信托　3.9%

0.16% → 中国银行　0.07%

邦银金融租赁　49%

招商银行　10%

韩国东洋人寿　3.9%

Nagelmackers　100%

成都农商行　35%　35%

VIVAT保险　100%

安邦资管（香港）　100%

韩国安联人寿　100%

1.05%

和谐健康　65%

Fidea保险　100%　6.49%

中国民生银行　4.56%

（注： ——→ 股权关系 ）

安邦保险集团主要公司布局

主要公司	投资情况	公司名称（部分）
安邦保险集团股份有限公司	投资 41 家分支 28 家	投资：深圳中小财联投资、深圳安赢置业、安邦基础设施、贵州安邦能源、北京红杉信远股权投资中心、成都厚德天府置业、和谐保险销售、北京瑞和保险经纪、北京安邦物产……
		分支：上海分公司、新疆分公司、天津分公司、重庆分公司……
安邦财产保险股份有限公司	分支机构1 003 家	林口支中心、晋州支中心、温县支中心、宿松支中心、杭州中心支中心、巴中中心支中心、社旗支公司……
安邦人寿保险股份有限公司	投资 16 家分支 107 家	安邦资产管理、北京安德力房地产、邦银金融租赁、新疆金风科技、北京同仁堂、金融街控股、民生银行、天津信托、大商股份、北京首都开发、万科企业股份……
安邦养老保险股份有限公司	投资 3 家分支 5 家	投资：新疆金风科技、北京同仁堂、大商股份。分支：江苏分公司、北京分公司……
和谐健康保险股份有限公司	投资 9 家分支 57 家	投资：春华景诚投资中心、北京安和嘉邦、春华秋实、中国铁建、中国中铁、金融街控股、长春欧亚集团……
		分支：温州中心分公司、潍坊中心支公司……

3. 江苏沙钢集团有限公司

沙钢集团金融系持股情况如下。

银行	证券	保险	信托	期货	基金	融资租赁	合计
9 家	—	2 245 家	—	1 家	3 家	1 家	20 家

注：另包含小额贷款 1 家。

沙钢集团简介

沙钢集团是世界 500 强企业，中国最大的民营钢铁企业。集团总部位于江苏省张家港市。目前，拥有总资产 1 500 多亿元，职工 3 万余名。

先后荣获"全国用户满意企业""中国质量服务信誉 AAA 级企业""中国诚信企业""国家创新型企业""中国环境保护示范单位""国家能效四星级企业""全国钢铁行业清洁生产先进企业""江苏省质量管理优秀奖""江苏省高新技术企业""江苏省循环经济建设示范单位""江苏省信息化和工业化融合示范企业""中华慈善奖企业""中国工业大奖表彰奖""中国钢铁'A＋'级竞争力极强企业"等荣誉称号。

该公司主导产品为宽厚板、热轧卷板、冷轧卷板、高速线材、大盘卷线材、带肋钢筋、特钢大棒材等，已形成 60 多个系列，700 多个品种，2 000 多个规格。其中热轧板卷通过了欧盟 CE 认证，船板钢通过了十国船级社认证，高速线材、带肋钢筋等产品荣获"实物质量达国际先进水平金杯奖""全国用户满意产品"等称号，带肋钢筋还获得了 CARES 认证。近年来，沙钢产品已远销至东亚、南亚、欧洲、美洲、大洋洲、非洲等 80 多个国家和地区，总出口量连续多年名列全国同行前茅，并荣获"江苏省出口企业优质奖"。

面对国家稳步推进供给侧结构性改革、着力化解钢铁过剩产能、钢材市场形势稳中转好的有利时机，沙钢充分发挥特有核心竞争优势，紧紧围绕提升"质量、效率、效益"，大力实施以炼铁为中心的效益管理，以炼钢为中心的品种质量管理，以轧钢为中心的精细管理，以全方位全过程为中心的基础管理"四大中心"重点工作，企业生产经营保持了较好的发展态势。2017年，沙钢集团完成炼铁3 139万吨、炼钢3 835万吨、轧材3 693万吨；实现销售收入2 200亿元、利税254亿元，较上年均有新的提高。

在"做精做强钢铁主业、做大做优现代物流、做好做实非钢产业"战略指引下，该公司全体干部职工团结拼搏，企业竞争优势和实力不断壮大。2017年沙钢在中国企业500强中名列第84位，中国制造业500强中名列第31位，且连续9年跻身世界企业500强。

沙钢集团股权架构

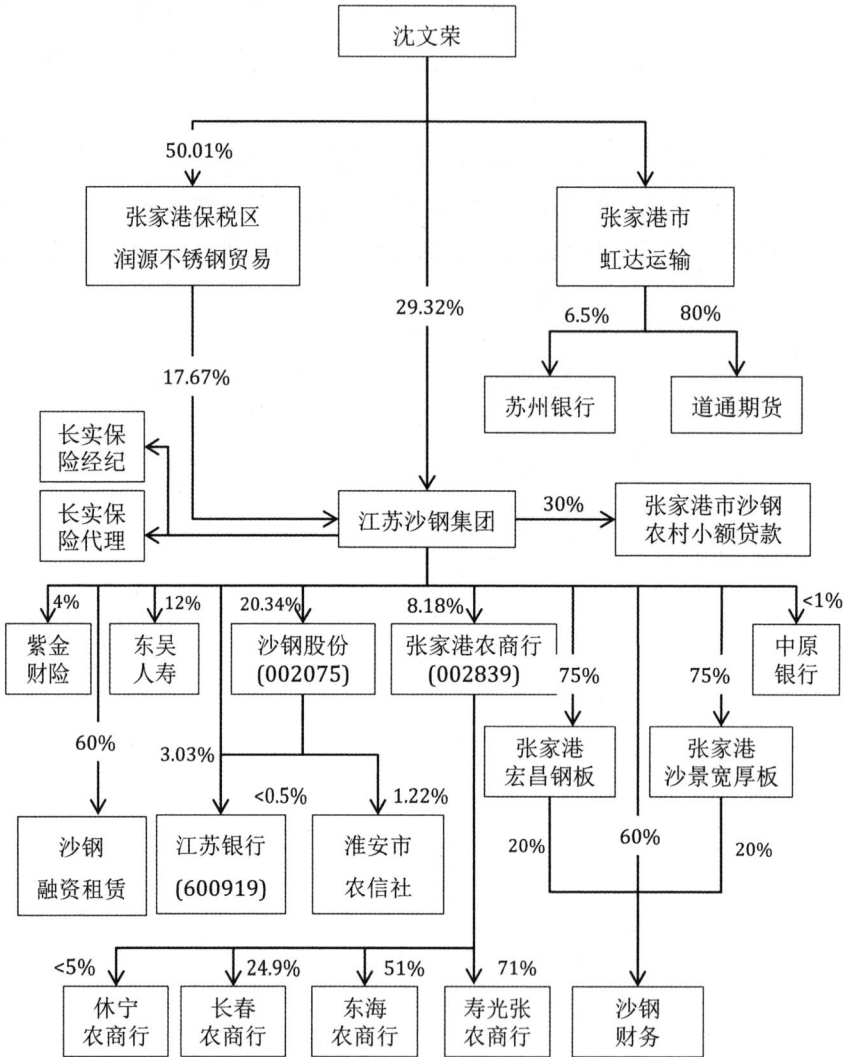

```
                          ┌──────────────┐
                          │    沈文荣     │
                          └──────────────┘
          50.01%                                    ┌──────────────┐
    ┌──────────────┐                                │  张家港市     │
    │ 张家港保税区  │              29.32%            │  虹达运输     │
    │ 润源不锈钢贸易 │                               └──────────────┘
    └──────────────┘                           6.5%          80%
                                          ┌──────────┐  ┌──────────┐
          17.67%                          │ 苏州银行  │  │ 道通期货  │
                                          └──────────┘  └──────────┘
  ┌──────┐
  │长实保 │
  │险经纪 │◄──┐
  └──────┘    │     ┌──────────────┐  30%  ┌──────────────┐
  ┌──────┐    ├─────│  江苏沙钢集团  │─────►│ 张家港市沙钢   │
  │长实保 │◄──┘     └──────────────┘       │ 农村小额贷款   │
  │险代理 │                                 └──────────────┘
  └──────┘
   4%      12%     20.34%        8.18%                        <1%
 ┌────┐ ┌────┐ ┌──────┐ ┌──────────┐              ┌────┐
 │紫金 │ │东吴 │ │沙钢股份│ │张家港农商行│              │中原 │
 │财险 │ │人寿 │ │(002075)│ │(002839)  │ 75%    75%   │银行 │
 └────┘ └────┘ └──────┘ └──────────┘              └────┘
  60%     3.03%          <0.5%    1.22%  ┌──────────┐ ┌──────────┐
                                          │张家港     │ │张家港     │
 ┌────┐ ┌──────┐ ┌──────┐             │宏昌钢板    │ │沙景宽厚板  │
 │沙钢 │ │江苏银行│ │淮安市 │             └──────────┘ └──────────┘
 │融资租赁│ │(600919)│ │农信社 │         20%      60%      20%
 └────┘ └──────┘ └──────┘
  <5%    24.9%    51%    71%
┌────┐ ┌────┐ ┌────┐ ┌──────┐ ┌────┐
│休宁 │ │长春 │ │东海 │ │寿光张 │ │沙钢 │
│农商行│ │农商行│ │农商行│ │农商行 │ │财务 │
└────┘ └────┘ └────┘ └──────┘ └────┘
```

（注： ──────► 股权关系 ）

沙钢集团主要公司布局

主要公司	投资情况	公司名称（部分）
江苏沙钢集团有限公司	投资 112 家 参股 189 家 分支 1 家	长实保险经纪（江苏）有限公司、江苏沙钢高科信息技术有限公司、江苏扬子江冶金技术研究院有限公司、上海沙钢股权投资基金管理有限公司、江苏沙钢物流运输管理有限公司、沙钢（上海）商贸有限公司、上海沙钢企业管理有限公司、江苏民营投资控股有限公司、江苏沙钢集团投资控股有限公司……
张家港市虹达运输有限公司	投资 5 家	宁波恒荣世纪海运有限公司、江苏沙钢物资贸易有限公司、张家港市沙钢宾馆有限公司、张家港保税区荣德贸易有限公司、道通期货经纪有限公司
江苏沙钢股份有限公司	投资 4 家 参股 33 家	上海蓝新资产管理中心（有限合伙）、上海蓝新资产管理中心（有限合伙）、佛山张铜大冶铜产品有限公司、江苏沙钢集团淮钢特钢股份有限公司……
江苏张家港农村商业银行股份有限公司	投资 4 家 分支 102 家	投资：安徽休宁农村商业银行股份有限公司、长春农村商业银行股份有限公司、江苏东海张农商村镇银行有限责任公司、寿光张农商村镇银行股份有限公司 分支：通州支行、宿豫支行、南通分行、青岛即墨鳌山卫社区支行、海门支行……

4. 复星国际有限公司

复星国际金融系持股情况如下。

银行	证券	保险	信托	期货	基金	融资租赁	合计
4 家	1 家	7 家	—	1 家	1 家	—	14 家

复星国际公司简介

复星植根中国，深耕健康、快乐、富足领域，通过科技引领、持续创新，智造 C2M（客户到智造者）幸福生态系统，为全球家庭客户提供高品质的产品和服务。复星创立于 1992 年，2007 年复星国际在香港联交所主板上市（00656.HK）。截至 2017 年 12 月 31 日，复星国际总资产超过人民币5 300 亿元（约 810 亿美元）。

复星的使命是：让全球每个家庭生活更幸福。

复星的愿景是：植根中国，服务全球十亿家庭客户，智造健康、快乐、富足的幸福生态系统。

复星的战略关键词是：以家庭客户为中心、C2M 模式、科创引领、深度产业运营 + 产业投资、全球化。

复星的全球幸福生态系统中，主要成员包括：

健康生态：复星医药、国药控股、复星联合健康保险、葡萄牙医疗服务集团 Luz Saúde、印度最大仿制药企之一 Gland Pharma 等；

快乐生态：全球最大型连锁式休闲度假村集团之一地中海俱乐部、三亚亚特兰蒂斯、豫园股份及以色列顶级死海矿物护肤品牌 AHAVA 等；

富足生态：葡萄牙最大保险公司 Fidelidade、葡萄牙最大上市银行 Banco Comercial Português (BCP)、德国久负盛名的私人银行 Hauck & Aufhäuser (H&A)、香港鼎睿再保险、浙江网商银行等。

投资理念："复星系"正以一种"多元化投资、专业化经营、专业化融投资"的投资理念南征北战着，其星罗棋布的产业化布局使"复星系"成为目前国内最大规模的民营企业之一。

由于复星集团在保险业等多领域投资经验，纽约时报将其比作迷你版的伯克希尔·哈撒韦公司，而英国金融时报更将郭广昌先生称作"中国自己的巴菲特"。

复星国际公司股权架构

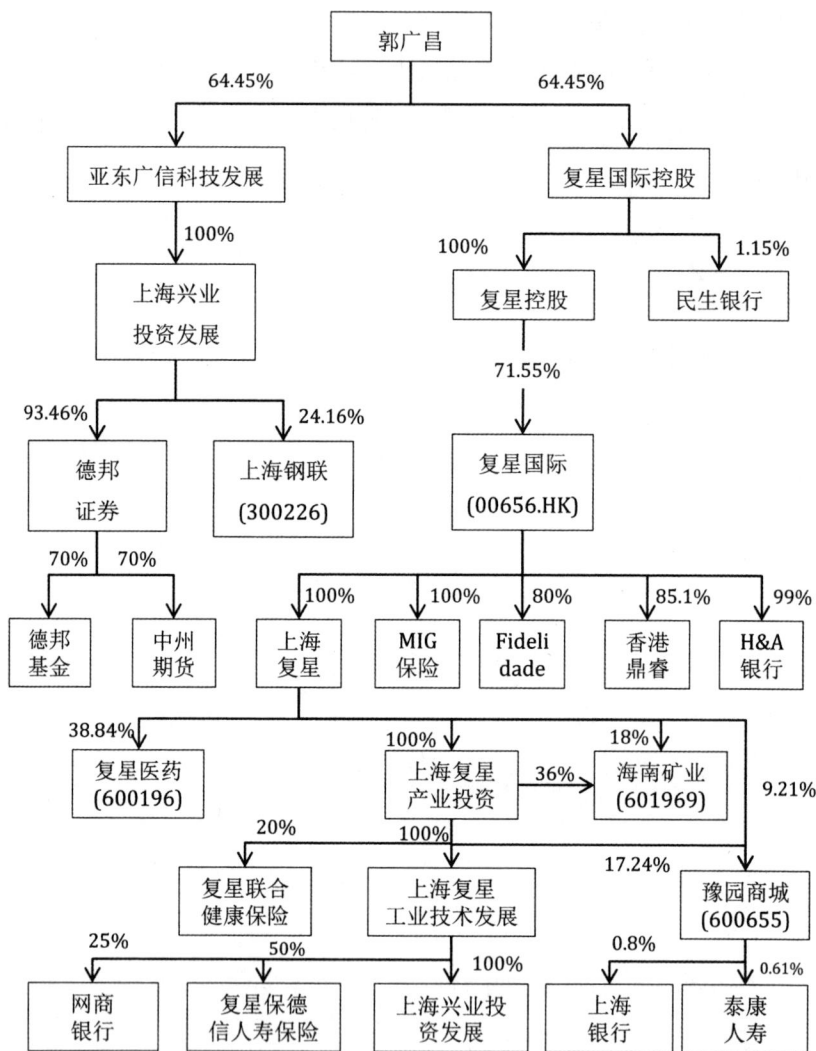

```
                        ┌──────────────┐
                        │    郭广昌     │
                        └──────────────┘
              64.45%                    64.45%
          ┌──────────────┐        ┌──────────────┐
          │ 亚东广信科技发展 │        │  复星国际控股  │
          └──────────────┘        └──────────────┘
               100%          100%              1.15%
          ┌──────────────┐    ┌──────┐      ┌──────┐
          │   上海兴业     │    │ 复星控股 │      │ 民生银行 │
          │   投资发展     │    └──────┘      └──────┘
          └──────────────┘      71.55%
        93.46%      24.16%
    ┌──────┐   ┌──────────┐   ┌──────────┐
    │ 德邦  │   │  上海钢联  │   │  复星国际  │
    │ 证券  │   │ (300226) │   │(00656.HK)│
    └──────┘   └──────────┘   └──────────┘
    70%   70%         100%  100%  80%    85.1%  99%
  ┌────┐ ┌────┐   ┌────┐ ┌────┐ ┌────┐ ┌────┐ ┌────┐
  │德邦 │ │中州 │   │上海 │ │MIG │ │Fideli│ │香港 │ │H&A │
  │基金 │ │期货 │   │复星 │ │保险 │ │dade│ │鼎睿 │ │银行 │
  └────┘ └────┘   └────┘ └────┘ └────┘ └────┘ └────┘
  38.84%        100%           18%
┌──────────┐  ┌──────────┐ 36% ┌──────────┐
│  复星医药  │  │ 上海复星  │───→│ 海南矿业  │    9.21%
│ (600196) │  │ 产业投资  │    │ (601969) │
└──────────┘  └──────────┘    └──────────┘
        20%        100%      17.24%
  ┌──────┐   ┌──────┐     ┌──────────┐
  │复星联合 │   │上海复星 │     │  豫园商城  │
  │健康保险 │   │工业技术发展│     │ (600655) │
  └──────┘   └──────┘     └──────────┘
  25%    50%        100%    0.8%      0.61%
┌────┐ ┌──────┐ ┌──────┐ ┌────┐ ┌────┐
│网商 │ │复星保德 │ │上海兴业投│ │上海 │ │泰康 │
│银行 │ │信人寿保险│ │资发展  │ │银行 │ │人寿 │
└────┘ └──────┘ └──────┘ └────┘ └────┘
```

（注：——➤ 股权关系 ）

复星国际产业：健康生态

　　复星自创立以来，一直深耕大健康产业，目前大健康产业已成为复星生态系统的支柱板块。复星健康业务覆盖药品制造与研发、医疗服务、医疗器械与医学诊断、医药分销与零售、健康险与健康管理、健康消费品等，通过内生式增长、外延式扩张和整合式发展，不断深化全球化全产业运营能力，努力打造产业闭环，形成全产业链的大健康生态系统。

复星国际产业：快乐生态

复星瞄准中国家庭消费升级的需求，积极推进旅游、文化、时尚、娱乐、影视等快乐产业的发展，通过线上平台、线下场景、更优质的产品、更高水准的内容、更易复制的模式这五个维度进行全方位布局。

目前，复星旅游文化集团致力于打造 FOLIDAY 旅游生态圈，开创一种新的生活方式；推动豫园股份资产重组，打造复星快乐板块旗舰上市平台……未来，复星将持续推动快乐板块核心业务和新业务发展，一个全产业链的"大快乐"生态圈呼之欲出。

复星国际产业：富足生态

复星在全球深度布局了保险、银行、证券、资产管理等众多金融类业务，并在近年加快布局以前沿科技和核心驱动的新型金融行业。未来，复星将持续强化"金融＋产业"无缝对接的能力，继续提升综合金融能力。

以保险为核心的综合金融能力，是复星的内在基因之一。复星于 2007 年进入保险领域，今天已形成了覆盖多险种的全球布局，包括家庭客户人身险、财产险、财富管理、消费信贷等消费金融产业，未来将强化保险科技布局和创新能力，打造有复星特色的"保险＋"战略。复星富足生态业务包括保险及金融、投资、蜂巢地产三个板块。

复星国际产业：产业独角兽

一直以来，复星都在坚持推进"产业独角兽"战略，一方面将在互联网、智能科技等领域投资、发现、孵化独角兽，另一方面要在财富、健康、快乐和创新制造等行业中，通过推动传统产业主动嫁接移动互联网及人工智能，通过成熟的产品或模式聚集闲散的、低价的资源，打造出一批极具竞争力的独角兽企业。

复星的"独角兽"战略，包括内部科创平台孵化独角兽，通过 VC、PE 投资于独角兽企业，从头发展独角兽，在公开市场投资独角兽等；也包括积极参与国企重组打造独角兽，以及大力推动内部存量项目转型成长为"独角兽"等。

与国内企业不一样的是，复星培育独角兽企业有全球视野，不仅在中国培育独角兽，还在美国、以色列、英国等国家进行科技企业投入布局，在全球范围内寻找独角兽企业。

5. 联想控股股份有限公司

联想控股金融系持股情况如下。

银行	证券	保险	信托	期货	基金	融资租赁	合计
4 家	2 家	2 家	1 家	2 家	2 家	1 家	14 家

联想控股公司简介

联想控股股份有限公司于 1984 年由中国科学院计算技术研究所投资，柳传志等 11 名科研人员创办。从 IT 行业起步，经过 30 多年的发展，现已成为中国领先的多元化投资控股公司，创造了"战略投资 + 财务投资"双轮驱动的独特业务模式，通过价值创造和价值发现，购建并管控优秀且有高潜力的投资组合，推动公司价值的持续增长。在以董事长柳传志，总裁朱立南带领的管理团队的领导下，联想控股基于对经济与企业的深刻理解，总结并形成了颇具特色的投资理念与管理体系；通过前瞻性布局、清晰的投资策略以及持续的增值服务，联想控股在若干领域打造了一批有影响力的优秀企业；同时，联想控股高度重视并充分发挥人的作用，发现并培养领军人物，为员工创造事业舞台，激发企业的发展活力。

经过 30 多年的发展，联想控股在四个方面进行了不懈探索，取得了一定的突破：率先走出了一条具有中国特色的科研院所高科技产业化道路，不论是联想集团的发展实践，还是联想控股后来开展的风险投资和创业培训与天使投资业务，都在积极推动中国科技企业的更大发展。

立足中国本土市场，在与国际 PC 巨头的竞争中一举胜出，带动了一大批中国 IT 企业的发展，使电脑逐步进入中国的千家万户、各行各业，为中国今天的信息化和互联网大发展打下了坚实基础。此后，联想集团国际化的成功，以及联想控股及旗下其他成员企业的海外投资并购，都为中国企业"走出去"积累了宝贵经验。

成功实施了国有高科技企业股份制改造，使员工成为企业的主人，为该公司的长远发展奠定了坚实的基础，也为中国科研院所高科技企业的机制改革探索了一条道路；总结出了以"管理三要素"为核心的企业管理规律，以及"事为先、人为重"的投资理念，培养出一批优秀的领军人物，形成了联想控股的核心竞争力。

企业愿景：以产业报国为己任，致力于成为一家值得信赖并受人尊重，在多个行业拥有领先企业，在世界范围内具有影响力的国际化投资控股公司。

联想控股公司股权架构

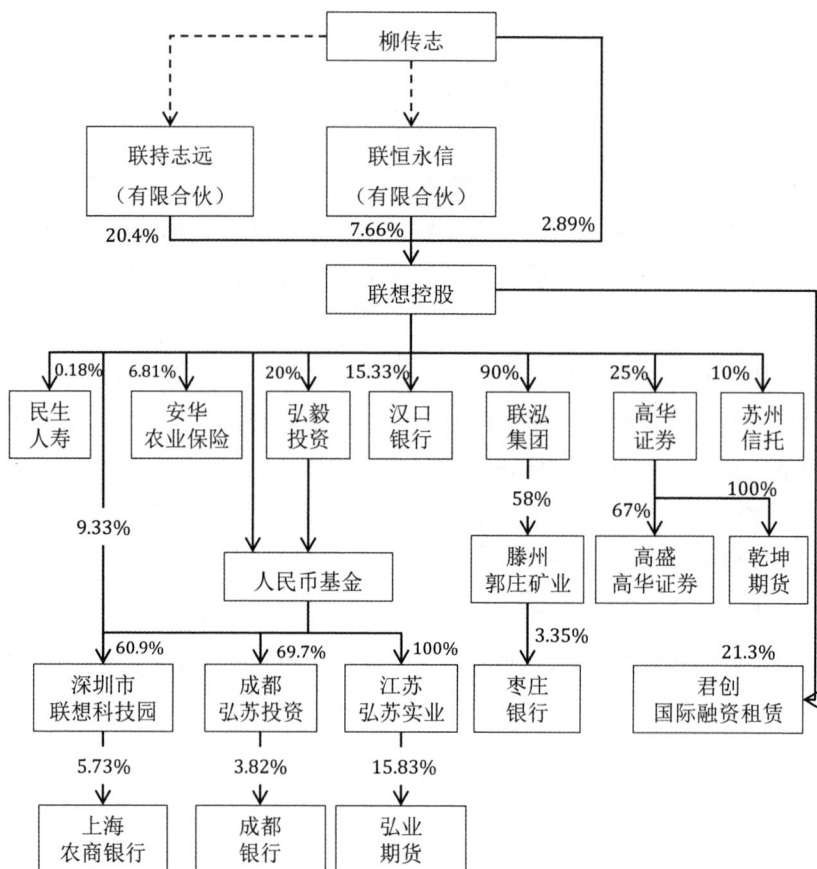

（注：----▶ 间接持股 ； ──▶ 股权关系 ）

联想控股双轮驱动 – 战略投资

　　通过战略投资业务，联想控股布局于有潜力的行业，投资并长期持有其中有价值的企业。目前，联想控股已涉足 IT、金融服务、创新消费与服务、农业与食品以及先进制造与专业服务五大领域。包括全球领先的个人电脑公司 Lenovo、中国最大的租车公司神州租车、中国领先的互联网金融服务公司拉卡拉、中国最大民营口腔服务连锁品牌拜博口腔、中国最大水果全产业链公司佳沃鑫荣懋等。

联想控股：双轮驱动—财务投资

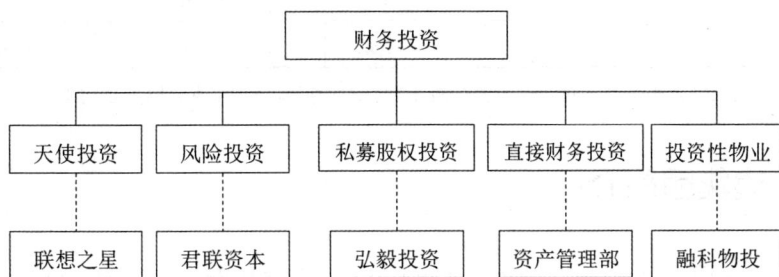

```
                          ┌──────────┐
                          │  财务投资  │
                          └────┬─────┘
        ┌────────┬───────┬─────┼──────┬──────────┐
   ┌────┴───┐┌──┴───┐┌──┴────┐┌─┴─────┐┌──┴─────┐
   │ 天使投资 ││风险投资││私募股权投资││直接财务投资││投资性物业│
   └────┬───┘└──┬───┘└──┬────┘└─┬─────┘└──┬─────┘
   ┌────┴───┐┌──┴───┐┌──┴────┐┌─┴─────┐┌──┴─────┐
   │ 联想之星 ││君联资本││ 弘毅投资 ││资产管理部 ││ 融科物投 │
   └────────┘└──────┘└───────┘└───────┘└────────┘
```

通过以天使投资、风险投资、私募股权投资为核心的财务投资业务，联想控股打造出完整的财务投资产业链，发现企业各个发展阶段的投资机遇，帮助所投企业实现价值成长，并为战略投资业务不断储备和提供项目资源。

财务投资业务涉及天使投资、风险投资和私募股权投资等，覆盖企业成长的所有阶段，管理基金总规模超过 1 000 亿元人民币。其中，联想之星是中国领先的天使投资机构，君联资本和弘毅投资作为中国最早进入风险投资和私募股权投资领域的企业之一，均已成为业内顶尖基金。

6. 新希望集团有限公司

新希望集团金融系持股情况如下。

银行	证券	保险	信托	期货	基金	融资租赁	合计
4 家	1 家	2 家	—	1 家	2 家	—	14 家

注：另包括保理公司 1 家，农业供应链金融 1 家，农业担保公司 1 家，财务公司 1 家。

新希望集团简介

新希望集团有限公司始创于 1982 年，由著名民营企业家刘永好先生发起创立，是伴随中国改革开放进步和成长的民企先锋。在 30 余年的发展中，新希望集团连续 16 年位列中国企业 500 强前茅，创造了巨大的社会价值与商业价值。

新希望集团在全球 30 多个国家和地区拥有分子公司超过 600 家，员工近 7 万人，年销售收入超 1 000 亿元人民币。在发展中，新希望集团基于自身资源和优势，不断开拓新的产业领域，从饲料生产，跨入农业科技、食品加工、渠道终端、设施建设、金融服务等多个领域。目前，新希望集团已逐步成为以现代农业与食品产业为主导，并持续关注、投资、运营具有创新能力和成长性的新兴行业的综合性企业集团。

目前，该集团资产规模达 1 400 余亿元，并且保持着稳健的财务结构。集团旗下拥有银行、证券、互联网金融和基金等多种金融业态布局。作为多个资金市场的参与者，集团主体信用等级由中诚信国际信用评级有限公司（"中诚信"）评定为 AAA 信用等级。

新希望集团早在 1997 年便开始海外业务探索，并于 1999 年在越南建成第一家海外工厂。目前，集团在海外近 20 个国家和地区投产、建设、筹建、投资的工厂达 40 余家。新希望集团不断创新海外发展方式，在澳洲、欧洲和北美洲等地区持续加大投资力度。在十余年国际化发展的探索道路中，新希望集团以开放共赢的心态与包括日本三井物产（Mitsui& Co）、美国嘉吉公司（Cargill）、世界银行国际金融公司（IFC）等在内的国际知名企业和机构建立了持续稳固的合作关系，通过构建价值联盟实现了全球优质资源的整合。

历经 30 余年的发展，新希望在今天依旧保持强劲的发展势头，在"互联网 +"新思维的引导下，集团将人才年轻化、产融一体化、国际化、创新与科技化作为新时期发展的重要引擎。

长久以来，集团致力于基业长青的美好愿景，凭借阳光、正向、规范的基本价值理念，努力打造环保、领先、创新的食品和现代农业企业，实现高速和可持续发展。

新希望集团公司股权架构

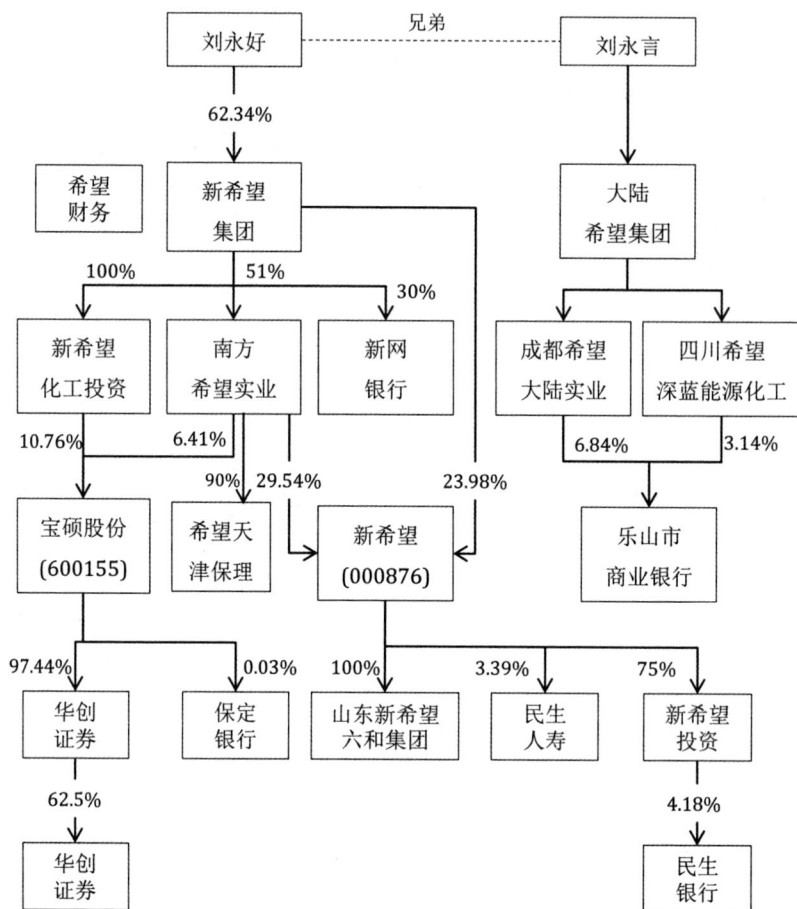

```
         刘永好  - - - - - - 兄弟 - - - - - - -   刘永言
            │                                      │
         62.34%                                     │
            ↓                                        ↓
  希望      新希望                              大陆
  财务      集团                                希望集团
    │         │                                 │
  100%      51%    30%                          │
    ↓         ↓      ↓                     ↓         ↓
 新希望    南方     新网                成都希望    四川希望
 化工投资  希望实业  银行               大陆实业    深蓝能源化工
    │         │                          │           │
 10.76%    6.41%                       6.84%       3.14%
    │         │   90%  29.54%            │           │
    ↓         ↓      ↓        23.98%      ↓           ↓
 宝硕股份   希望天    新希望              乐山市
 (600155)  津保理   (000876)            商业银行
    │                  │
 97.44%   0.03%    100%   3.39%   75%
    ↓       ↓       ↓       ↓      ↓
  华创     保定    山东新希望  民生   新希望
  证券     银行    六和集团   人寿   投资
    │                              │
 62.5%                          4.18%
    ↓                              ↓
  华创                           民生
  证券                           银行
```

（注：——→ 股权关系 ）

新希望集团产业

产业	产业布局说明
房产与基建	2017 年，新希望地产布局在成都、温州、昆明、南宁、大连、上海、青岛、济南、沈阳、宁波、呼和浩特、舟山及悉尼等国内外重点城市。作品有上海四季全景台、新希望大厦、温州立体城、悉尼新地标 Landmark、成都锦官阁等
化工与资源	新希望化工投资有限公司成立于 2006 年 9 月，是新希望集团所属专业从事磷化工、氯碱化工、钾化工、煤化工等生产和投资管理的集团性公司。直接控股 9 家子公司，间接控股或参股 14 家公司，拥有 1 家上市公司：河北宝硕股份有限公司
TMT 投资	集团通过直接投资，在消费及供应链管理升级、金融科技及服务、医疗科技及服务、文化娱乐、新媒体等领域积极布局。2015 年以来，已连续直接投资了链家、亚洲渔港、娱票儿、乐元素、逻辑思维、In、斗米、新榜加速器等一批知名的优秀创新及创业企业
医疗与健康	希望集团看好民营资本在医疗健康领域的发展潜力，把握先机在医疗健康产业进行布局。2013 年以来，新希望集团对医疗健康产业进行了一系列投资，涉及远程医疗、医疗器械产业和脑科、全科牙科、肿瘤科、消化内科、骨科、心血管内科、康复医学科等高端技术性医疗领域

7. 浙江新湖集团股份有限公司

新湖集团金融系持股情况如下。

银行	证券	保险	信托	期货	基金	融资租赁	合计
5 家	2 家	1 家	1 家	1 家	1 家	—	13 家

注：另包含交易所 1 家，P2P 金融 1 家。

新湖集团简介

新湖集团，即浙江新湖集团股份有限公司，是一家按现代企业制度组建的大型企业集团，成立于 1994 年，注册资本为人民币 2.979 亿元，企业信用等级连续 10 年被评定为 AAA 级。

经过多年的发展，公司在经营的行业、规模、区域方面不断拓展，公司实力不断壮大。公司控股了新湖中宝股份有限公司、浙江新湖创业投资股份有限公司和哈尔滨高科技（集团）股份有限公司 3 家上市公司。

公司业务布局中国东部、中部的广大地区，触角从浙江延伸到上海、北京、江苏、安徽、江西、山东、辽宁、黑龙江、青海等省、直辖市，产业覆盖房地产、港口、医药、农产品加工、金融、贸易、矿产、化工、金属制造、旅游、酒店、教育等多个行业，形成多业并举、综合发展、良性互动的格局。

新湖建立了独具特色的经营管理模式——成熟的发展理念、高效的经营作风、良好的敬业精神、有效的激励机制、严格的内控制度、及时的过程控制、规范的技术支撑、成熟的后援服务。

新湖控股以投资创业为目的，以资本经营为先导，以创新为核心，以产业发展为基础，以国际化为目标，积极打造现代化、国际化的大型综合性企业集团。新湖控股将秉承自身特有的企业文化和机制，进一步营造企业经营管理的特色和优势，牢牢把握市场机遇，逐步在管理理念和方法上与国际接轨，力争发展成为最具活力的优秀民营企业代表之一。

该公司创立了具有自身特色的企业文化，建立以 IC 系列为标志的企业物质文化；以企业的生产经营管理、营销策略为内容的企业行为文化；以规章制度、技术规程为内容的企业制度文化；以广纳人才、凝聚人心、长期合作、共创新湖大业为特色的企业用人文化；特别是建立了以价值观为核心的企业精神文化。

"财富共享才最有价值"是其发展核心理念——在创造经济效益的同时，要讲求社会效益；在遵循市场竞争规律的同时，要讲求双赢、多赢；在企业不断取得成功的同时，要讲求回报社会。

新湖集团公司股权架构

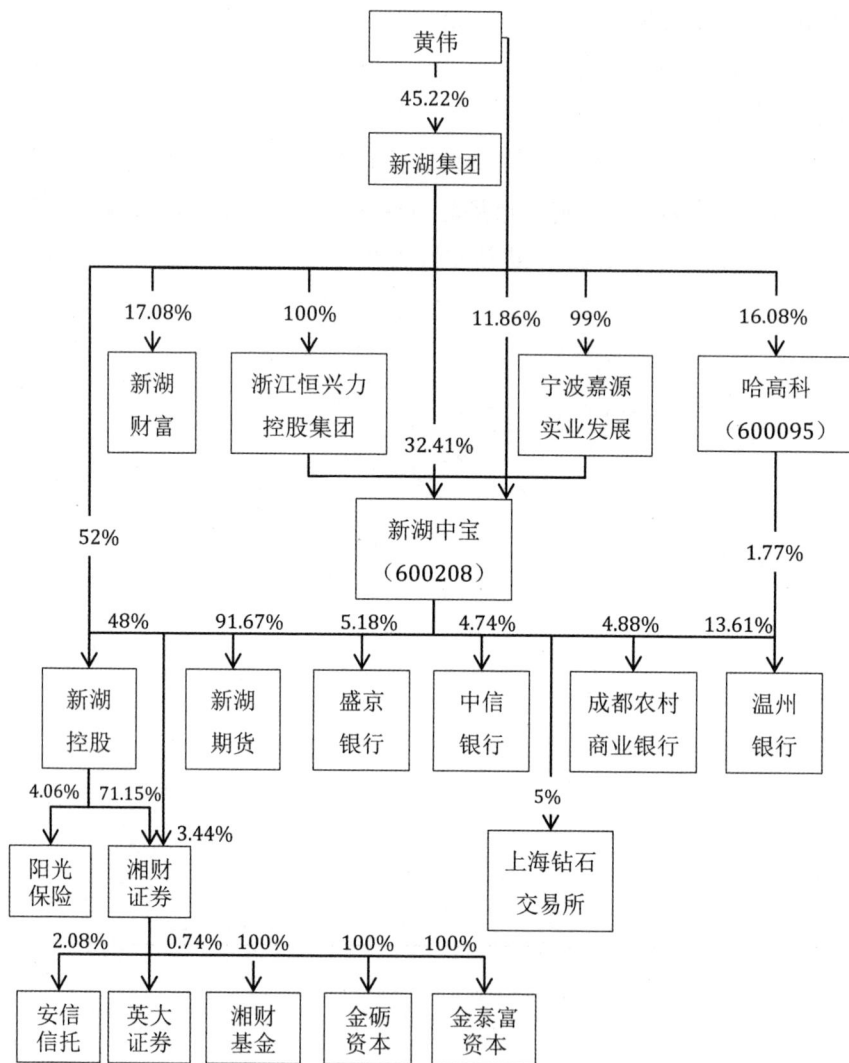

```
                              ┌──────────┐
                              │   黄伟   │──────────┐
                              └──────────┘          │
                                 45.22%             │
                                   ↓                │
                              ┌──────────┐           │
                              │ 新湖集团 │           │
                              └──────────┘           │
```

17.08%	100%	11.86%	99%	16.08%

新湖 财富	浙江恒兴力 控股集团		宁波嘉源 实业发展	哈高科 （600095）

32.41%

新湖中宝 （600208）

52%   1.77%

48%	91.67%	5.18%	4.74%	4.88%	13.61%

新湖 控股	新湖 期货	盛京 银行	中信 银行	成都农村 商业银行	温州 银行

4.06%	71.15%		5%

3.44%

阳光 保险	湘财 证券		上海钻石 交易所

2.08%	0.74%	100%	100%	100%

安信 信托	英大 证券	湘财 基金	金砺 资本	金泰富 资本

（注：──→ 股权关系 ）

新湖集团主要公司布局

主要公司	投资情况	公司名称（部分）
浙江新湖集团股份有限公司	投资 36 家分支 3 家	杭州文衡投资管理合伙企业（有限合伙）、杭州君森实业有限公司、杭州蕙新医疗科技有限公司、上海成麟信息科技有限公司、浙江新湖创业投资有限公司、浙江思齐教育科技有限公司、浙江新湖化工科技有限公司、浙江新湖能源有限公司……
新湖中宝股份有限公司	投资 67 家参股 96 家	浙江新湖金融信息服务有限公司、新湖中宝投资管理有限公司、新湖影视传播有限公司、锦泰财产保险股份有限公司、大连新湖中宝投资有限公司、成都农村商业银行股份有限公司、天津静海县青蓝投资有限公司……
新湖地产集团有限公司	投资 39 家	泰安新湖房地产开发有限公司、上海玛宝房地产开发有限公司、南通启仁置业有限公司、沈阳沈北金谷置业有限公司、杭州新湖美丽洲置业有限公司、沈阳新湖明珠置业有限公司、天津海建市政工程有限公司、浙江新湖海创地产发展有限公司、天津新湖凯华投资有限公司、杭州新湖鸬鸟置业有限公司、浙江新兰得置业有限公司、杭州鸬鸟旅游开发有限公司……
哈尔滨高科技（集团）股份有限公司	投资 12 家	浙江哈高科投资管理有限公司、哈尔滨哈高科油脂有限责任公司、哈高科白天鹅药业集团、哈尔滨高科科技企业孵化器、哈高科大豆食品有限公司、上海哈高科技术发展有限公司……

8. 广东锦龙发展股份有限公司

锦龙股份金融系持股情况如下。

银行	证券	保险	信托	期货	基金	融资租赁	合计
3 家	3 家	—	—	2 家	1 家	—	9 家

锦龙股份公司简介

广东锦龙发展股份有限公司（下称"公司"）是在深圳证券交易所挂牌交易的上市公司（证券代码：000712，证券简称：锦龙股份），公司注册地在广东省东莞市。2000 年公司转制为民营控股的上市公司，现公司第一大股东为东莞市新世纪科教拓展有限公司（持有公司 42.65% 股份）。公司上市以来，在改善资产质量、提高效益、规范运作、产业转型等方面均取得了明显成效。截至 2017 年 12 月 31 日，公司总资产 333.41 亿元，净资产 37.16 亿元；公司 2015 年、2016 年、2017 年分别实现营业总收入 319 409.67 万元、189 137.65 万元、117 481.09 万元，分别实现净利润 91 322.06 万元、36 556.41 万元、19 428.32 万元。公司目前总股本为 8.96 亿股。

该公司目前主营业务为证券公司业务，公司持有中山证券有限责任公司 70.96% 股权，持有东莞证券股份有限公司 40% 股份，参股华联期货有限公司 3% 股权，参股广东清远农村商业银行股份有限公司 0.06% 股权，参股东莞农村商业银行股份有限公司 0.77% 股权。

企业理念：公司未来发展方向定位于以证券业务为主的金融业务的拓展，公司将继续积极寻找金融业务的投资机会，使公司的经营和收入规模迈上新的台阶，提高公司的盈利水平和竞争能力，为股东实现良好的投资回报，为社会做出应有的贡献。

企业文化核心精神："团结、务实、进取、开拓"。

企业文化的内涵：① 突出团队精神和协作精神，提高工作效率。② 强调"制度文化"，以完善、及时跟上管理需要的制度推进企业管理。

③ 强化"责任文化"，企业每个个体都有责任感、责任心，勇于并主动承担责任。④ 企业与员工共同发展。

锦龙股份公司股权架构

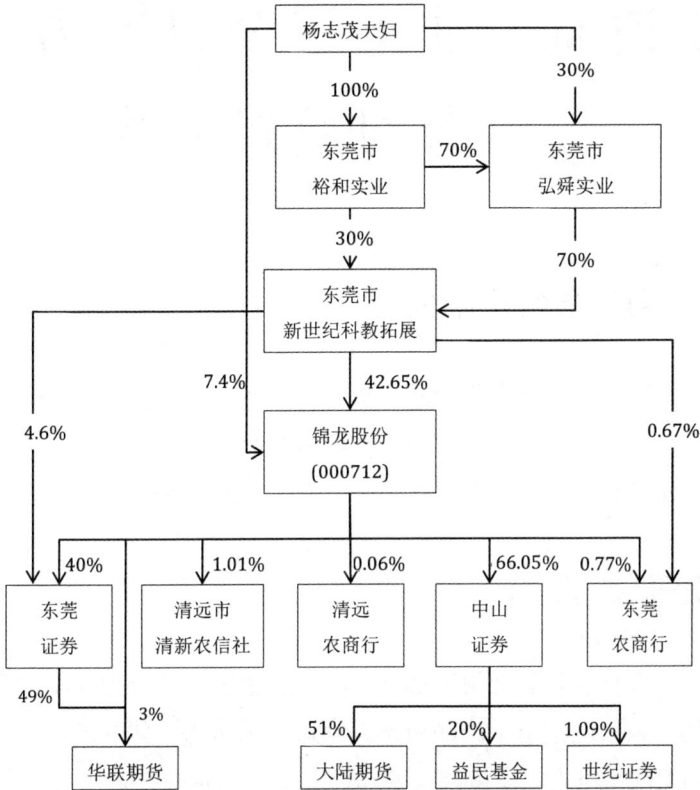

（注：——→　股权关系 ）

第十四章　非上市公司潜力企业公司股权架构

1. 上能电气股份有限公司

主营业务：光伏逆变器产品的研发、制造与销售，并提供储能双向变流器、新能源储能一体化、电能质量改善与治理等产品和解决方案。主要产品包括光伏逆变器、有源滤波器及储能双向变流器等。

上能电气公司简介

上能电气股份有限公司坐落于中国工业重镇、被誉为太湖明珠的江苏无锡，是一家集电力电子产品研发、制造与销售为一体的国家高新技术企业。公司专注于电力电子电能变换和控制领域，为用户提供光伏并网逆变、光伏电站运维、光伏电站开发、电能质量控制、储能双向变流、新能源汽车等产品和解决方案。业务覆盖发电、供配电、用电全系统，是相关行业领先的设备制造商和解决方案提供者。

该公司坚持走高端化的市场路线，客户主体是以五大发电集团为核心的央企电力公司及国有企业，如国电、华电、华能、中电投、中广核、中节能等。2013年，创造了1 000兆瓦的销售业绩，以2.1%的市场占有率跃居央企电力市场份额第一。成为2013年无锡市首个销售额超亿元的新"530"企业。上能公司科技起点高、研发实力强，拥有一批在电力电子、光伏发电领域耕耘多年的研发工程师，其中领军人才 3 名，为国内光伏逆变器技术领域顶尖级专家。

上能公司主营产品—EP 系列高效型光伏并网逆变器是代表当前业界最高技术水平的新一代产品，创新融合了美国艾默生模块化和德国 SMA 塔式机技术路线，走出了世界上第三种光伏逆变器技术路径——双模组。该公司凭借 98.81％的最大发电效率、98.59% 的欧洲效率等核心技术指标在国内排名第一，多项研发技术获得科技成果转化，拥有核心技术知识产权 18 项。无锡上能新能源有限公司致力于成为光伏行业的领跑者，立足于江苏省，随着企业做大做强，将带动省内电力、电子等相关产业链集聚。当前，该公司正积极筹划上市，打造光伏界一流品牌。

上能电气公司股权架构

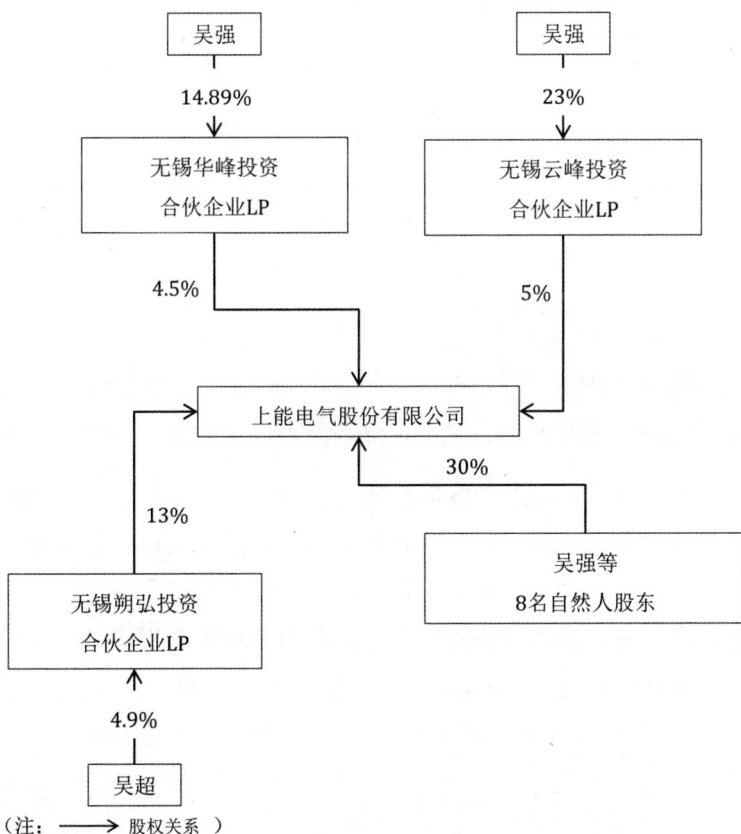

（注：——→ 股权关系 ）

吴强、吴超为父子。吴强直接持有公司股份的 30%；通过云峰投资、华峰投资间接控制公司股份的 9.5%；吴超通过朔弘投资间接控制公司股份的 13%，吴强、吴超父子共同控制公司股份 52.50%，吴超为本公司的实际控制人。

其中，朔弘投资为员工持股平台，激励对象为总经理；云峰投资为员工持股平台，激励对象为公司研发人员；华峰投资为员工持股平台，主要激励公司销售及职能人员。

上能电气对外投资情况

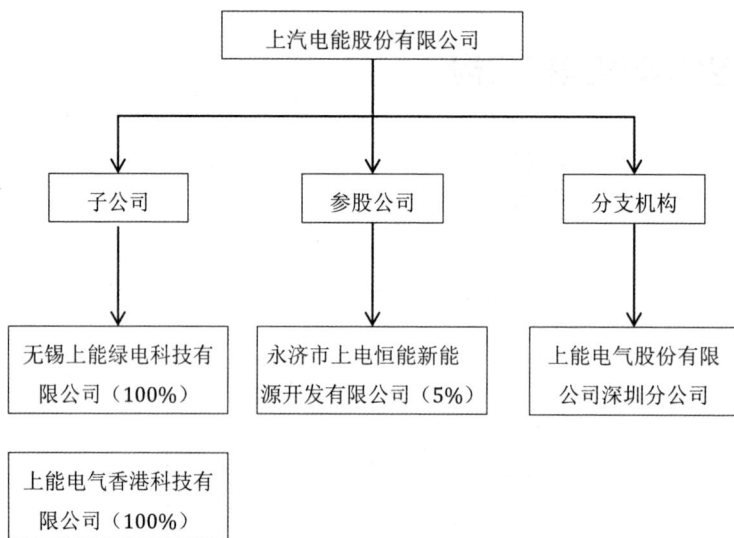

（注：──→ 股权关系 ）

上汽电能设立无锡上能绿电科技有限公司，主要是因为公司的产品的种类不断增加，因此其设计工作也随之增加，为了长远发展和考虑，计划将产品的开发与设计工作独立出来，从而成立该子公司。

上汽电能设立香港子公司，主要是因为随着市场规模的扩大，计划向国外市场进军，故设立上能香港，为国际化做好铺垫。

上能电气 2015 年设立深圳分公司，主营业务为太阳能、风能、储能及节能技术的研发、技术转让、技术服务；太阳能逆变器、风能逆变器、储能逆变器、变频器及应急电源的销售；监控设备、成套电源、电气控制设备及配件、计算机软硬件的销售；自营和代理各类商品及技术的进出口业务。

上能电气公司组织架构

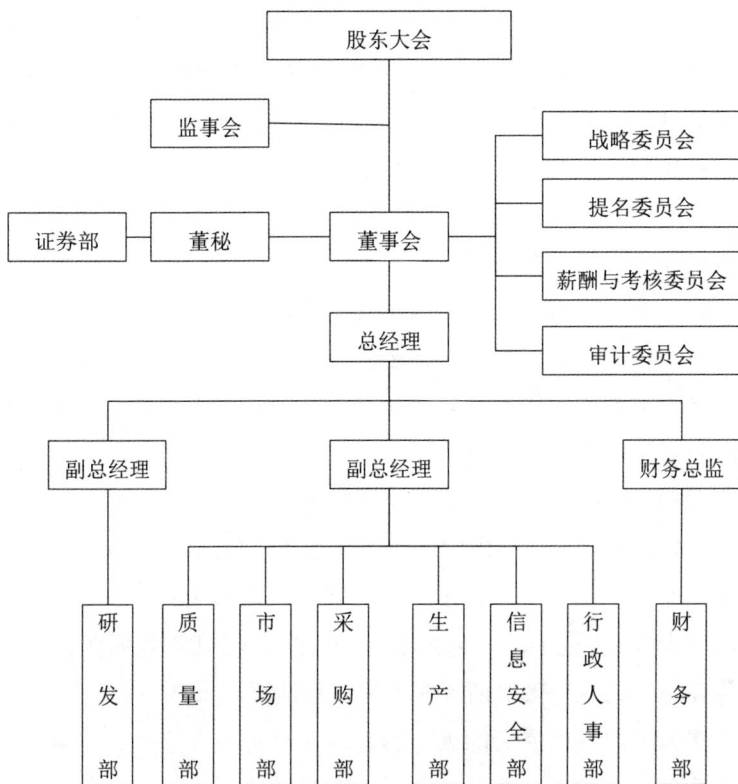

```
                        股东大会
                           │
        监事会 ────────────┤──────────── 战略委员会
                           │
                           │              提名委员会
   证券部 ── 董秘 ──────── 董事会 ──────
                           │              薪酬与考核委员会
                           │
                         总经理 ────────── 审计委员会
          ┌────────────────┼────────────────┐
        副总经理          副总经理          财务总监
          │     ┌──────┬──────┬──────┬──────┬──────┐      │
         研发部  质量部  市场部  采购部  生产部  信息  行政   财务部
                                            安全部  人事部
```

2. 中山市金马科技娱乐设备股份有限公司

主营业务：专业从事游乐设施开发、生产、销售的高新技术企业，包括滑行车类游乐设施、飞行塔类游乐设施、观览车类游乐设施、转马类游乐设施、自控飞机类游乐设施及其他各类游乐设施。

金马科技公司简介

中山市金马科技娱乐设备股份有限公司成立于 2007 年，是一家专业从事游乐设施开发、生产和销售的高新技术企业。该公司主要产品为大型游乐设施，具体包括滑行车类游乐设施、飞行塔类游乐设施、观览车类游乐设施、转马类游乐设施、自控飞机类游乐设施及其他各类游乐设施；而且该公司凭借持续地创新和研发，将动漫元素融入游乐设施的创意、策划、研发和生产之中，形成了公司融入动漫元素的游乐设施。凭借在大型游乐设施制造业的长期积累，该公司在创意、策划、研发、核心技术、产品质量、品牌和服务等方面建立了市场竞争优势，该公司已发展成为国内规模最大的大型游乐设施制造企业之一。

该公司拥有中国较为齐全的自主开发的游乐设施产品系列和完备的产品结构，自成立以来，该公司致力于树立高质量的大型游乐设施创意、策划、研发、制造企业的品牌形象，下游客户范围涵盖欢乐谷、宋城旅游、方特乐园等国内大型主题公园，并远销泰国、马来西亚、印度尼西亚、坦桑尼亚、乌兹别克斯坦、韩国、俄罗斯等多个国家和地区。

金马作为国内规模最大的大型游乐设施制造企业之一，一直致力于为我国游乐事业发展做贡献，公司秉承"欢乐的日子，从金马开始"的企业宗旨，通过抓好 ISO9001 体系有效运行，推进特种设备制造许可和质量管理体系工作，从产品设计开发到生产安装、从过程产品到最终产品均严格执行国家标准和相关规定，保证产品安全可靠，让顾客充分享受游戏游艺的欢乐之旅。

　　该公司注重科技创新和经营创新，具备国内最创意、策划、研发、制造团队和良好的科研试验条件以及技术研发中心，每年均有多项国内先进水平的新产品推出市场。同时大力整合创意、策划、研发、制造等方面资源，在行业中树立综合品牌和实力形象。

　　该公司将持续坚持"为全球提供优质游乐产品和服务，创建业界一流企业"的企业愿景、"致力于为游乐业发展做贡献，致力于为股东、员工、合作伙伴带来最大收益，实现三方共同成长，实现顾客价值最大化"的企业宗旨。

金马科技公司股权架构

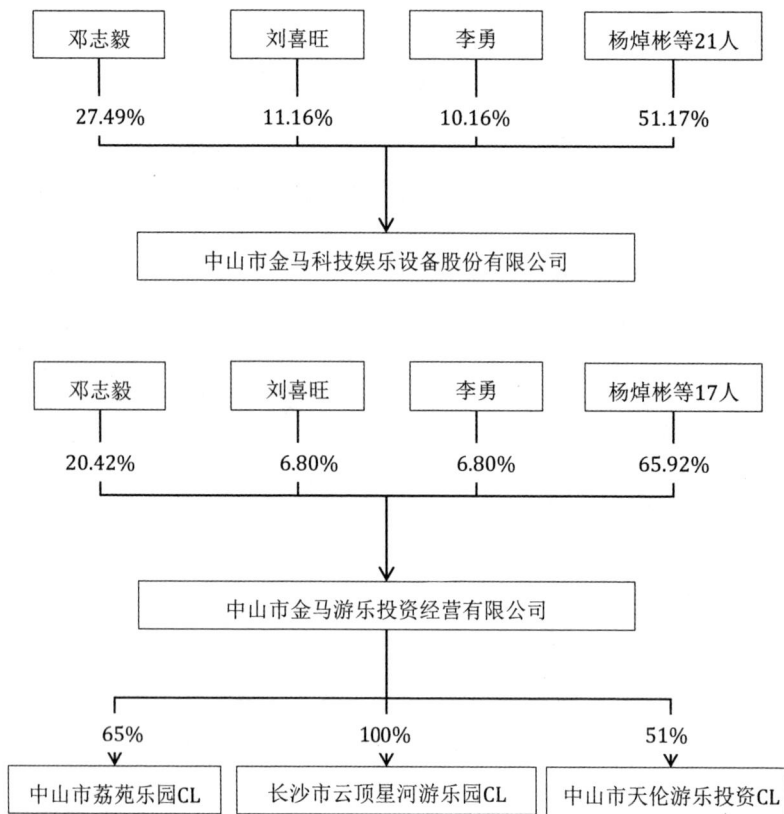

邓志毅	刘喜旺	李勇	杨焯彬等21人
27.49%	11.16%	10.16%	51.17%

中山市金马科技娱乐设备股份有限公司

邓志毅	刘喜旺	李勇	杨焯彬等17人
20.42%	6.80%	6.80%	65.92%

中山市金马游乐投资经营有限公司

65%	100%	51%
中山市荔苑乐园CL	长沙市云顶星河游乐园CL	中山市天伦游乐投资CL

（注：CL——有限公司； ——→ 股权关系 ）

金马科技对外投资情况

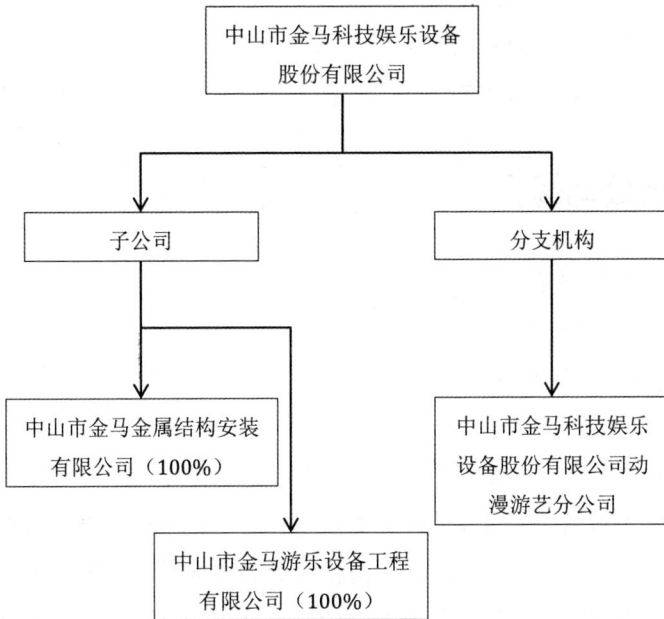

```
          ┌─────────────────────┐
          │ 中山市金马科技娱乐设备 │
          │    股份有限公司       │
          └─────────────────────┘
             │              │
        ┌────┘              └────┐
        ▼                        ▼
  ┌──────────┐           ┌──────────┐
  │   子公司   │           │  分支机构  │
  └──────────┘           └──────────┘
        │                        │
        │                        ▼
        │               ┌─────────────────┐
        ▼               │ 中山市金马科技娱乐 │
  ┌─────────────────┐   │ 设备股份有限公司动 │
  │ 中山市金马金属结构安装│   │   漫游艺分公司    │
  │ 有限公司（100%）  │   └─────────────────┘
  └─────────────────┘
        │
        ▼
  ┌─────────────────┐
  │ 中山市金马游乐设备工程│
  │ 有限公司（100%）  │
  └─────────────────┘
```

（注：──→ 股权关系 ）

3. 中简科技股份有限公司

公司主营业务：专业从事高性能碳纤维及相关产品研发、生产、销售和技术服务的高新技术企业。公司着眼于高性能碳纤维产品研发、制造，致力于成为具有自主知识产权的国产高性能碳纤维及相关产品研发制造商。

中简科技公司简介

中简科技股份有限公司（以下简称"中简科技"）成立于 2008 年 4 月，坐落于江苏省常州国家高新区新北工业园区，承担国家 863 项目"国产 T700 级碳纤维工程化建设"而创立，注册资本 2.2 亿元。公司占地面积 80 亩，厂房近 2 万平方米。

中简科技拥有一支技术力量雄厚、综合素质高、凝聚力强的科研技术团队，由 20 多位博硕士及工程专家组成，先后承担多项国家重大科研项目，在基础科学、技术工程、现场试验、设备设计等专业领域积累了丰富的经验。

中简科技在国内率先取得了 T700 级和 T800 级碳纤维制备的突破性进展，建成了国内第一条 T700 级高性能碳纤维三百吨级生产线并实现稳定量产，是唯一的由国家科技部专家现场随机取样评价通过制造，且生产关键助剂全部自制或国产化配套。

中简科技 98% 以上设备为自主研发设计和国内 T700 碳纤维关键技术和工程化实现重大突破。目前，中简科技已为航空航天提供了大批量、多批次稳定合格的产品，3 万余轴 20 批次，累计近十余吨。

中简科技在 T800 级碳纤维的研发方面取得了重大突破。2012 年 6 月 5 日，经国家科技部专项专家组鉴定，中简科技 T800 碳纤维各项数值已达到日本东丽 T800 的水平。

中简科技的产品主要有：ZT3 系列（T300 级）、ZT7 系列（T700 级）、ZT8 系列（T800 级）高性能碳纤维以及各种碳纤维织物及其复合材料产品。中简科技生产的 ZT7H 碳纤维是目前我国航空航天领域多个 XH 的唯一供货方。

　　公司产品的主要应用领域包含各行各业，在建筑补强、电子工业、压力容器、耐腐蚀设备、石油工业等领域均可应用。

中简科技公司股权架构

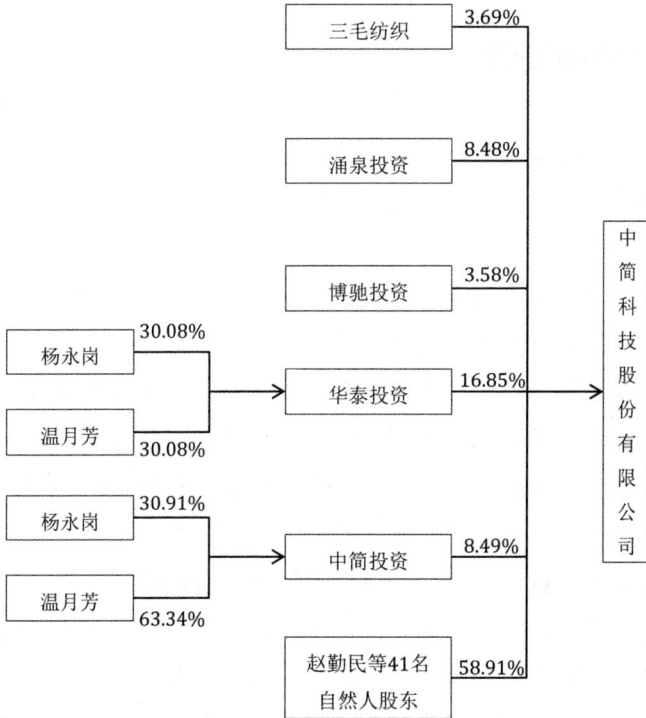

（注：———→ 股权关系 ）

4. 勋龙智造精密应用材料（苏州）股份有限公司

公司主营业务：公司主要从事汽车、家电等精密模具研发、设计、生产和销售，同时对外提供零件加工服务。

勋龙智造公司简介

该公司主要从事汽车、家电等精密模具研发、设计、生产和销售，同时对外提供零件加工服务。公司汽车模具主要为热冲压模具，家电模具主要为注塑模具。

汽车冲压件分为热冲压件和冷冲压件。热冲压件是指钢材经过高温加热并在模具内快速冲压成型、急速冷却，可以生产出抗拉强度高达1 500 MPa 以上的汽车结构件，具有延展性强、一次成型的特点。在达到安全性的前提下，热冲压件使用材料厚度比冷冲压件更薄，符合汽车轻量化发展方向。冷冲压件是指钢材通过模具在常温下进行加工制造出的零件，其延展性相对较差，很难加工超高强度汽车结构件。

该公司热冲压模具使用特殊模具钢材料，通过模具内复杂的水路结构设计，满足客户生产过程中采用热冲压技术对高强度钢材快速成型及急速均匀降温的技术要求。该公司产品广泛应用于汽车、家电、办公设备、医疗等行业和领域。经过多年经营，该公司已在汽车、家电等领域与众多全球知名厂商建立了长期稳定的战略合作关系，客户包括海斯坦普、西卡公司、海信集团、毅昌科技等。

该公司前身勋龙精密模具（昆山）有限公司，由英属维尔京群岛 SHINE ART INTERNATIONAL LIMITED 独资设立，注册资本 210 万元美元。2001 年 12 月 20 日，勋龙有限取得昆山市对外贸易经济合作局核发的昆经贸资（2001）字 661 号《关于同意举办外资企业"勋龙精密模具（昆山）有限公司"的批复》。

2002 年 1 月，勋龙有限取得江苏省人民政府核发的外经贸（苏府资）字《中华人民共和国外商投资企业批准证书》。

2002年1月8日，勋龙有限取得江苏省苏州工商行政管理局核发的《企业法人营业执照》，经营范围为：生产精密型腔模，汽车、摩托车模具、专用刀具、零件；计算机辅助设计（三维CAD）、辅助制造（CAM）；销售自产产品，法定代表人为雍嘉朴。

勋龙智造公司股权架构

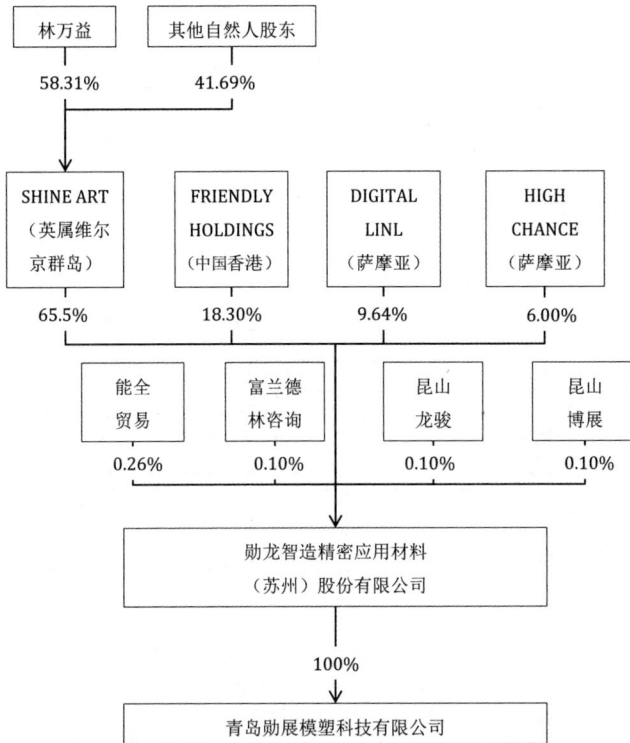

（注：——→ 股权关系 ）

勋龙智造公司组织架构

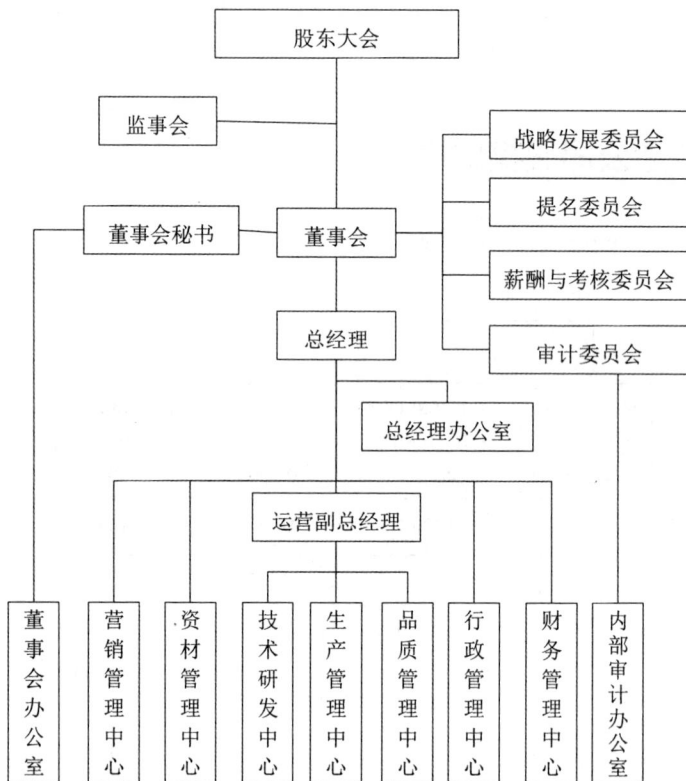

```
                        股东大会

    监事会                              战略发展委员会

                                        提名委员会

   董事会秘书        董事会              薪酬与考核委员会

                    总经理              审计委员会

                        总经理办公室

                    运营副总经理

  董  营  资  技  生  品  行  财  内
  事  销  材  术  产  质  政  务  部
  会  管  管  研  管  管  管  管  审
  办  理  理  发  理  理  理  理  计
  公  中  中  中  中  中  中  中  办
  室  心  心  心  心  心  心  心  公
                                    室
```

5. 北京博睿宏远数据科技股份有限公司

公司主营业务：专注于应用性能管理服务领域。公司通过将支撑业务所需的 IT 系统运行情况透明化。针对客户的特殊需求向其提供具体定制化解决方案，公司已为各类企业提供了专业的应用性能管理服务。

博睿宏远公司简介

博睿数据为国内领先的应用性能管理（Application Performance Management，简称 APM）服务提供商，自创立以来专注于应用性能管理服务领域。公司通过将支撑业务所需的 IT 系统运行情况透明化，从前端、网络、系统和应用四个环节，精准感知每一位客户每一次操作的实际体验，监测并诊断客户使用过程发生的问题，如页面闪退、无法跳转、报错、劫持等，发现并追溯影响业务质量的问题本源，从而帮助企业提升工作效率、业务质量及核心竞争能力。

博睿数据已经形成了一整套覆盖传统互联网、移动互联网和服务器端性能管理的产品体系，采用主动式和被动式监测相结合的服务模式，从 IT 质量管理和业务质量管理两大维度入手，涵盖应用性能管理、网络性能管理、用户体验管理、业务质量分析、营销管理等功能，能迅速识别定位业务所需 IT 系统各个环节性能情况，发现问题并及时告警，帮助客户深度挖掘故障隐患并给出科学的解决方案，进行"业务链"各环节运营优化管理。

该公司自成立以来始终注重自主创新，密切跟踪传统互联网和移动互联网行业最新发展方向，不断推陈出新，互联网公司对博睿数据监测服务的需求持续扩大。

随着网络的普及，传统行业对信息技术的依赖性逐渐增强，博睿数据的客户逐渐涵盖金融、电子商务、新闻媒体、电信运营商、汽车、物流、能源、政府部门等各个行业，并且针对客户的特殊需求向其提供具体定制化解决方案，公司已为各类企业提供了专业的应用性能管理服务。

企业使命：让每一家企业都能享受 IT 运营数据价值。

企业愿景：用技术创造价值，实现客户、企业与员工的共同发展。

品牌理念：数据为本，赋能商业。

企业定位：企业应用性能管理服务商。

企业文化：专业、专注、务实、创新。

技术理念：代码级定位问题，业务视角分析问题。

博睿宏远公司股权架构

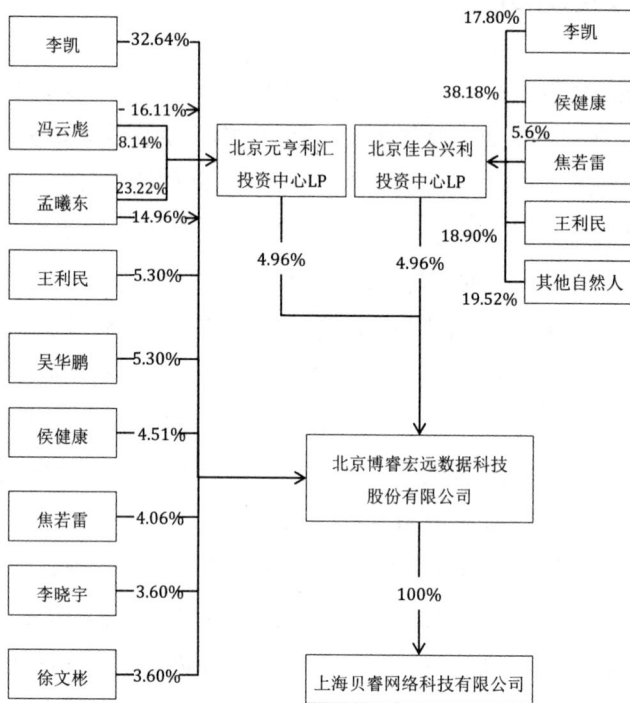

（注：LP—— 有限合伙；——→ 股权关系 ）

6. 北京墨迹风云科技股份有限公司

公司主营业务：主要开发和运营的"墨迹天气"是目前领先的天气服务类软件，支持 196 个国家、70 多万个城市及地区的生活类天气查询，基于领先的专业技术和庞大的气象、用户数据，提供经纬度级别的精准天气服务。

墨迹天气公司简介

北京墨迹风云科技股份有限公司成立于 2010 年，创建和共享以人与环境为核心的生活服务平台，以成为全球最大最被尊敬的互联网环保气象公司为目标，致力于让人们生活的环境变得更好。

该公司主要开发和运营的"墨迹天气"是目前领先的天气服务类软件，支持 196 个国家、70 多万个城市及地区的生活类天气查询，基于领先的专业技术和庞大的气象、用户数据，提供经纬度级别的精准天气服务。截至目前，墨迹天气已拥有超过 5 亿用户，天气日查询次数过亿。

2012 年，墨迹天气搭建时景社区，为用户提供气象信息的实时分享互动平台；2014 年，墨迹天气发布家用空气检测设备"空气果"，结合软硬件提供智能家居体验，并迭代推出空气果 1S，通过收集空气果的数据并进行大量的分析，相对准确的信息可以为能源场所提供指导；2016 年，墨迹天气创造性地提出"天气 +"概念，以气象大数据为基础，以天气作为入口，提供给用户更多生活化、场景化的服务；2017 年，推出增加甲醛功能的空气果 2 及便于携带的空气果 Sports 版。

墨迹天气深度挖掘天气数据和 5 亿用户的众包数据，将传统数据模式系统 + 深度机器学习相结合，建立气象研究院以及超千万元的气象投入，提升墨迹天气气象能力。

墨迹天气将继续深入气象数据、气象咨询和气象服务的挖掘，为 B 端提供解决方案。目前涉及零售业、快消行业、外卖平台、电力部门等各方面合作，未来将从航空、航海、物流、农业等行业再发力。

墨迹天气的发展愿景是希望通过不断探索人与环境之间的关系，将气象数据代入到各个场景服务，结合互联网和未来智能产业，为用户、行业客户和政府提供更好的定制化气象产品和服务，降低天气带来的影响以及经济成本。

墨迹天气融资历程

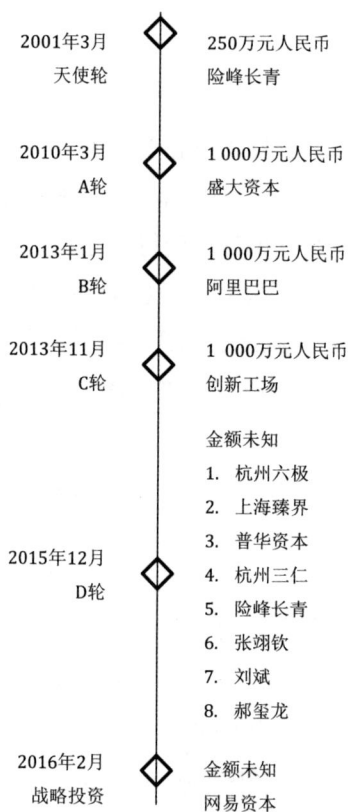

2001年3月 天使轮	◆	250万元人民币 险峰长青
2010年3月 A轮	◆	1 000万元人民币 盛大资本
2013年1月 B轮	◆	1 000万元人民币 阿里巴巴
2013年11月 C轮	◆	1 000万元人民币 创新工场
2015年12月 D轮	◆	金额未知 1. 杭州六极 2. 上海臻界 3. 普华资本 4. 杭州三仁 5. 险峰长青 6. 张翊钦 7. 刘斌 8. 郝玺龙
2016年2月 战略投资	◆	金额未知 网易资本

墨迹天气公司股权架构

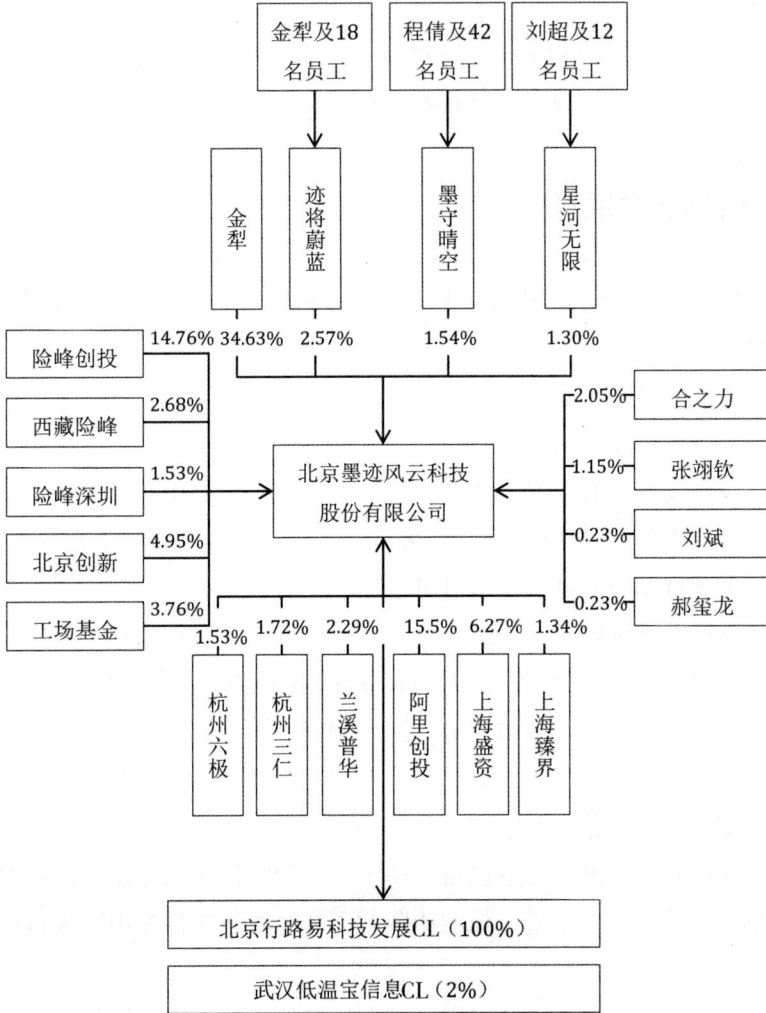

金犁及18名员工

程倩及42名员工

刘超及12名员工

金犁

迹将蔚蓝

墨守晴空

星河无限

险峰创投　14.76%　34.63%　2.57%　1.54%　1.30%

西藏险峰　2.68%

险峰深圳　1.53%

北京创新　4.95%

工场基金　3.76%

北京墨迹风云科技股份有限公司

合之力　2.05%

张翊钦　1.15%

刘斌　0.23%

郝玺龙　0.23%

1.53%　1.72%　2.29%　15.5%　6.27%　1.34%

杭州六极

杭州三仁

兰溪普华

阿里创投

上海盛资

上海臻界

北京行路易科技发展CL（100%）

武汉低温宝信息CL（2%）

（注：CL——有限公司；——→　股权关系）

7. 北京左江科技股份有限公司

公司主营业务：致力于信息安全领域核心技术的研发与应用，主要从事网络信息安全应用相关的硬件平台、板卡的设计、开发、生产与销售，用于满足包括国防领域应用在内的信息安全需求。

左江科技公司简介

北京左江科技股份有限公司，创立于2007年，2015年完成股份制改革。注册资金5 100万元，公司坐落于北京中关村翠湖科技园云中心，用于科研、试验、办公场地近4 000平方米。是一家集设计、开发、生产、销售于一体的高科技成长型企业。

该公司致力于信息安全领域核心技术的研发与应用，专业从事网络信息安全应用相关的硬件软件平台、板卡的设计、开发及提供全套解决方案，用于满足各行业的信息安全领域的定制开发、生产。

该公司秉承谦虚务实、追求卓越、客户至上的企业精神，十年来保持着稳步健康、持续的发展趋势。具有良好的内部机制，优良宽松的工作环境，成熟的质量管理体系，尊重个人、鼓励创新、平等沟通、团队合作。吸引了一批批高素质、高水平、高效率，有深厚专业背景、有学识、具有实干精神和使命感责任感的人才。

"真正的安全源于自主创新"是该公司始终倡导的理念，公司的目标是吸纳优秀的人才、培养一流的团队倾力打造真正掌握在中国人自己手里的信息安全产品。

该公司已经取得了包括二级保密资格单位证书、武器装备质量体系认证证书、装备承制单位注册证书、武器装备科研生产许可证、军队公用普通密码科研生产单位资质、商用密码产品生产定点单位证书、高新技术企业证书、中关村高新技术企业证书在内的齐全的军品生产资质和其他业务资质，具备开展国防网络信息安全产品生产所需的完整资质。

公司股本演变情况

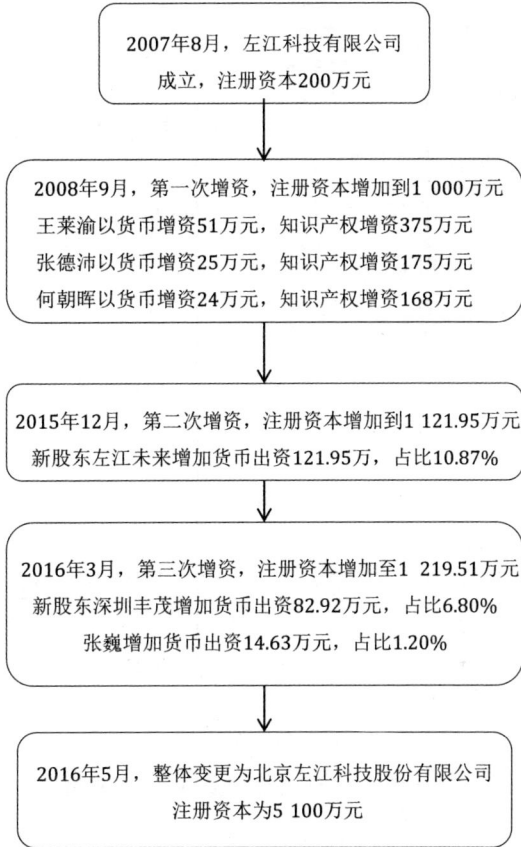

```
┌─────────────────────────────────┐
│  2007年8月，左江科技有限公司      │
│     成立，注册资本200万元         │
└─────────────────────────────────┘
                 │
                 ▼
┌─────────────────────────────────────────────┐
│ 2008年9月，第一次增资，注册资本增加到1 000万元 │
│ 王莱渝以货币增资51万元，知识产权增资375万元    │
│ 张德沛以货币增资25万元，知识产权增资175万元    │
│ 何朝晖以货币增资24万元，知识产权增资168万元    │
└─────────────────────────────────────────────┘
                 │
                 ▼
┌───────────────────────────────────────────────┐
│ 2015年12月，第二次增资，注册资本增加到1 121.95万元 │
│ 新股东左江未来增加货币出资121.95万，占比10.87%   │
└───────────────────────────────────────────────┘
                 │
                 ▼
┌───────────────────────────────────────────────┐
│ 2016年3月，第三次增资，注册资本增加至1 219.51万元 │
│ 新股东深圳丰茂增加货币出资82.92万元，占比6.80%   │
│ 张巍增加货币出资14.63万元，占比1.20%             │
└───────────────────────────────────────────────┘
                 │
                 ▼
┌─────────────────────────────────────────────┐
│ 2016年5月，整体变更为北京左江科技股份有限公司  │
│       注册资本为5 100万元                      │
└─────────────────────────────────────────────┘
```

左江科技公司股权架构

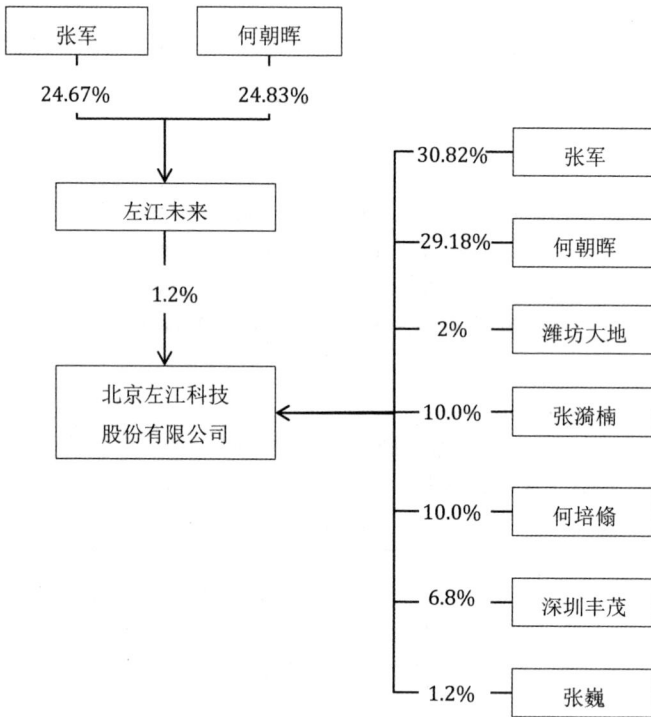

左江未来投资管理合伙企业（有限合伙）中有 29 名自然人股东。

经营范围为：投资管理、投资咨询（除证券、期货）、企业管理咨询、企业形象策划。

8. 南京越博动力系统股份有限公司

公司主营业务：专注于新能源汽车动力总成研发、生产及销售一体化的企业，致力于汽车动力系统技术研发、车辆系统及零部件的研发、生产、销售、技术咨询，产品涵盖公交客车、商用车、乘用车等新能源汽车领域。

越博动力公司简介

该公司专注于纯电动汽车动力总成系统领域，为新能源汽车整车制造厂商提供整体动力系统解决方案，产品主要为纯电动汽车动力总成系统，运用于纯电动客车、纯电动专用车等领域。凭借较强技术水平及产品品质，公司与东风特汽、一汽、长安客车、金旅客车、陕汽宝华、聊城中通、大运汽车、申龙客车、南京金龙、唐骏汽车等大型整车厂商建立了良好的合作关系。

该公司纯电动汽车动力总成系统采用永磁同步电机集成自动变速器一体化技术方案，通过整车控制系统、电机控制系统与硬件的高度协同，使得纯电动汽车在全工况中，提升电机在高效区间运行时间的占比。方案降低了纯电动汽车单位里程能耗，并有效提升其动力性能。另外，通过自动变速器的调节，还降低了车辆启动时电池的高倍率放电和尖峰效应，从而延长了电池的寿命。

自设立以来，该公司始终坚持自主创新，已形成较强的自主研发、自主设计及自主创新能力，行业地位及竞争优势明显。该公司系国家级高新技术企业，先后入选工信部品牌培育试点企业、江苏省百强创新型企业、苏南国家自主创新示范区瞪羚企业、江苏省高成长中小企业、江苏省科技小巨人企业和江苏省质量标杆企业，被认定为江苏省新能源汽车动力总成工程技术研究中心、江苏省认定企业技术中心、江苏省博士后创新实践基地、江苏省企业研究生工作站和南京市新能源汽车动力总成工程实验室等省、市级研发平台。

该公司荣获 2016~2017 年度电动物流车配套电机电控最受关注品牌。

该公司"纯电动汽车动力系统智能制造"项目获得 2017 年江苏省工业和信息产业转型升级专项资金支持;"纯电动动力总成研发与产业化服务"入选 2016 年江苏省工业和信息产业转型升级专项资金支持;"纯电动汽车动力总成关键技术的研究与产业化"入选 2017 年度南京市自主知识产权开发计划项目。该公司的"纯电动客车动力总成"被列入"江苏省重点推广应用新技术新产品""纯电动客车动力系统""纯电动商用车动力总成""纯电动厢式物流车动力总成""基于一种车用双轴并联电驱动系统的纯电动商用车动力总成"。

越博动力公司股权架构

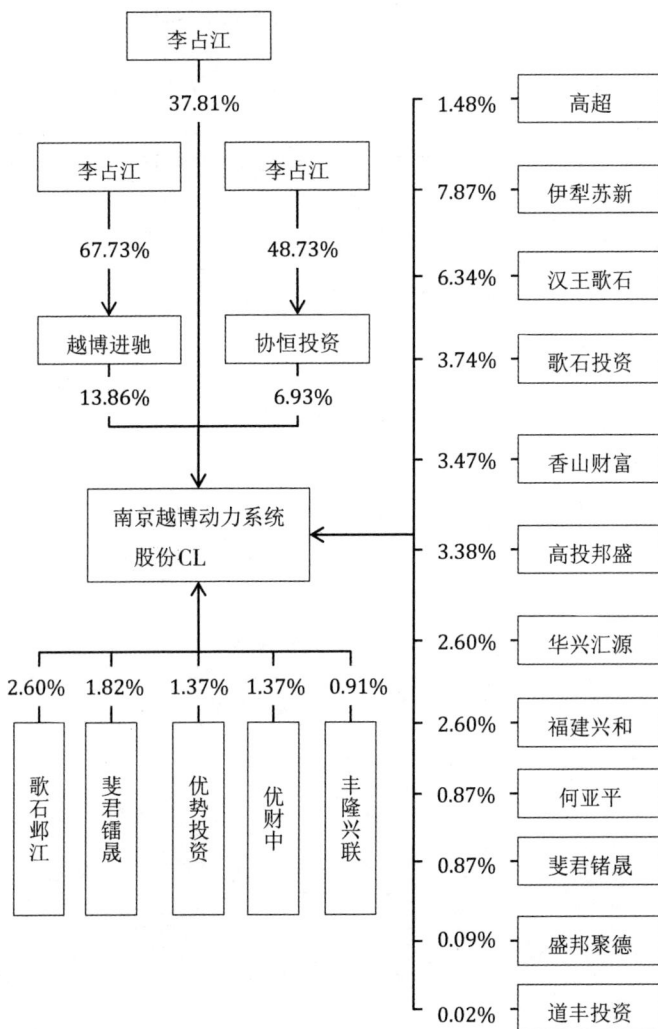

李占江 37.81%	
李占江 67.73% → 越博进驰 13.86%	李占江 48.73% → 协恒投资 6.93%
南京越博动力系统股份CL	
2.60% 歌石邺江　1.82% 斐君镭晟　1.37% 优势投资　1.37% 优财中　0.91% 丰隆兴联	

1.48%　高超

7.87%　伊犁苏新

6.34%　汉王歌石

3.74%　歌石投资

3.47%　香山财富

3.38%　高投邦盛

2.60%　华兴汇源

2.60%　福建兴和

0.87%　何亚平

0.87%　斐君锗晟

0.09%　盛邦聚德

0.02%　道丰投资

（注：CL——有限公司；———→ 股权关系）

越博动力对外投资情况

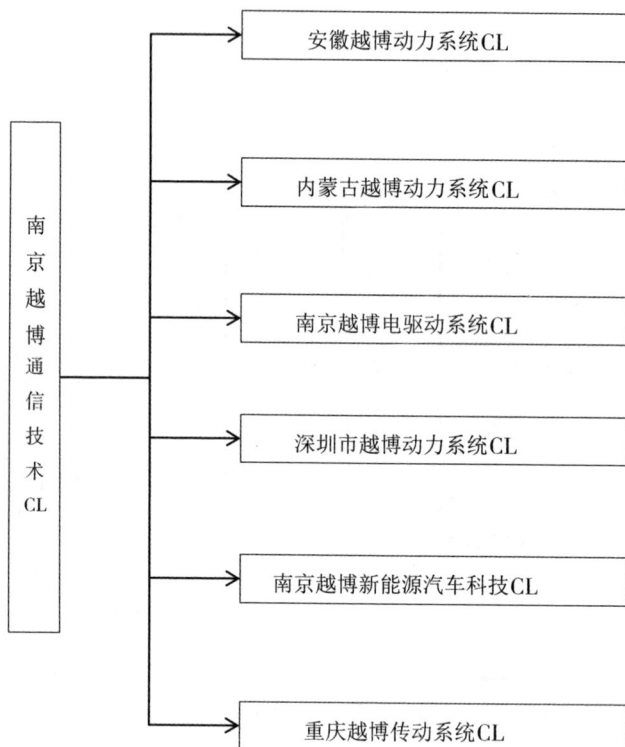

```
                        ┌─────────────────────────────┐
                    ┌──→│      安徽越博动力系统CL      │
                    │   └─────────────────────────────┘
                    │
                    │   ┌─────────────────────────────┐
                    ├──→│     内蒙古越博动力系统CL     │
                    │   └─────────────────────────────┘
  ┌─────┐           │
  │ 南  │           │   ┌─────────────────────────────┐
  │ 京  │           ├──→│     南京越博电驱动系统CL     │
  │ 越  │           │   └─────────────────────────────┘
  │ 博  │           │
  │ 通  │───────────┤   ┌─────────────────────────────┐
  │ 信  │           ├──→│    深圳市越博动力系统CL      │
  │ 技  │           │   └─────────────────────────────┘
  │ 术  │           │
  │ CL  │           │   ┌─────────────────────────────┐
  └─────┘           ├──→│   南京越博新能源汽车科技CL   │
                    │   └─────────────────────────────┘
                    │
                    │   ┌─────────────────────────────┐
                    └──→│     重庆越博传动系统CL       │
                        └─────────────────────────────┘
```

（注：CL——有限公司；───→ 股权关系 ）

9. 厦门东亚机械工业股份有限公司

该公司主营业务：公司是以压缩机主机自主设计、生产为核心，进行空气压缩机整机研发、生产与销售的综合性压缩空气系统解决方案提供商。

东亚机械公司简介

该公司是以压缩机主机自主设计、生产为核心，进行空气压缩机整机研发、生产与销售的综合性压缩空气系统解决方案提供商。自成立以来，公司一直专注于空气压缩机产品的研发、生产和销售，主要产品为各种规格的螺杆式空气压缩机、活塞式空气压缩机及相关后处理设备。公司凭借先进的技术工艺和产品质量及节能优势，在空气压缩机领域已具备较强的市场竞争力和品牌知名度。

台湾捷豹空气压缩机系厦门东亚机械工业股份有限公司下属品牌，厦门东亚机械工业股份有限公司是 1990 年到祖国大陆投资的企业，是一家具有近 30 年资历，证照齐全，充满活力的大型空压机专业制造厂。

秉持在空气压缩机领域多年的专业制造经验，以不断创新为经营理念，台湾捷豹始终为全球用户提供出色的空气压缩机解决方案。台湾捷豹的活塞式空气压缩机、螺杆式空气压缩机、冷冻式干燥机、吸附式干燥机为客户提供多种出色的空气解决方案。

如今，有数十万台的台湾捷豹设备正运行在世界各地。该公司作为 30 年品牌企业，在产品研发和工作管理方面，严格执行有效可靠的工作管理标准，包括 Six-Sigma、TPM、TQM 以及先进的 QC 质量体系。台湾捷豹拥有遍及各地的经销商网络，同时在中国各中心城市设立便捷的客户服务中心，不仅为客户提供性能出色的产品，更为客户提供值得信赖的售后服务，专业的销售团队和专业的技术服务团队时刻为您服务。

东亚机械公司股权架构

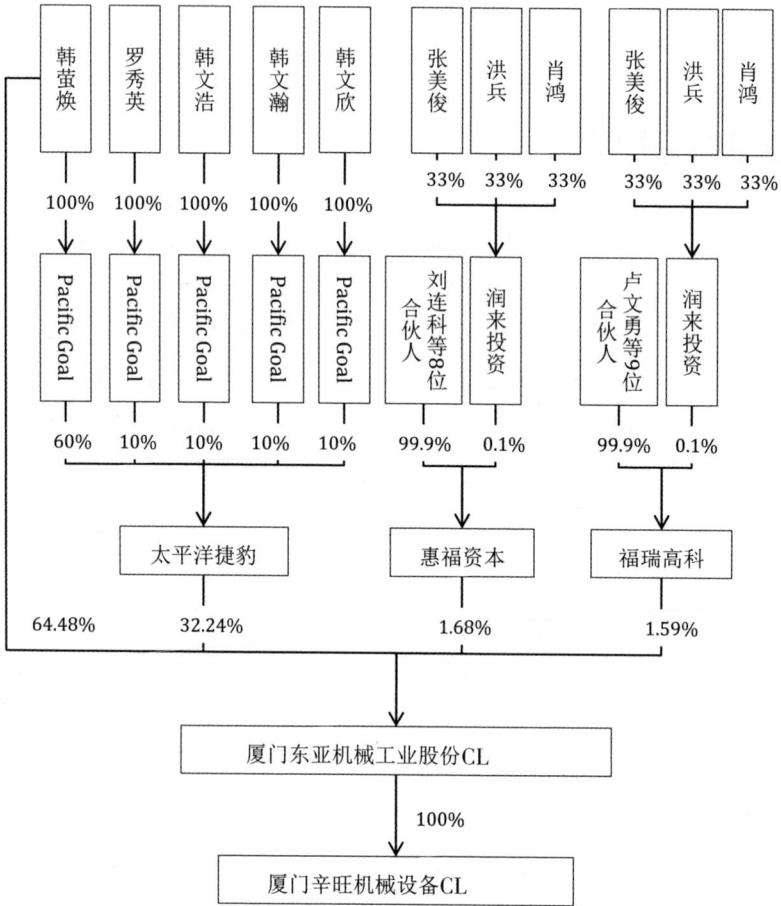

韩萤焕	罗秀英	韩文浩	韩文瀚	韩文欣	张美俊	洪兵	肖鸿	张美俊	洪兵	肖鸿

张美俊 33% 洪兵 33% 肖鸿 33%　　张美俊 33% 洪兵 33% 肖鸿 33%

100% 100% 100% 100% 100%

Pacific Goal	Pacific Goal	Pacific Goal	Pacific Goal	Pacific Goal	刘连科等8位合伙人	润来投资	卢文勇等9位合伙人	润来投资

60%　10%　10%　10%　10%　　99.9%　0.1%　　99.9%　0.1%

太平洋捷豹	惠福资本	福瑞高科

64.48%　　32.24%　　1.68%　　1.59%

厦门东亚机械工业股份CL

100%

厦门辛旺机械设备CL

（注：CL——有限公司；——→ 股权关系）

东亚机械公司组织架构

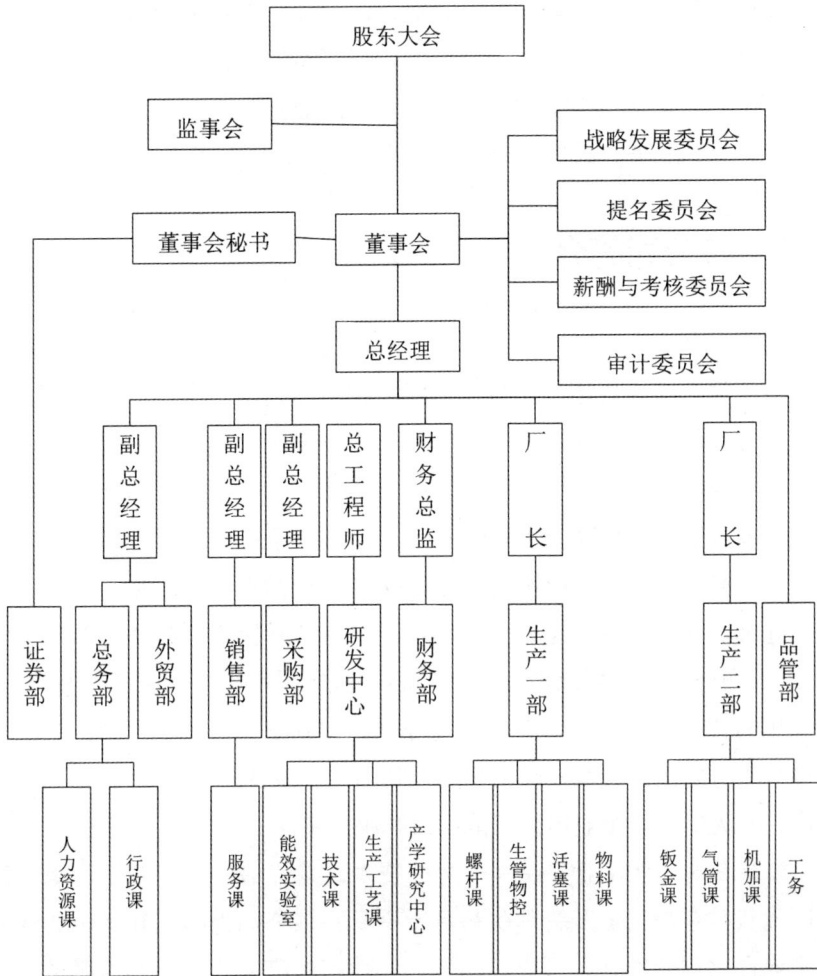

```
                        股东大会
                           │
        ┌──────────────────┤
     监事会                │
                           │                   战略发展委员会
                           │                      
                           │                   提名委员会
    董事会秘书 ──────── 董事会 ─────────┤
                           │                   薪酬与考核委员会
                           │                      
                        总经理                   审计委员会
```

| 副总经理 | 副总经理 | 副总经理 | 总工程师 | 财务总监 | 厂长 | 厂长 |

证券部　总务部　外贸部　销售部　采购部　研发中心　财务部　生产一部　生产二部　品管部

人力资源课　行政课　服务课　能效实验室　技术课　生产工艺课　产学研究中心　螺杆课　生管物控　活塞课　物料课　钣金课　气筒课　机加课　工务

10. 厦门盈趣科技股份有限公司

公司主营业务：为客户提供智能控制部件、创新消费电子等产品的研发、生产，并为中小型企业提供智能制造解决方案。公司以自主创新的 UDM 模式为基础，形成了高度信息化、自动化的智能制造体系，满足协同开发、定制服务、柔性生产、信息互联等综合服务需求。

盈趣科技公司简介

厦门盈趣科技股份有限公司成立于 2011 年 5 月，拥有厦门盈趣汽车电子有限公司、厦门攸信信息技术有限公司、漳州盈塑工业有限公司、厦门盈点科技有限公司、盈趣科技（马来西亚）有限公司、盈趣科技（匈牙利）有限公司等境内外 13 家全资或控股子公司。公司现有员工 3 700 余名，高素质的技术研发工程师、管理者 800 多名，拥有企业技术中心、重点实验室、机器人研究中心，并在福州大学等高校设立产学研孵化基地。

适应工业制造智能化、"互联网 +"的发展趋势，该公司以自主创新的 UDM 模式（也称为 ODM 智能制造模式）为基础，形成了高度信息化、自动化的智能制造体系，满足协同开发、定制服务、柔性生产、信息互联等综合服务需求，为客户提供智能控制部件、创新消费电子等产品的研发、生产，并为中小型企业提供智能制造解决方案。

集特有的 UDM 业务模式优势、技术研发优势、智能制造优势、质量控制优势、客户优势及管理优势等于一身，该公司为国际知名企业及科技型企业提供创新性强、可靠性高、一致性高的产品研发及制造服务。目前公司已与罗技、雀巢、PMI、WIK、Venture、3Dconnexion 及 Asetek 等国际知名企业及科技型企业建立起全方位、深层次的战略合作关系。

该公司荣获"国家企业技术中心""国家工信部智能制造试点示范项目""国家级工业设计中心""国家高新技术企业""福建省工业互联与民用物联重点实验室""福建省知识产权优势企业""福建省工业企业质量标杆""厦门市政府质量奖"等多项荣誉称号，并通过 ISO/TS 16949、

CMMI-ML3 等国际资质认证。

　　该公司员工依靠爱心和长期艰苦奋斗，与世界一流的企业合作共赢，为客户创造更多的价值，为用户带来极致的体验，致力于成为中国走向世界的窗口。我们的使命是：盈趣，让生活充盈着乐趣！

盈趣科技公司股权架构

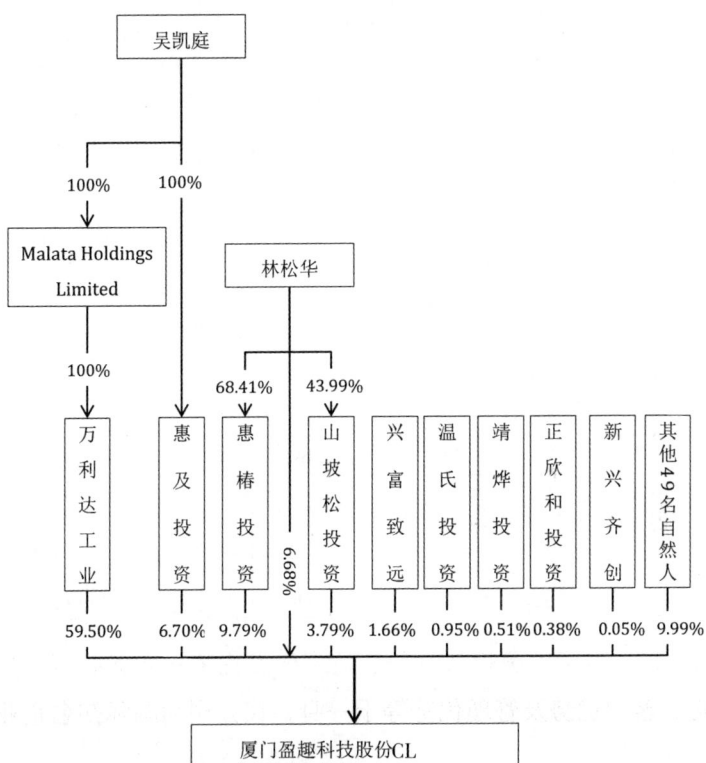

吴凯庭

100%　　100%

Malata Holdings Limited　　林松华

100%　　68.41%　　43.99%

万利达工业　惠及投资　惠椿投资　山坡松投资　兴富致远　温氏投资　靖烨投资　正欣和投资　新兴齐创　其他49名自然人

6.68%

59.50%　6.70%　9.79%　3.79%　1.66%　0.95%　0.51%　0.38%　0.05%　9.99%

厦门盈趣科技股份CL

（注：CL——有限公司；⟶　股权关系）

盈趣科技公司组织架构

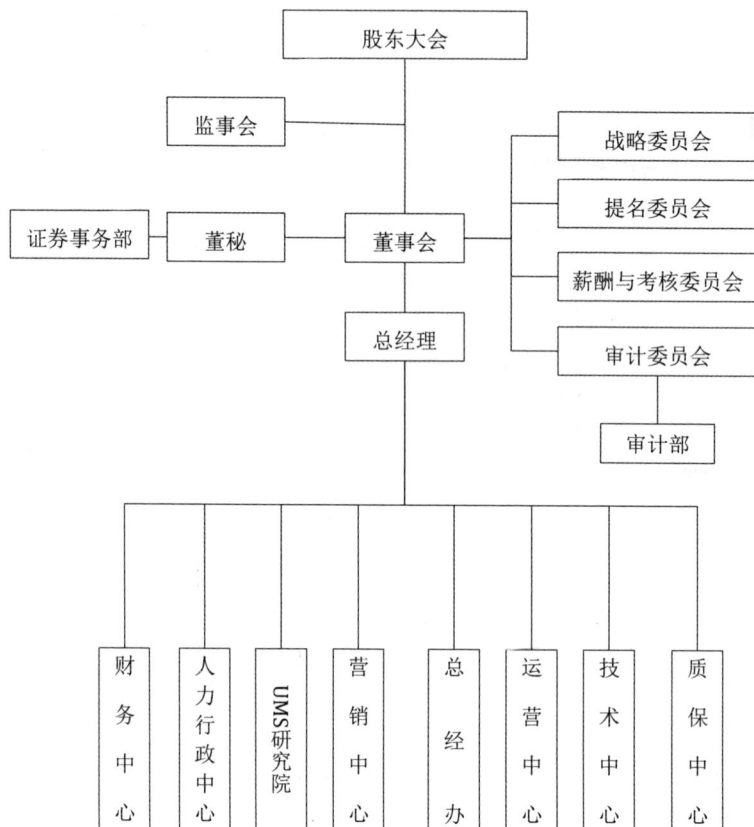

第十五章　集团公司股权架构

1. 国企部分股东简介

国务院国有资产监督管理委员会

根据国务院授权，依照《中华人民共和国公司法》等法律和行政法规履行出资人职责，指导推进国有企业改革和重组；对所监管企业国有资产的保值增值进行监督，加强国有资产的管理工作；推进国有企业的现代企业制度建设，完善公司治理结构；推动国有经济结构和布局的战略性调整。

国务院

即中央人民政府，是最高国家权力机关的执行机关，是最高国家行政机关。国务院由总理、副总理、国务委员、各部部长、各委员会主任、审计长、秘书长组成。国务院实行总理负责制。各部、各委员会实行部长、主任负责制。

香港中央结算有限公司、香港中央结算（代理人）有限公司

香港中央结算有限公司经营的香港的中央结算及交收系统，是认可的结算机构，是港交所全资附属公司。投资者股份集中存放在香港中央结算有限公司。香港中央结算（代理人）有限公司所持有的股份为其代理的在香港中央结算（代理人）有限公司交易平台上交易的 H 股股东账户的股份总和，这些股份的权益仍旧归属投资者本身所拥有。

中国证券金融股份有限公司

简称"证金公司"，中国证券金融股份有限公司是经国家同意，中国证券监督主管部门批准，由上海证券交易所、深圳证券交易所和中国证券

登记结算有限责任公司共同发起设立的证券类金融机构。公司于 2011 年 10 月 28 日成立，注册资本金 75 亿元人民币。主要业务职责范围是：为证券公司融资融券业务提供转融通服务，对证券公司融资融券业务运行情况进行监控，监测分析全市场融资融券交易情况，运用市场化手段防控风险，以及中国证券监督主管部门批准的其他职责。

中央汇金资产管理有限责任公司

中央汇金资产管理有限责任公司是中国投资有限责任公司的二级子公司。中投公司成立于 2007 年 9 月 29 日，是依照《中华人民共和国公司法》设立的国有独资公司，组建宗旨是实现国家外汇资金多元化投资，在可接受风险范围内实现股东权益最大化。中投公司下设 3 个子公司，分别是中投国际、中投海外和中央汇金。

2. 中国石油化工股份有限公司

2018 年全年营业收入 2.89 万亿元，利润 630 亿元。2019 年《财富》中国 500 强企业排名第 1 位，2019 年《财富》世界 500 强排名第 2 位。

中国石化公司简介

中国石油化工股份有限公司（以下简称"中国石化"）是一家上中下游一体化、石油石化主业突出、拥有比较完备销售网络、境内外上市的股份制企业。中国石化是由中国石化集团公司依据《中华人民共和国公司法》，以独家发起方式于 2000 年 2 月 25 日设立的股份制企业。中国石化 167.8 亿股 H 股股票于 2000 年 10 月 18 日、19 日分别在香港、纽约、伦敦三地交易所成功上市；2001 年 8 月 8 日 28 亿股 A 股在上海证券交易所成功上市。目前，中国石化总股本近 1 211 亿股，其中 A 股 956 亿股，H 股 255 亿股。

中国石化是中国最大的一体化能源化工公司之一，主要从事石油与天然气勘探开发、管道运输、销售；石油炼制、石油化工、煤化工、化纤及其他化工生产与产品销售、储运；石油、天然气、石油产品、石油化工及其他化工产品和其他商品、技术的进出口、代理进出口业务；技术、信息的研究、开发、应用。中国石化是中国大型油气生产商；炼油能力排名中国第一位；在中国拥有完善的成品油销售网络，是中国最大的成品油供应商；乙烯生产能力排名中国第一位，构建了比较完善的化工产品营销网络。

中国石化建立了规范的法人治理结构，实行集中决策、分级管理和专业化经营的事业部制管理体制。中国石化现有全资子公司、控股和参股子公司、分公司等共 100 余家，包括油气勘探开发、炼油、化工、产品销售以及科研、外贸等企业和单位，经营资产和主要市场集中在中国经济最发达、最活跃的东部、南部和中部地区。

中国石化将认真实施资源、市场、一体化和国际化战略，更加注重科技创新、管理创新和提高队伍素质，努力把中国石化建设成为世界一流能源化工公司。

中国石化的最大股东——中国石化集团公司是国家在原中国石化总公司的基础上于 1998 年重组成立的特大型石油石化企业集团，是国家出资设立的国有公司、国家授权投资的机构和国家控股公司。

中国石化十大股东

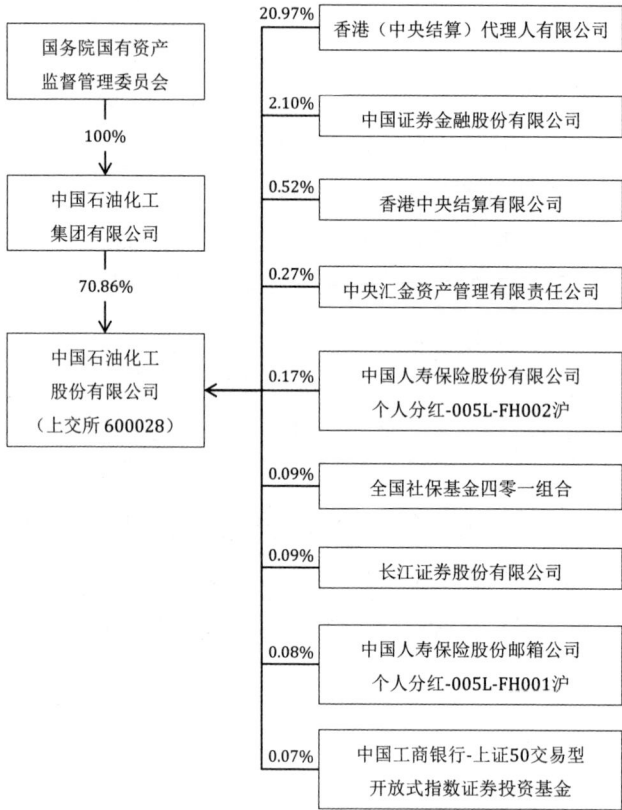

国务院国有资产监督管理委员会	
↓ 100%	
中国石油化工集团有限公司	
↓ 70.86%	
中国石油化工股份有限公司（上交所600028）	

占比	股东
20.97%	香港（中央结算）代理人有限公司
2.10%	中国证券金融股份有限公司
0.52%	香港中央结算有限公司
0.27%	中央汇金资产管理有限责任公司
0.17%	中国人寿保险股份有限公司个人分红-005L-FH002沪
0.09%	全国社保基金四零一组合
0.09%	长江证券股份有限公司
0.08%	中国人寿保险股份邮箱公司个人分红-005L-FH001沪
0.07%	中国工商银行-上证50交易型开放式指数证券投资基金

中国石化主要公司布局

根据工商注册显示，中国石化对外投资 350 家公司，分支机构共有 1 029 家。

类型	公司名称（部分）
油田企业	胜利油田分公司、中原油田分公司、河南油田分公司、江汉油田分公司、江苏油田分公司、上海海洋油田分公司、西北油田分公司……
炼化企业	中原石油化工有限责任公司、仪征化纤股份有限公司、扬子石油化工有限公司、石家庄炼化分公司、沧州分公司、安庆分公司、西安石化分公司……
成品油销售企业	北京石油分公司、天津石油分公司、河北石油分公司、山西石油分公司、浙江石油分公司、山东石油分公司、湖北石油分公司、广西石油分公司……
全资及控股企业	中国石化国际事业有限公司、中国石化（香港）有限公司、中国石化燃料油销售有限公司、中国石化海南炼油化工有限公司、福建炼油化工有限公司……
科研单位	物探技术研究院、石油勘探开发研究院、石油化工科学研究院、北京化工研究院、青岛安全工程研究院……

3. 中国石油天然气股份有限公司

2018 年全年营业收入 2.35 万亿元，利润 525 亿元。2019 年《财富》中国 500 强企业排名第 2 位，2019 年《财富》世界 500 强排名第 4 位。

中国石油天然气公司简介

中国石油天然气股份有限公司（简称"中国石油"）是中国油气行业占主导地位的最大的油气生产和销售商，是中国销售收入最大的公司之一，也是世界最大的石油公司之一。中国石油是根据《公司法》和《国务院关于股份有限公司境外募集股份及上市的特别规定》，由中国石油天然气集团有限公司独家发起设立的股份有限公司，成立于 1999 年 11 月 5 日。中国石油发行的美国存托股份及 H 股于 2000 年 4 月 6 日及 4 月 7 日分别在纽约证券交易所有限公司及香港联合交易所有限公司挂牌上市（纽约证券交易所 ADS 代码 PTR，香港联合交易所股票代码 857），2007 年 11 月 5 日在上海证券交易所挂牌上市（股票代码 601857）。

中国石油自成立以来，根据《公司法》《到境外上市公司章程必备条款》等有关法律、法规、规范性文件及公司章程，建立健全了规范的公司治理结构。本公司的股东大会、董事会、监事会均能按照公司章程独立有效运行。

中国石油致力于发展成为具有较强竞争力的国际能源公司，成为全球石油石化产品重要的生产和销售商之一。中国石油广泛从事与石油、天然气有关的各项业务，主要包括原油和天然气的勘探、开发、生产和销售；原油和石油产品的炼制、运输、储存和销售；基本石油化工产品、衍生化工产品及其他化工产品的生产和销售；天然气、原油和成品油的输送及天然气的销售。

中国石油遵循奉献能源、创造和谐的企业宗旨，围绕建设世界一流国际能源公司目标，坚持稳健发展方针，推进资源、市场、国际化和创新战略，不断提升综合实力、国际竞争力和可持续发展能力，用良好的发展业绩回报股东和社会。

中国石油唯一的发起人及控股股东为中国石油天然气集团有限公司，中国石油天然气集团有限公司是根据国务院机构改革方案，于 1998 年 7 月在原中国石油天然气总公司的基础上组建的特大型石油石化企业集团，是国家授权的投资机构和国资委管理的特大型国有企业集团之一。

中国石油十大股东

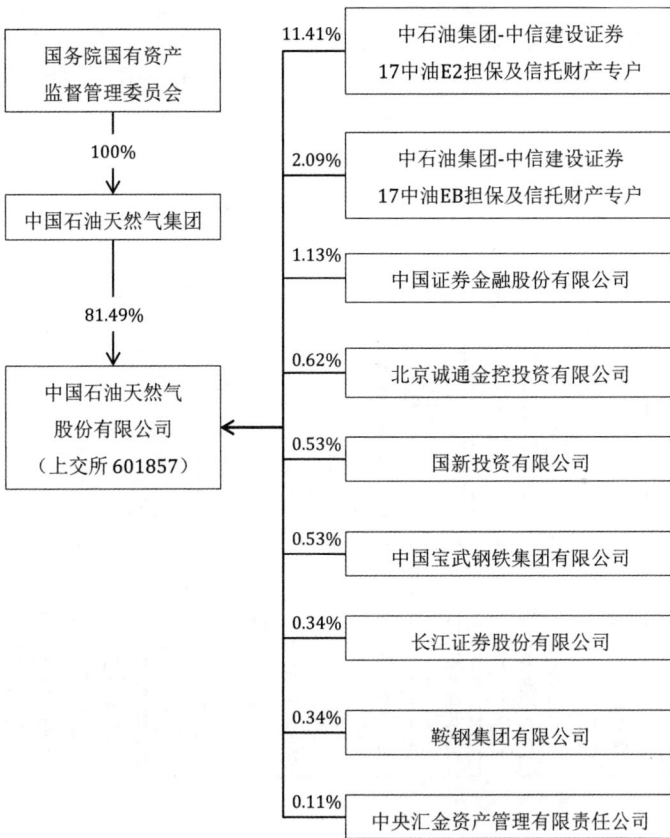

```
┌─────────────────┐                    11.41%   ┌──────────────────────────┐
│ 国务院国有资产    │                             │ 中石油集团-中信建设证券      │
│ 监督管理委员会    │                             │ 17中油E2担保及信托财产专户  │
└─────────────────┘                             └──────────────────────────┘
        │ 100%                          2.09%   ┌──────────────────────────┐
        ▼                                       │ 中石油集团-中信建设证券      │
┌─────────────────┐                             │ 17中油EB担保及信托财产专户  │
│ 中国石油天然气集团 │                             └──────────────────────────┘
└─────────────────┘                             ┌──────────────────────────┐
        │ 81.49%                        1.13%   │ 中国证券金融股份有限公司      │
        ▼                                       └──────────────────────────┘
┌─────────────────┐                             ┌──────────────────────────┐
│ 中国石油天然气     │                    0.62%   │ 北京诚通金控投资有限公司      │
│ 股份有限公司       │◄────                       └──────────────────────────┘
│（上交所601857）   │                    0.53%   ┌──────────────────────────┐
└─────────────────┘                             │ 国新投资有限公司            │
                                                └──────────────────────────┘
                                        0.53%   ┌──────────────────────────┐
                                                │ 中国宝武钢铁集团有限公司      │
                                                └──────────────────────────┘
                                        0.34%   ┌──────────────────────────┐
                                                │ 长江证券股份有限公司        │
                                                └──────────────────────────┘
                                        0.34%   ┌──────────────────────────┐
                                                │ 鞍钢集团有限公司            │
                                                └──────────────────────────┘
                                        0.11%   ┌──────────────────────────┐
                                                │ 中央汇金资产管理有限责任公司  │
                                                └──────────────────────────┘
```

中国石油组织架构

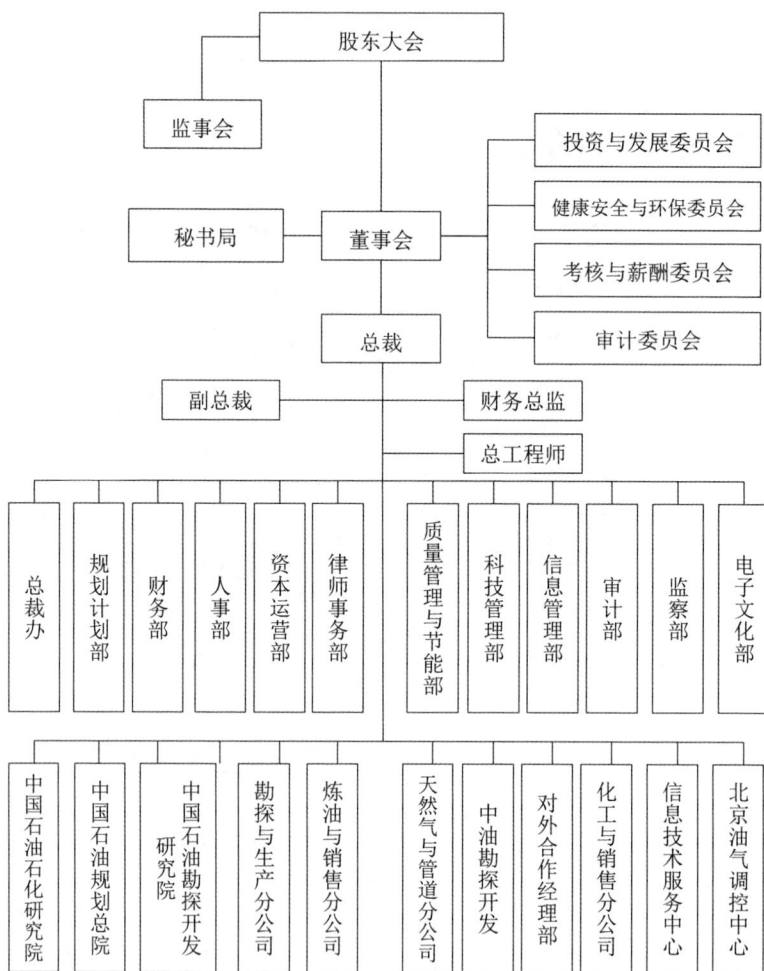

```
                          股东大会
         ┌───────────────────┘
      监事会                              投资与发展委员会

                                         健康安全与环保委员会
      秘书局 ──── 董事会 ────┤
                                         考核与薪酬委员会

                    总裁 ─────────────── 审计委员会

      副总裁            财务总监

                    总工程师
```

部门一览：
总裁办 ｜ 规划计划部 ｜ 财务部 ｜ 人事部 ｜ 资本运营部 ｜ 律师事务部 ｜ 质量管理与节能部 ｜ 科技管理部 ｜ 信息管理部 ｜ 审计部 ｜ 监察部 ｜ 电子文化部

下属单位：
中国石油石化研究院 ｜ 中国石油规划总院 ｜ 中国石油勘探开发研究院 ｜ 勘探与生产分公司 ｜ 炼油与销售分公司 ｜ 天然气与管道分公司 ｜ 中油勘探开发 ｜ 对外合作经理部 ｜ 化工与销售分公司 ｜ 信息技术服务中心 ｜ 北京油气调控中心

4. 中国建筑集团有限公司

2018 年全年营业收入 1.19 万亿元，利润 382 亿元。2019 年《财富》中国 500 强企业排名第 3 位，2019 年《财富》世界 500 强排名第 21 位。

中国建筑集团简介

中国建筑集团有限公司（简称中国建筑），正式组建于 1982 年，是我国专业化发展最久、市场化经营最早、一体化程度最高、全球规模最大的投资建设集团，也是我国建筑领域唯一一家由中央直接管理的国有重要骨干企业。

中国建筑主要以上市企业中国建筑股份有限公司（股票简称：中国建筑，股票代码 601668.SH）为平台开展经营管理活动，拥有上市公司 7 家，二级控股子公司 100 余家。

中国建筑营业收入平均每 12 年增长 10 倍。2017 年，公司新签合同额超过 2 万亿元人民币，营业收入、利润总额在 102 家中央企业中分别名列第 4 位、第 6 位，第 13 次获得中央企业负责人经营业绩考核 A 级，位居 2018 年度《财富》世界 500 强第 23 位，《财富》中国 500 强第 3 位，全球品牌价值 500 强第 44 位，获得标普、穆迪、惠誉等国际三大评级机构信用评级 A 级，为全球建筑行业最高信用评级。

该公司的经营业绩遍布国内及海外 100 多个国家和地区，业务布局涵盖投资开发（地产开发、建造融资、持有运营）、工程建设（房屋建筑、基础设施建设）、勘察设计、新业务（绿色建造、节能环保、电子商务）等板块。在我国，中国建筑投资建设了 90% 以上 300 米以上摩天大楼、3/4 重点机场、3/4 卫星发射基地、1/3 城市综合管廊、1/2 核电站，每 25 个中国人中就有一人使用中国建筑建造的房子。

中国建筑形象名片：

□世界最大的工程承包商，代表着中国房建领域的最高水平。

□中国最具实力的投资商之一，主要投资方向为房地产开发、投融资建造、城镇综合建设等领域。

□国内最大的建筑设计综合企业集团，业务覆盖建筑设计、城市规划、工程勘察、市政公用工程设计等诸多领域。

□中央企业践行国家"一带一路"倡议的代表者与领先者、海外投资建设运营一体化服务价值链组织者和领导者。

中国建筑集团十大股东

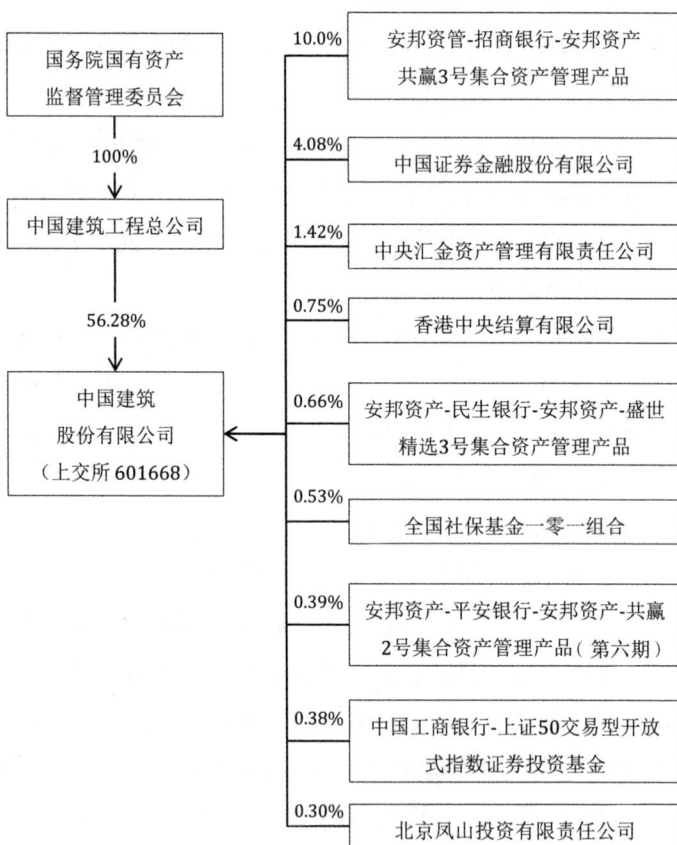

中国建筑集团产业

根据工商注册显示，中国建筑对外投资 189 家公司，分支机构共有 1 375 家。

板块	公司名称（部分）
房屋建筑工程板块	中国建筑第一工程局、第二工程局、第三工程局、第四工程局、第五工程局、第七工程局、第八工程局、第九工程局…… 中国建筑发展有限公司、中建人才有限责任公司、中建国际劳务有限公司、中建财务咨询顾问有限公司……
国际工程承包板块	中建国际建设有限公司、中建俄罗斯有限责任公司、中建（哈萨克斯坦）有限公司、中建中东有限责任公司、中建纳米比亚有限公司、中国建筑南非有限公司……
房地产开发与投资板块	中国海外集团有限公司、中国中建地产有限公司、上海中建投资有限公司、普瑞置地投资有限公司……
基础设施建筑与投资板块	中国建设基础设施有限公司、阳泉市阳五高速公路投资管理有限公司、中建铁路建设有限公司、中国通达建设有限公司……
设计勘察板块	东北设计研究院、西北设计研究院、西南设计研究院、西南勘察设计研究院、上海设计研究院、北京设计研究院、贵州中建建筑科研设计院、市政工程西北设计研究院……

中国建筑集团组织架构

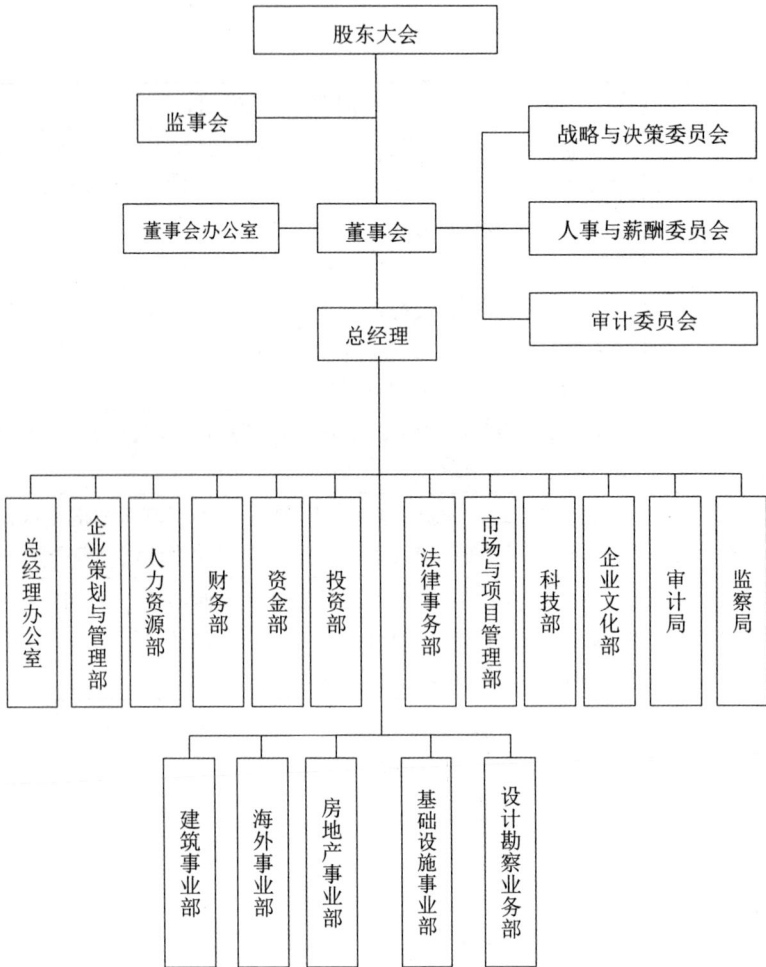

```
                        股东大会
    监事会                                战略与决策委员会
    董事会办公室    董事会                  人事与薪酬委员会
                    总经理                  审计委员会
```

总经理办公室 | 企业策划与管理部 | 人力资源部 | 财务部 | 资金部 | 投资部 | 法律事务部 | 市场与项目管理部 | 科技部 | 企业文化部 | 审计局 | 监察局

建筑事业部 | 海外事业部 | 房地产事业部 | 基础设施事业部 | 设计勘察业务部

中国建筑集团部门职能

部门	部门职能
总经理办公室	（1）负责本公司办公管理职责，包括公文管理、会议筹划等；建立、健全和完善对外公共关系，宣传公司； （2）代表公司运营层对内、对外进行协调沟通； （3）负责公司行政管理工作以及全面负责公司信息化建设工作； （4）负责本公司党组和公司党委办公室的日常工作
企业策划与管理部	（1）负责拟定公司的战略规划，对下属企业落实战略规划的情况进行分析评价； （2）负责拟定公司区域化、专业化结构调整等专项策划方案； （3）负责公司组织构架和运营机制的调整、完善； （4）提出完善二级公司法人治理结构的政策建议； （5）负责公司股权性投资的策划和运作； （6）安全环境体系的维护等
人力资源部	（1）负责公司总部人员的招聘、调整、考核、薪酬福利等具体工作； （2）负责公司所属事业部、业务部、二级公司的领导班子建设； 负责建立健全公司直营事业部的人力资源管理体系，指导二级公司人力资源管理体系的建设和有效运行； （3）负责直营事业部、二级公司核心管理人员的薪酬考核工作
财务部	（1）负责公司财务管理工作，拟订公司财务管理方面的规章制度并指导下属企业财务管理工作； （2）负责公司专项资金的会计核算与财务监督工作； （3）负责公司涉税方面工作的策划、组织和实施； （4）负责统计工作，提供公司财务会计信息； （5）配合预算与考核委员会编制平衡公司预算，并进行核算、决算等

续表

部门	部门职能
资金部	（1）全面负责公司资金管理工作，拟订公司资金管理制度； （2）负责公司在资本市场融资的工作；负责财务公司的筹建及运营； （3）负责公司资金使用的总体筹划、调配，并对资金使用情况进行跟踪和监控； （4）负责公司融资、短期投资的运作与长期投资项目的财务分析； （5）保证资金正常运转，确保公司的偿债能力； （6）负责公司保函信用证的审批、办理等
投资部	（1）全面负责公司投资管理工作，建立完善投资管理制度； （2）负责编制公司年度投资计划； （3）负责公司重大投资项目的立项、评估及具体实施过程中的情况跟踪与监控； （4）负责公司固定资产投资计划的编制工作； （5）负责公司年度预算的组织、汇总、审核、编制和调整工作
科技部	（1）负责科技管理工作，包括公司技术培训交流、科技示范工程、科技成果鉴定以及内部技术刊物管理等； （2）负责研究开发管理，包括公司及下属企业研究开发业务的战略规划及管理考核体制的制定、专业技术资料的收集、专业社会资源信息的收集、具体研发项目的管理以及专业技术支持等； （3）负责公司国家级研发中心的管理工作
审计局	（1）全面负责公司审计工作，建立有效的审计工作体系、完善内部审计制度； （2）对公司下属二级企业、直营事业部、重要职能部门、直属项目的业绩、效率和效果进行审计评价； （3）对公司内部控制程序和风险管理提出改进和优化建议； （4）改善组织运营，增加公司价值
监察局	（1）负责公司纪检、监察工作，包括建立相关管理规定、制度和体系建设； （2）负责公司廉政教育； （3）负责公司相关案件的查处等

5. 中国平安保险（集团）股份有限公司

2018 年全年营业收入 9 768 亿元，利润 1 074 亿元。2019 年《财富》中国 500 强企业排名第 4 位，2019 年《财富》世界 500 强排名第 29 位。

平安集团简介

中国平安保险（集团）股份有限公司（以下简称"中国平安"）于 1988 年诞生于深圳蛇口，在各级政府及监管部门、广大客户和社会各界的支持下，成长为我国三大综合金融集团之一，在《福布斯》"全球上市公司 2 000 强"中名列第 10 位，居全球保险集团第一；在美国《财富》世界 500 强名列第 29 位，蝉联中国内地混合所有制企业第一。中国平安在香港联合交易所主板及上海证券交易所两地上市。截至 2017 年年底，集团总市值在全球金融集团中排名第 6 位，全球保险集团市值、品牌第一。

中国平安致力于成为国际领先的科技型个人金融生活服务集团，坚持"科技引领金融，金融服务生活"的理念，以深化"金融＋科技"、探索"金融＋生态"为发展模式，聚焦"大金融资产"和"大医疗健康"两大产业，并深度应用于"金融服务、医疗健康、汽车服务、房产金融、城市服务"五大生态圈，为客户创造"专业，让生活更简单"的品牌体验，获得持续的利润增长，向股东提供长期稳定的价值回报。

平安集团旗下子公司包括平安寿险、平安产险、平安养老险、平安健康险、平安银行、平安信托、平安证券、平安大华基金等，涵盖金融业各个领域，已发展成为中国少数能为客户同时提供保险、银行及投资等全方位金融产品和服务的金融企业之一。此外，中国平安还积极开拓包括陆金所、平安好医生、金融壹账通、平安好房、壹钱包等在内的金融科技业务，并在规模与用户数方面显著增长。

近 10 年来，该公司在科技领域的投入已经超过 500 亿元，集团内聚集了超过 23 000 名科技研发人员和 500 位大数据专家，建立了 6 大技术研究院，在金融科技、医疗科技、人工智能、区块链、大数据等方面均取得重大突破，人脸识别、智能读片、区块链、智能音乐、智能环保等多项科研成果获全球大奖。凭借先进的科技优势，结合丰富的应用场景，平安陆续孵化出陆金所、平安好医生、平安医保科技、金融壹账通、智慧城市等多个科技创新平台，向社会输出科技服务。其中，智慧城市云平台方案也已在国内数十个城市陆续进行推广，取得显著成果。

平安集团十大股东

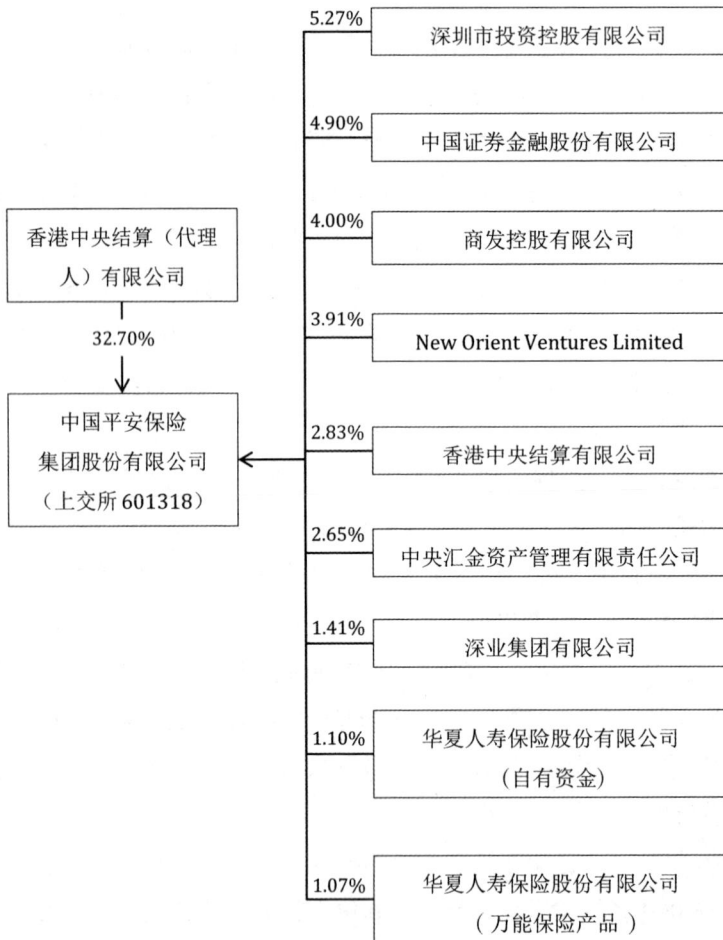

	持股比例	股东
	5.27%	深圳市投资控股有限公司
	4.90%	中国证券金融股份有限公司
	4.00%	商发控股有限公司
	3.91%	New Orient Ventures Limited
	2.83%	香港中央结算有限公司
	2.65%	中央汇金资产管理有限责任公司
	1.41%	深业集团有限公司
	1.10%	华夏人寿保险股份有限公司（自有资金）
	1.07%	华夏人寿保险股份有限公司（万能保险产品）

香港中央结算（代理人）有限公司
32.70%
中国平安保险集团股份有限公司（上交所601318）

（注：　——→　股权关系）

平安集团产业

平安集团致力于成为国际领先的个人金融生活服务提供商。

该集团通过综合金融的一体化架构，依托本土化优势，践行国际化标准的公司治理，以及统一的品牌、多渠道分销网络，本公司为近 9 000 万客户提供保险、银行、投资和科技业务服务。

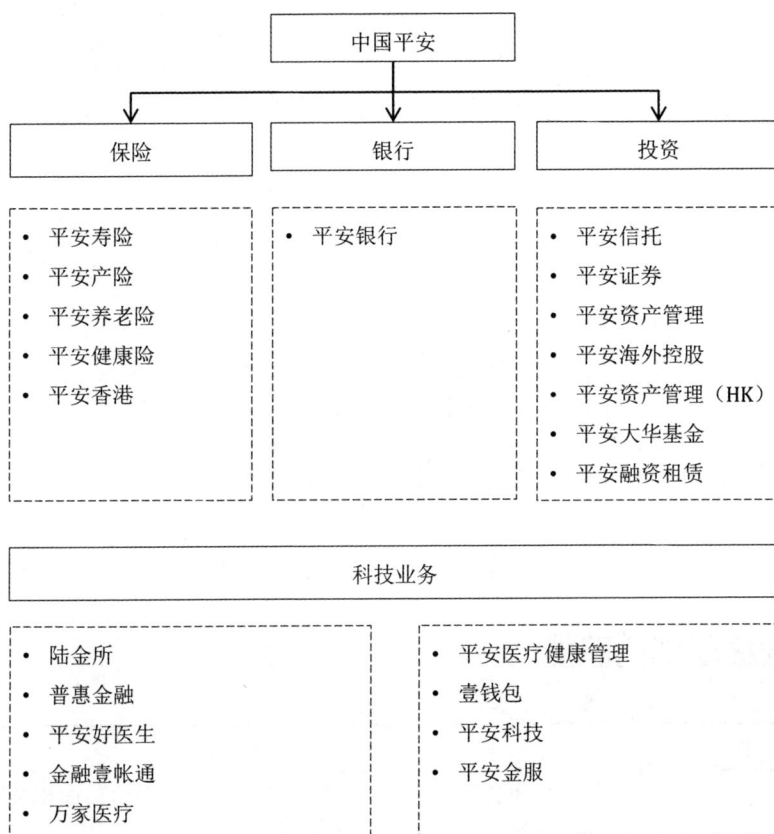

```
                        ┌──────────┐
                        │  中国平安  │
                        └──────────┘
        ┌───────────────────┼───────────────────┐
        ▼                   ▼                   ▼
   ┌─────────┐         ┌─────────┐         ┌─────────┐
   │  保险   │         │  银行   │         │  投资   │
   └─────────┘         └─────────┘         └─────────┘
```

保险	银行	投资
• 平安寿险	• 平安银行	• 平安信托
• 平安产险		• 平安证券
• 平安养老险		• 平安资产管理
• 平安健康险		• 平安海外控股
• 平安香港		• 平安资产管理（HK）
		• 平安大华基金
		• 平安融资租赁

科技业务	
• 陆金所	• 平安医疗健康管理
• 普惠金融	• 壹钱包
• 平安好医生	• 平安科技
• 金融壹帐通	• 平安金服
• 万家医疗	

平安集团组织架构

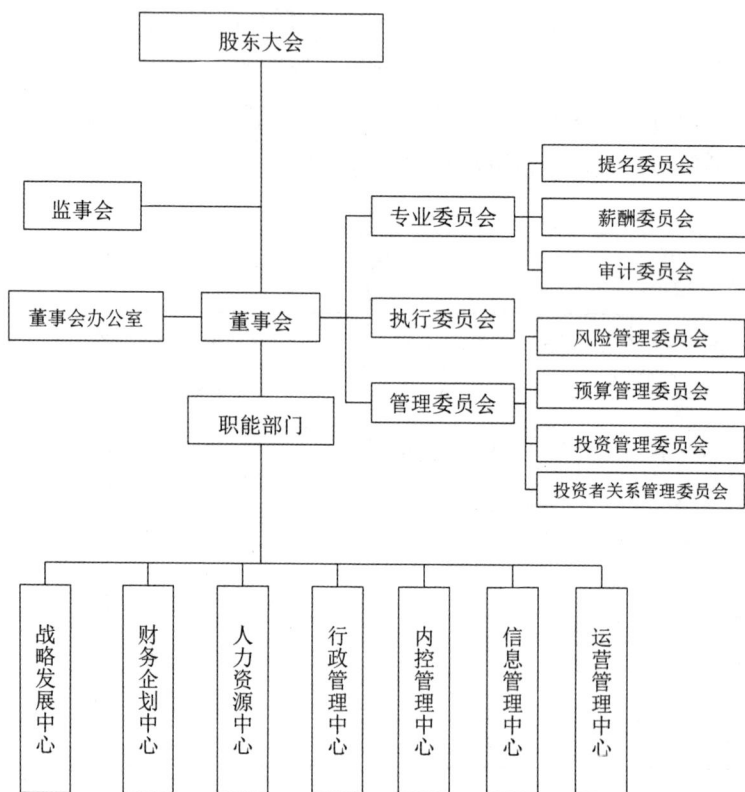

```
                          ┌──────────┐
                          │  股东大会  │
                          └────┬─────┘
                               │
                               │                    ┌──────────┐
                               │              ┌─────│  提名委员会 │
                               │              │     └──────────┘
          ┌──────┐             │      ┌───────┴──┐  ┌──────────┐
          │ 监事会 │            │      │ 专业委员会 ├──│  薪酬委员会 │
          └──────┘             │      └───────┬──┘  └──────────┘
                               │              │     ┌──────────┐
                               │              └─────│  审计委员会 │
                               │                    └──────────┘
  ┌────────┐    ┌──────┐       │      ┌──────────┐
  │董事会办公室├───│ 董事会 ├───────┤      │ 执行委员会 │   ┌────────────┐
  └────────┘    └──┬───┘       │      └──────────┘   │ 风险管理委员会 │
                   │            │                ┌───└────────────┘
                   │            │      ┌─────────┴┐  ┌────────────┐
                   │            │      │ 管理委员会 ├──│ 预算管理委员会 │
              ┌────┴───┐        │      └─────────┬┘  └────────────┘
              │ 职能部门 │        │                │   ┌────────────┐
              └────┬───┘                          ├───│ 投资管理委员会 │
                   │                              │   └────────────┘
                   │                              │   ┌──────────────┐
                   │                              └───│投资者关系管理委员会│
                   │                                  └──────────────┘
```

| 战略发展中心 | 财务企划中心 | 人力资源中心 | 行政管理中心 | 内控管理中心 | 信息管理中心 | 运营管理中心 |

平安集团部门职能

部门	中心职能
战略发展中心	制定集团长期战略；推动集团重大变革；整合集团相关市场职能，含客户、产品、渠道、行销品牌等
财务企划中心	制定公司三年经营计划，确定公司年度经营目标，监控集团经营目标的执行；依据投入产出模型，合理分配资源；确定预算、财务管理、资金、采购等相关政策／标准，并监控政策执行；集中资金管理及采购管理

续表

部门	中心职能
人力资源中心	推动树立绩效与价值导向的文化；建立人力投产模型，合理分配人力资源；确定人力资源规划、招聘、绩效、薪酬、人员发展、培训等相关政策／标准，并监控政策执行；提供集中的员工服务支持平台
行政管理中心	塑造企业文化和企业形象，推进公司品牌建设；进行重大外部关系维护；建立公司行政、后勤等事务的运作规范，并提供行政后勤支持
内控管理中心	确定合规经营、风险管理及内控监督的政策／标准，保证政策合规，降低经营风险；提供集中的审计服务平台
信息管理中心	规划并建立领先的IT系统，促进业务发展与公司管理运营；监控信息系统设备及信息安全；进行集中的系统开发、系统维护及设备维护
运营管理中心	规划集团整体后援运营体系，提升全集团整体运营效率和质量；确定运营作业相关政策／标准；提供集中的运营作业服务

6. 上海汽车集团股份有限公司

2018 年全年营业收入 9 021 亿元，利润 360 亿元。2019 年《财富》中国 500 强企业排名第 5 位，2019 年《财富》世界 500 强排名第 39 位。

上汽集团简介

上海汽车集团股份有限公司（简称"上汽集团"，股票代码 600104）是国内 A 股市场最大的汽车上市公司，总股本达到 116.83 亿股。上汽集团努力把握产业发展趋势，加快创新转型，正在从传统的制造型企业，向为消费者提供全方位汽车产品和出行服务的综合供应商发展。目前，上汽集团主要业务包括整车（含乘用车、商用车）的研发、生产和销售，正积极推进新能源汽车、互联网汽车的商业化，并开展智能驾驶等技术研究和产业化探索；零部件（含动力驱动系统、底盘系统、内外饰系统，以及电池、电驱、电力电子等新能源汽车核心零部件和智能产品系统）的研发、生产、销售；物流、汽车电商、出行服务、节能和充电服务等汽车服务贸易业务；汽车相关金融、保险和投资业务；海外经营和国际商贸业务；并在产业大数据和人工智能领域积极布局。

上汽集团所属主要整车企业包括乘用车公司、上汽大通、上汽大众、上汽通用、上汽通用五菱、南京依维柯、上汽依维柯红岩、上海申沃等。

2014 年，上汽集团整车销量达到 562 万辆，同比增长 10.6%，继续保持国内汽车市场领先优势，并以 2014 年度 1 022.48 亿美元的合并销售收入，第 12 次入选《财富》杂志世界 500 强，排名第 60 位，比上一年上升了 25 位。2016 年 7 月 20 日，财富世界 500 强出炉，上汽集团进入财富世界 500 强。

2017 年，上汽集团整车销量达到 693 万辆，同比增长 6.8%，继续保持国内汽车市场领先优势，并以 2017 年度 1 288.19 亿美元的合并销售收入，第十四次入选《财富》杂志世界 500 强，排名第 36 位，比上一年上升了 5 位。

企业愿景：倾力打造富有创新精神的世界著名汽车公司，引领未来汽车生活。

企业使命：坚持市场导向，依靠优秀团队的员工队伍，持续创新产品和服务，为各相关方创造价值。

价值观：诚信、责任、合作、创新、进取、梦想。

上汽集团十大股东

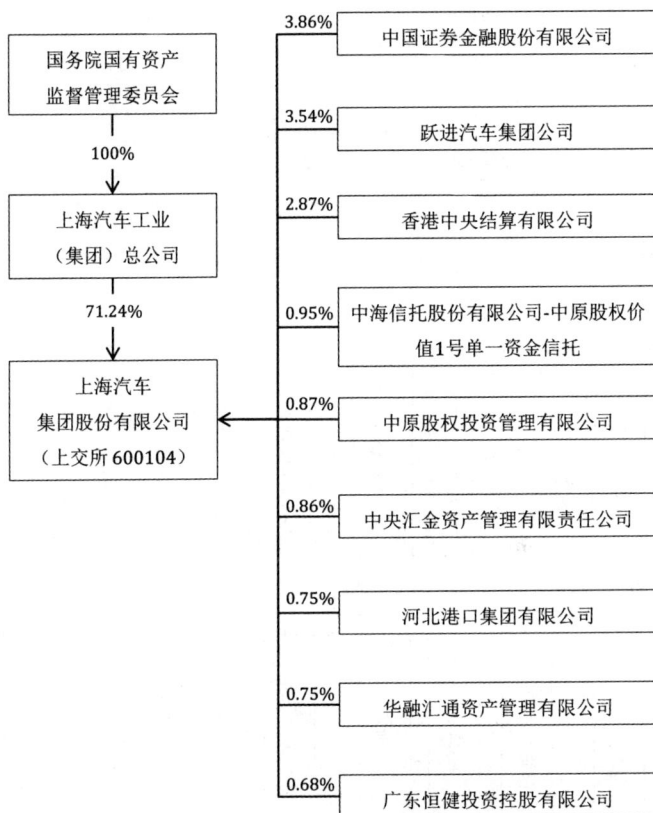

（注：　——→　股权关系　）

上汽集团组织架构

根据工商注册显示，对外投资 46 家公司，分支机构共有 16 家。

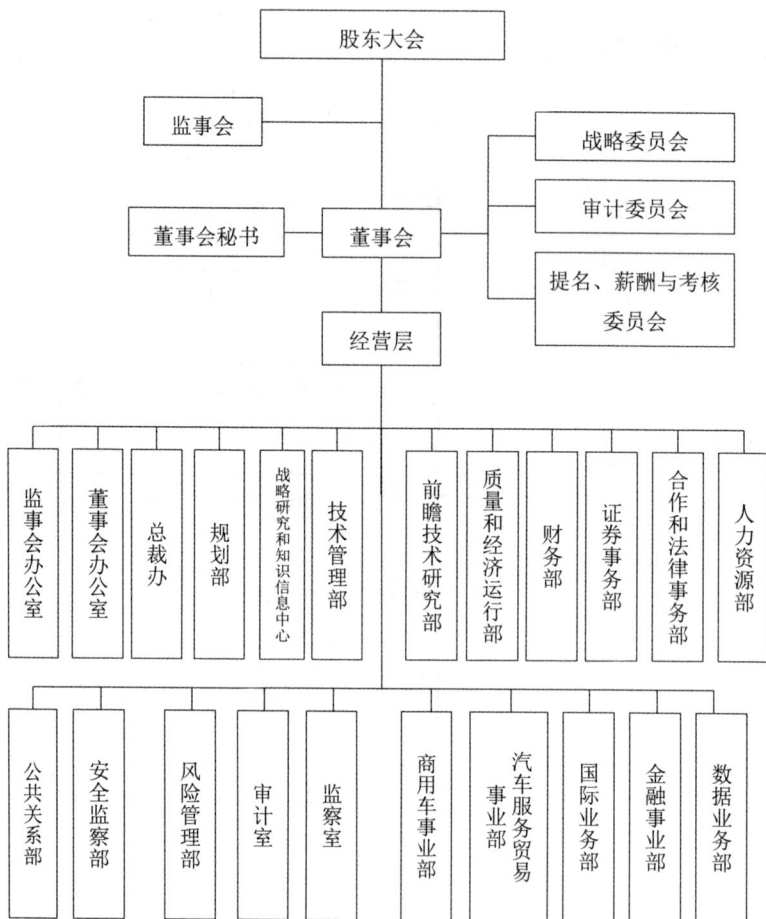

```
                        股东大会
                          │
    监事会────────────────┤
                          │              ┌──── 战略委员会
                          │              │
                          │              ├──── 审计委员会
    董事会秘书──────── 董事会 ──────────┤
                          │              └──── 提名、薪酬与考核
                          │                     委员会
                        经营层
```

监事会办公室 ｜ 董事会办公室 ｜ 总裁办 ｜ 规划部 ｜ 战略研究和知识信息中心 ｜ 技术管理部 ｜ 前瞻技术研究部 ｜ 质量和经济运行部 ｜ 财务部 ｜ 证券事务部 ｜ 合作和法律事务部 ｜ 人力资源部

公共关系部 ｜ 安全监察部 ｜ 风险管理部 ｜ 审计室 ｜ 监察室 ｜ 商用车事业部 ｜ 汽车服务贸易事业部 ｜ 国际业务部 ｜ 金融事业部 ｜ 数据业务部

7. 中国移动有限公司

2018 年全年营业收入 7 368 亿元，利润 1 177 亿元。2019 年《财富》中国 500 强企业排名第 8 位，2019 年《财富》世界 500 强排名第 56 位。

中国移动母公司简介

中国移动通信集团有限公司（China Mobile Communications Group Co.,Ltd，简称中国移动、CMCC）是按照国家电信体制改革的总体部署，于 2000 年 4 月 20 日成立的中央企业。2017 年 12 月，中国移动通信集团公司进行公司制改制，企业类型由全民所有制企业变更为国有独资公司，并更名为中国移动通信集团有限公司。中国移动是一家基于 GSM、TD-SCDMA 和 TD-LTE 制式网络的移动通信运营商。

中国移动全资拥有中国移动（香港）集团有限公司，由其控股的中国移动有限公司在国内 31 个省（自治区、直辖市）和香港设立全资子公司，并在香港和纽约上市，主要经营移动语音、数据、宽带、IP 电话和多媒体业务，并具有计算机互联网国际联网单位经营权和国际出入口经营权。注册资本 3 000 亿元人民币，资产规模近 1.7 万亿元人民币，员工总数近 50 万人。

中国移动除原有"动感地带""神州行""全球通""动力 100""G3"外，在 2013 年 12 月 18 日公布了 4G 品牌"And! 和"，标志着中国移动 4G 业务的正式启动，发展口号是：移动 4G，国际主流，快人一步。

2016 年 7 月 20 日，财富世界 500 强出炉，中国移动名列财富世界 500 强之一。2016 年 8 月，中国移动在 2016 中国企业 500 强中，排名第 10。2017 年 7 月，中国移动在 2017 中国企业 500 强中，排名第 6。2018 年 7 月，中国移动在《财富》世界 500 强排行榜第 53 名。

中国移动通信企业文化的核心内涵是"责任"和"卓越"，即要以"正身之德"而"厚民之生"，做兼济天下、善尽责任、不断进步的优秀企业公民。

企业价值观：正德厚生　臻于至善。

企业使命：创无限通信世界，做信息社会栋梁。

中国移动的愿景：成为卓越品质的创造者。

中国移动公司架构

中国移动在每个省和每个市都有其营业站点，基本达到每个县一个以上营业网点。

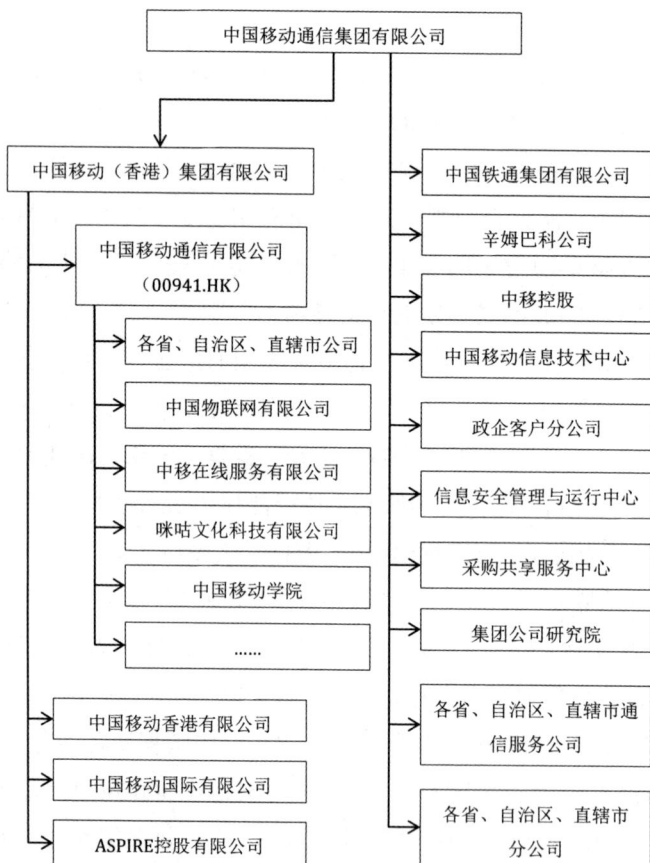

```
                    ┌─────────────────────────────┐
                    │    中国移动通信集团有限公司      │
                    └─────────────────────────────┘
                         │                    │
                         ▼                    │
        ┌─────────────────────────┐           ▼
        │  中国移动（香港）集团有限公司 │     ┌──────────────────┐
        └─────────────────────────┘     │  中国铁通集团有限公司  │
              │                         └──────────────────┘
              ▼                           ┌──────────────────┐
        ┌─────────────────┐               │    辛姆巴科公司     │
        │ 中国移动通信有限公司 │               └──────────────────┘
        │   （00941.HK）   │               ┌──────────────────┐
        └─────────────────┘               │     中移控股       │
          │                               └──────────────────┘
          ├─► 各省、自治区、直辖市公司          │  中国移动信息技术中心 │
          ├─► 中国物联网有限公司               │   政企客户分公司    │
          ├─► 中移在线服务有限公司             │ 信息安全管理与运行中心 │
          ├─► 咪咕文化科技有限公司             │   采购共享服务中心   │
          ├─► 中国移动学院                   │   集团公司研究院    │
          └─► ……                          │ 各省、自治区、直辖市通 │
                                          │     信服务公司      │
          ┌─► 中国移动香港有限公司            │ 各省、自治区、直辖市  │
          ├─► 中国移动国际有限公司            │      分公司        │
          └─► ASPIRE控股有限公司
```

（注：　───► 股权关系 ）

中国移动公司组织架构

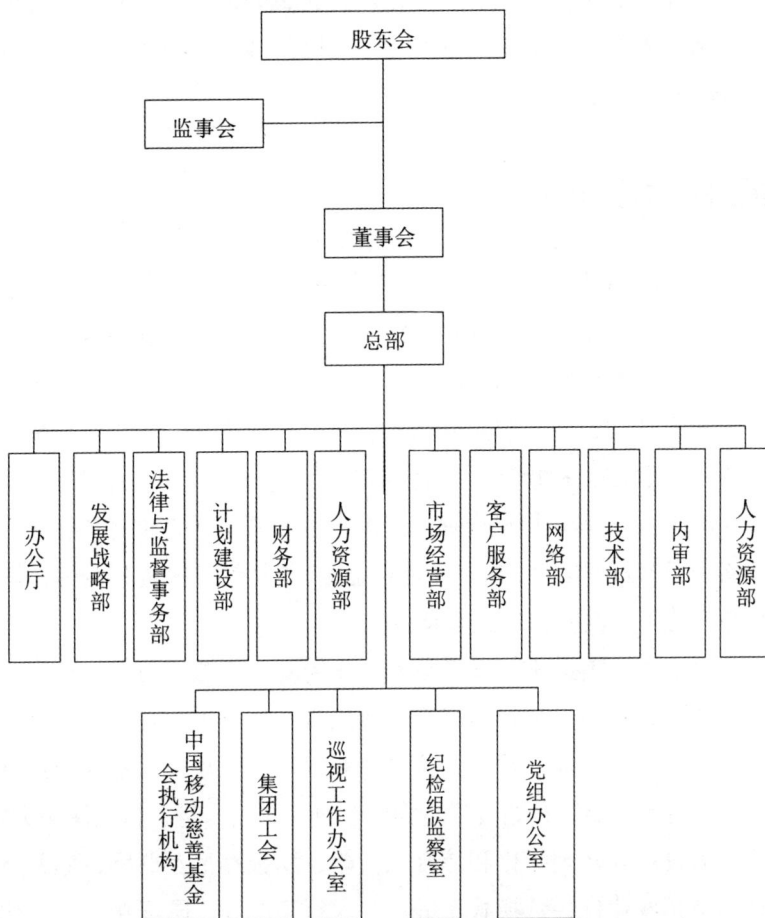

```
                        ┌──────────┐
                        │  股东会   │
                        └──────────┘
                              │
        ┌──────────┐          │
        │  监事会   │──────────┤
        └──────────┘          │
                              │
                        ┌──────────┐
                        │  董事会   │
                        └──────────┘
                              │
                        ┌──────────┐
                        │   总部    │
                        └──────────┘
                              │
```

办公厅　发展战略部　法律与监督事务部　计划建设部　财务部　人力资源部　市场经营部　客户服务部　网络部　技术部　内审部　人力资源部

中国移动慈善基金会执行机构　集团工会　巡视工作办公室　纪检组监察室　党组办公室

8. 中国工商银行股份有限公司

2018 年全年营业收入 7 737 亿元，利润 2 976 亿元。2019 年《财富》中国 500 强企业排名第 6 位，2019 年《财富》世界 500 强排名第 26 位。被网友戏称为"全宇宙第一行"。

中国工商银行简介

中国工商银行成立于 1984 年 1 月 1 日。2005 年 10 月 28 日，整体改制为股份有限公司。2006 年 10 月 27 日，成功在上交所和香港联交所同日挂牌上市。经过持续努力和稳健发展，已经迈入世界领先大银行行列，拥有优质的客户基础、多元的业务结构、强劲的创新能力和市场竞争力。将服务作为立行之本，积极建设"客户首选的银行"，向全球 627.1 万公司客户和 5.67 亿个人客户提供全面的金融产品和服务。自觉将社会责任融入发展战略和经营管理活动，在发展普惠金融、支持精准扶贫、保护环境资源、支持公益事业等方面受到广泛赞誉。

该公司始终聚焦主业，坚持服务实体经济的本源，与实体经济共荣共存、共担风雨、共同成长；始终坚持风险为本，牢牢守住底线，将控制和化解风险作为不二铁律；始终坚持对商业银行经营规律的把握与遵循，致力于打造"百年老店"；始终坚持稳中求进、创新求进，持续深化大零售、大资管、大投行以及国际化和综合化战略，积极拥抱互联网；始终坚持专业专注，开拓专业化经营模式，锻造"大行工匠"。国际化、综合化经营格局不断完善，境外网络扩展至 45 个国家和地区，盈利贡献进一步提升。2017 年，多项核心指标继续保持全球第一，连续 5 年位居英国《银行家》全球银行 1 000 强、美国《福布斯》全球企业 2 000 强、《财富》500 强商业银行子榜单榜首，蝉联 Brand Finance 全球最有价值银行品牌。

2017 年末，该公司总资产 260 870.43 亿元，比上年末增加 19 497.78 亿元，增长 8.1%；总负债 239 459.87 亿元，比上年末增加 17 898.85 亿元，增长 8.1%；全年实现净利润 2 874.51 亿元，增长 3.0%，平均总资产回报率（ROA）为 1.14%，加权平均净资产收益率（ROE）为 14.35%，核心一级资本充足率为 12.77%，一级资本充足率为 13.27%，资本充足率为 15.14%。营业收入 6 756.54 亿元，增长 5.3%，其中利息净收入 5 220.78 亿元，增长 10.6%；非利息收入 1 535.76 亿元；营业费用 1 861.94 亿元，下降 3.6%，成本收入比 26.45%。

中国工商银行十大股东

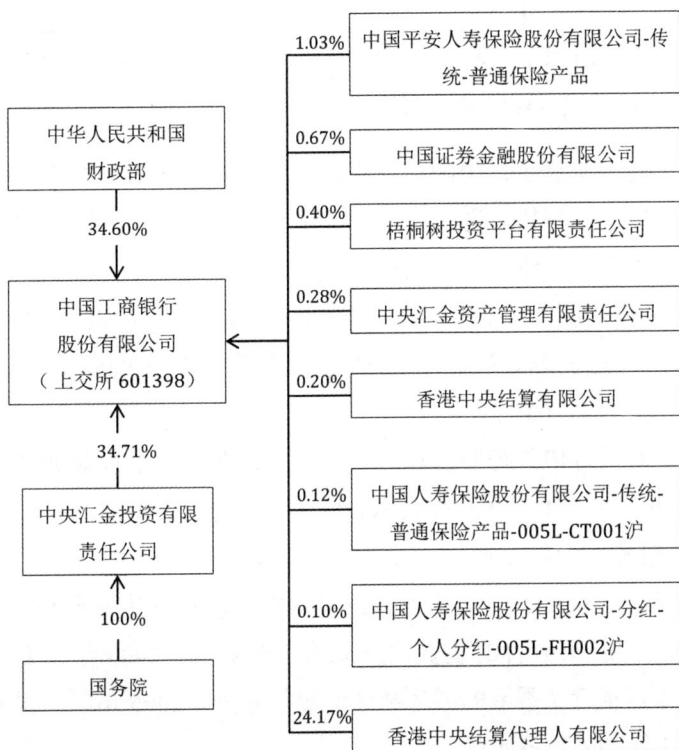

（注：——→ 股权关系 ）

中国工商银行主要公司布局

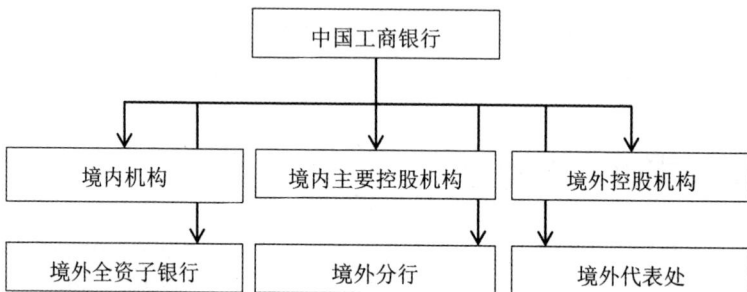

（注： ——→ 股权关系）

根据工商注册显示，中国工商银行股份有限公司对外投资 583 家，分子机构 982 家。根据招股说明书，工商银行在新加坡、东京、首尔、釜山、法兰克福、卢森堡、纽约、莫斯科都有分行或代表处。

根据招股说明书，1997 年 12 月 31 日，中国工商银行网点数目为 41 990 个，经过分阶段实施了优化调整工程后，截至 2006 年 6 月 30 日，网点数量调整为 18 038 个。

中国工商银行境外控股公司之一——工银亚洲。工银亚洲是本行目前最大的境外业务主体，已发行股木 224 252 万港元，中国工商银行持有其 59.72％的股份。中国工商银行于 2000 年收购于 1964 年成立于香港并于 1973 年在香港联交所公开上市的香港友联银行，并将其更名为工银亚洲。2001 年本行将香港分行的主要业务注入工银亚洲。2004 年，工银亚洲收购了华比富通银行在香港的零售和商业银行业务。2005 年，工银亚洲收购了总部位于深圳的华商银行。

中国工商银行境外控股公司之一——工商东亚，工商东亚是本行的控股子公司，1998 年 1 月 22 日于英属维尔京群岛注册成立，已发行股本 2 000 万美元，本行持有其 75％的股份。工商东亚主要从事投资银行业务和经纪业务。工商东亚主要营业地点设在香港，并在北京、上海和广州设有代表处。

9. 中国人寿保险股份有限公司

2018 年全年营业收入 6 431 亿元，利润 113 亿元。2019 年《财富》中国 500 强企业排名第 11 位，2019 年《财富》世界 500 强排名第 51 位。

中国人寿简介

中国人寿保险（集团）公司，是国有特大型金融保险企业，总部设在北京，世界 500 强企业、中国品牌 500 强，属中央金融企业。公司前身是成立于 1949 年的原中国人民保险公司，1996 年分设为中保人寿保险有限公司，1999 年更名为中国人寿保险公司。2003 年，经国务院同意、保监会批准，原中国人寿保险公司重组改制为中国人寿保险（集团）公司，业务范围全面涵盖寿险、财产险、养老保险（企业年金）、资产管理、另类投资、海外业务、电子商务等多个领域，并通过资本运作参股了多家银行、证券公司等其他金融和非金融机构。

中国人寿保险（集团）公司及其子公司构成了我国最大的国有金融保险集团。2013 年总保费收入达 3 868 亿元，境内寿险业务市场份额为31.6%，总资产达 24 071 亿元，是我国资本市场最大的机构投资者之一。连续 13 年入选《财富》全球 500 强，排名第 54 位；连续 7 年入选世界品牌 500 强，位列第 237 位、入选《中国品牌价值研究院》中国品牌 500 强，位列第 15 位。所属寿险公司继 2003 年 12 月在美国纽约、中国香港同步上市之后，又于 2007 年 1 月回归境内 A 股市场，成为内地资本市场"保险第一股"和全球第一家在美国纽约、中国香港和上海上市的保险公司，并已成为全球市值最大的上市寿险公司。2016 年 8 月，中国人寿保险（集团）公司在 2016 中国企业 500 强中，排名第 12 位。

中国人寿由中国人寿保险（集团）公司、该公司的子公司和直属机构共同组成。其中包括中国人寿保险股份有限公司、中国人寿资产管理有限公司、中国人寿财产保险股份有限公司、中国人寿养老保险股份有限公司、中国人寿电子商务有限公司、中国人寿保险（海外）股份有限公司、国寿投资控股有限公司、保险职业学院等。

　　中国人寿坚持用"文化"之魂凝聚人心、引领发展。以"寿险是无悔的选择""成己为人、成人达己""用心经营、诚信服务"等推陈出新、一脉相承的核心理念为标志，健康向上的企业文化激励着一代代国寿人拼搏进取、奋发有为。

中国人寿公司十大股东

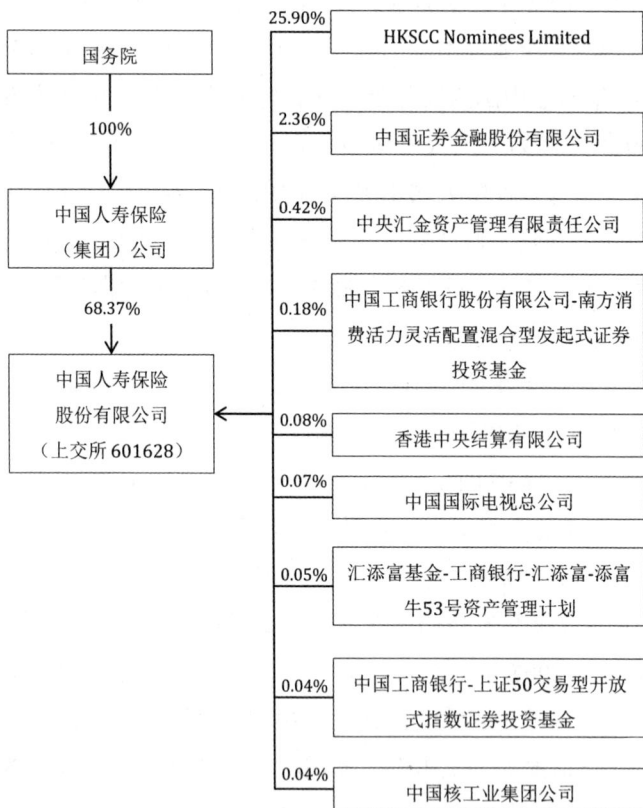

	25.90%	HKSCC Nominees Limited
国务院	2.36%	中国证券金融股份有限公司
↓100%	0.42%	中央汇金资产管理有限责任公司
中国人寿保险（集团）公司	0.18%	中国工商银行股份有限公司-南方消费活力灵活配置混合型发起式证券投资基金
↓68.37%	0.08%	香港中央结算有限公司
中国人寿保险股份有限公司（上交所601628）←	0.07%	中国国际电视总公司
	0.05%	汇添富基金-工商银行-汇添富-添富牛53号资产管理计划
	0.04%	中国工商银行-上证50交易型开放式指数证券投资基金
	0.04%	中国核工业集团公司

（注：——→ 股权关系）

中国人寿公司架构

根据工商注册显示，中国人寿保险股份有限公司对外投资186家公司，间接持股企业724家，直属分支机构1 040家。其关键的主要公司架构如下：

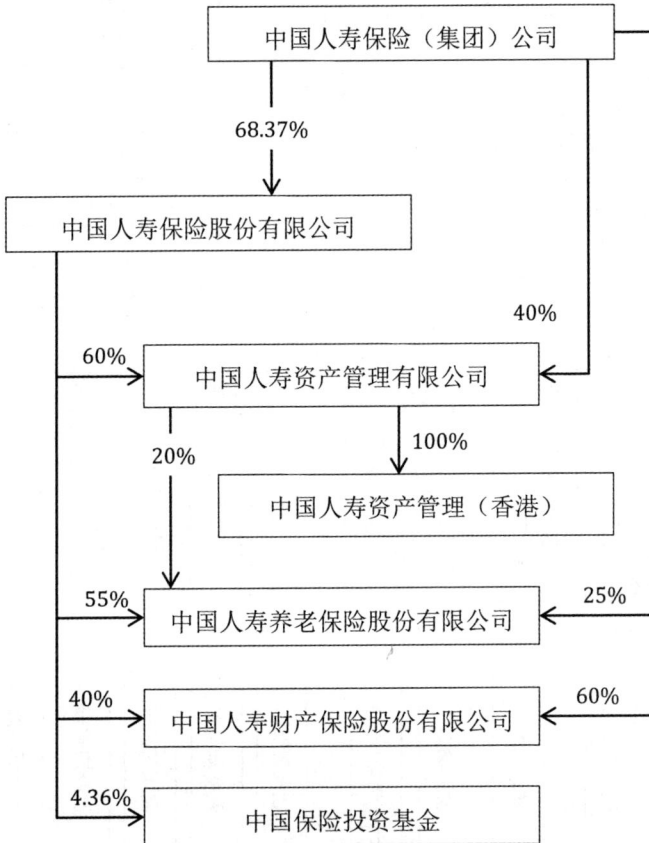

```
        ┌─────────────────────────────────┐
        │     中国人寿保险（集团）公司      │──────────┐
        └─────────────────────────────────┘          │
                      │ 68.37%                        │
                      ▼                               │
    ┌─────────────────────────────────┐              │
    │     中国人寿保险股份有限公司      │              │
    └─────────────────────────────────┘              │
          │                                 40%       │
          │ 60%   ┌──────────────────────────┐        │
          ├──────▶│  中国人寿资产管理有限公司  │◀───────┘
          │       └──────────────────────────┘
          │          │ 20%        │ 100%
          │          ▼            ▼
          │                 ┌───────────────────────┐
          │                 │ 中国人寿资产管理（香港）│
          │                 └───────────────────────┘
          │ 55%   ┌──────────────────────────────┐  25%
          ├──────▶│ 中国人寿养老保险股份有限公司 │◀──────
          │ 40%   ┌──────────────────────────────┐  60%
          ├──────▶│ 中国人寿财产保险股份有限公司 │◀──────
          │ 4.36% ┌──────────────────────┐
          └──────▶│    中国保险投资基金    │
                  └──────────────────────┘
```

中国人寿组织架构

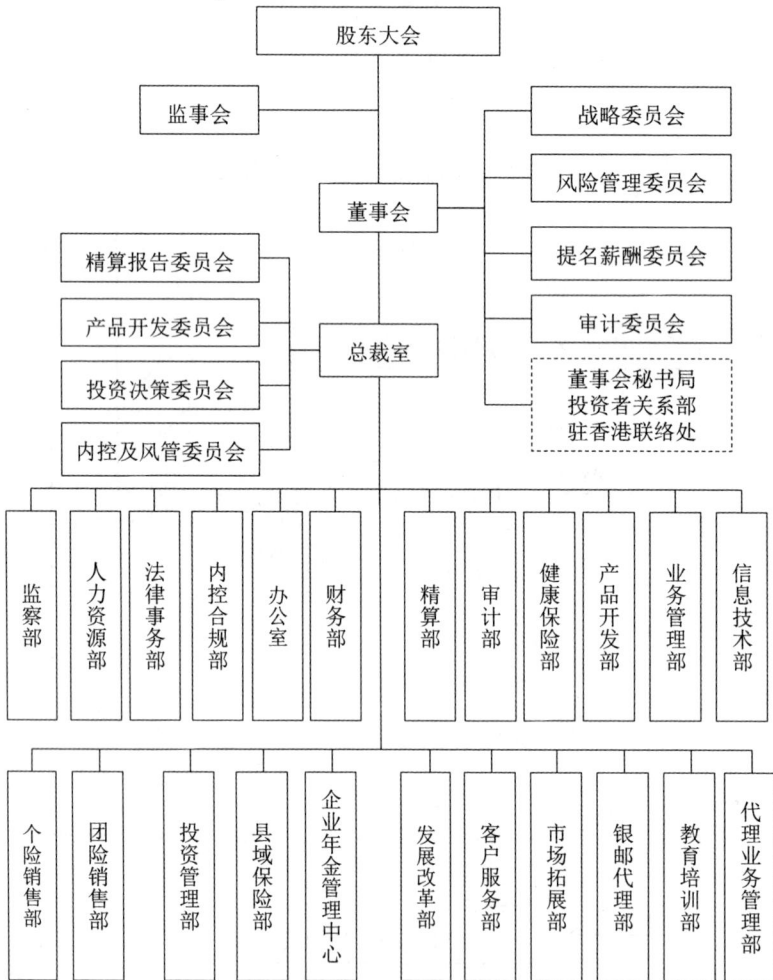

· 后记 ·

股权发展的新机会

过去的富豪来自房地产，现在的富豪来自互联网，而未来的富豪来自股权投资，这说明了股权在市场上非常积极活跃。股权设计作为企业的顶层设计的核心层，是企业做大做强绕不开的一个话题，而我和股权的故事则刚刚开始。

互联网引领经济发展

1998 年，中国互联网门户网站兴起，中国进入真正意义上的互联网时代。到 2018 年，互联网迎来了 20 岁生日。在这 20 年中，因为互联网的巨大魅力，诞生了多个行业风口，比如门户网站、搜索引擎、团购、O2O、B2C 等。互联网具有无限的可能，只要能够把握好趋势，在这些风口中，就能轻松掘取一桶金。而传统行业在互联网的影响下，也开始积极转型，更多的"互联网 +"引领了 2010 年的经济潮流。像美团、淘宝、京东、小米、今日头条，无不是"互联网 +"中的佼佼者。

但在 2015~2016 年，整个互联网和移动互联网出现了瓶颈。这些瓶颈主要来自三个原因。

第一，互联网及互联网的转型基本完成了，巨头局面已经形成，很难再有什么电商能和阿里叫板，也很难有什么社交平台能和腾讯叫板。而传统企业没有转型或转型失败的，都受着巨大的煎熬。

第二，PC 电脑和智能手机的用户量已经饱和，新用户的开发基本达到极限，只能在现有一片红海中去挖掘客户。

第三，市场红利到头了。第一个红利是人口红利的消失，中国的劳动力成本不断上升，且老龄化也越来越严重。第二个红利是房地产的红利，在中国城镇化、棚户区改造进程中，房地产形成一个巨大的市场。第三个红利是消费红利，消费产生了经济发展新的驱动力。

所以，这是整个中国经济和互联网经济面临的问题。接下来，经济会在很长一段时间内呈现"L"形的经济走势。从企业角度来看，企业的优势和驱动力应该是什么？这个时候企业的核心竞争力就应该由市场驱动力改成管理驱动和创新驱动。过去随便做做就能赚钱的时代已经一去不复返了，企业的精细化管理、创新管理、90后管理应上升到一个更高的层次。而创新也逐渐成为企业重视的事情，谁能够在管理、创新、商业模式上破局，谁就能够成为下一个王者。

互联网行业的下半场

在这样的经济局势下，整个中国的管理水平就会亟待提高，而如何提升管理水平呢？答案有两个方向：第一个就是用顶尖的人才，但人才的总量就那么多，并不是每个企业都有机会用到顶尖的人才；第二个就是使用先进的管理工具，像OA系统、ERP系统、财务系统、CRM系统都是用来提升管理水平的工具。

而第二个方向是有机会的。中国整个ToB行业还处于萌芽期，处于萌芽期的原因和我国的经济国情密切相关。中国的发展较晚，在短短几十年类走完西方几百年走过的工业革命历史，部分行业的发展完全还不够成熟，从中美两国的数据对比（表1）中，就可以看出来。（统计数据截止到2017年年末）

表1　中美经济基础数据对比

国家	中国	美国
人口	13.82亿	3.25亿
企业数量	市场主体1亿+ 企业组织3 000万家+	7 600万家
GDP	82.71万亿元	131.85万亿元
全球500强数量	126家	120家
中小企业寿命	2.5年	7年

从基础数据对比，就能看出来，美国单个企业的平均商业周期教长，基本是中国的3倍，在这种生存周期中，企业将拿出所有的资源用来竞争发展，当企业发展出现瓶颈的时候，他们只能进行内部管理提升和技术创新，用来

提升效率、降低成本。因此，如果一个软件能够提高效率，无论多么复杂，都会有企业愿意尝试和买单。这就为 ToB 市场的兴起奠定了基础。

另外，中国的 GDP 是美国的 62%，做出这么多 GDP，靠的是 4.25 倍的人力。这表明中国企业的效率远远低于美国企业效率，也说明中国企业整体管理水平不够精细化，或者说还没有到精细化的阶段。而这都是 ToB 行业兴起的表现。

换句话说，在中国的以往时期，企业家只要有冒险精神，就能够掘得第一桶金，在如此好赚钱的情况下，谁会用一个又复杂又贵的软件呢？企业家对这些成本性支出没有兴趣。

从宏观上看，决定国家综合竞争力的关键因素包含教育、政治、军事、技术等要素。从微观上看，ToB 行业的兴起是国家综合竞争力增强的一个重要表现，ToB 主要服务企业组织，用来提升国家企业组织的效率和管理水平。

中国的互联网上半场的 20 年，是 ToC 行业的天下，中国经济市场孕育出众多的 C 端巨头企业，如阿里、腾讯、百度、美团、滴滴等。而中国互联网的下半场的 20 年，则是 B 端行业的天下。

这个趋势，不可阻挡。

中国 B 端开始发力

在美国，互联网的科技巨头中，简单分为两类，一类以 C 端为代表，如 facebook、亚马逊、Spotify 等企业，占据了整个互联网市值的一半。另一类以 B 端为代表，占据了互联网市值的另一半。如销售管理软件 salesforce，其市值约 1 000 亿美元；人力资源管理软件 workday 估值约 300 亿美元；ERP 软件 SAP 公司估值 2 500 亿美元。

在中国，B 端则开始发力。2014 年，B 端企业受到资本追捧；2015 年，共发生 937 起 ToB 项目融资，投资金额达 398 亿元。2015 年被称为"中国企业服务元年"。2016 年，ToB 行业投资共发生 740 件，投资金额达 382.7 亿元。其中市场较为有名的代表有钉钉、企业微信、纷享销客、阿里云、TalkingData 等企业级应用。

其中，要说发展最快、注册量最高的 B 端企业当属钉钉，钉钉是阿里巴巴的旗下品牌。截至 2018 年，钉钉的注册用户超过 1 亿，注册的企业家组织超过 700 万，稳稳地占据了 B 端市场份额的领导者地位。钉钉基础功能是免费的，因此吸引力了众多中小组织的使用。另外，钉钉最大特色是开放性，在钉钉内部的应用市场中，已经接入了上百家第三方 ToB 应用和数十万模板，这些应用满足了多元化用户的多元化需求。在整体经济环境压力以及钉钉推广的情况下，预测注册用户和企业家组织会持续上涨，并形成以钉钉为核心的办公生态圈。

股权发展的新机会

趋势，意味着机会。

2018 年受邀在阿里巴巴向企业家分享股权设计与股权激励机制，与康帕斯集团（钉钉最大服务商）就股权咨询互联网化、股权 SaaS 系统、股权批量服务等方面进行了讨论。

互联网产品和产品互联网化代表的是产品历史的巨大差异，互联网产品诞生于互联网浪潮中，天生带着互联网的基因。产品互联网化，这代表着这类产品或服务早就存在，这些产品在面对新时代趋势轮回的作用下，会有新的发展。

在传统的管理咨询行业，"面对面沟通""辅助执行""非标准化""地域明显""周期长""需求多元化"是典型的特征，而互联网化的管理咨询则不具备这些特征，互联网以"批量服务""标准场景""可快速复制"为特点，这就为传统咨询产品互联化带来了极大的挑战。

战略咨询、财务咨询、营销咨询、产业咨询、组织咨询、IT 咨询、股权咨询等服务中，我们相信这些咨询产品在互联网中是有机会的，但这个机会以什么样的形式展现，则是互联网下半场的重要内容。

随着经济的发展，股权设计与股权激励逐渐成为新时代企业的标配，其咨询需求将会进一步提升，这就为股权 SaaS 的诞生奠定了基础。在所有的横向咨询产品中，股权咨询和财务咨询是相对标准化较强的产品，整体解决方案由两部分组成：一部分是解决方案，解决企业内在的问题；另一部分则是外在展示部分，将解决方案互联网化和数据化。

第二部分其标准化则极强，有着广泛的应用市场。因此，提出的股权SaaS 商业模型如下。

- 客户定位：以中小微企业为主，依托现有的 B 端生态圈巨头。
- 项目口号：让天下没有难分的利益！
- 内在解决方案：通过咨询服务经验，筛选股权应用的标准场景，从股权上百种模式中开发标准解决方案，将产品标准化。无法标准化的或企业需求较为复杂的，则继续提供定制股权服务。
- 外在展示方案：将股权咨询解决方案"数据化"。
- 项目定位：员工资产管理模块。
- 竞争策略：内在解决方案和外在展示方案打包销售，以批量内在解决方案带动外在展示方案销售。
- 财务模型：在企业付费的情况下，项目预计估值最低约 10 亿元。

未来的 B 端行业，多元与个性化、长期主义、合作共赢是常态。常老师和股权 SaaS 的故事则刚刚开始。

如果你对股权 SaaS 系统是否有兴趣？欢迎联系我们。